Haberl J.
Wilhelmsed 4 - Berndorf

Ein Engel in der Hölle von Auschwitz

HARALD WALSER

Ein Engel in der Hölle von Auschwitz

Das Leben der Krankenschwester Maria Stromberger

FALTER VERLAG

ISBN 978-3-85439-702-1

1011 Wien, Marc-Aurel-Straße 9
Tel. +43/1/536 60-0, Fax +43/1/536 60-935
E-Mail/Verlag: bv@falter.at
E-Mail/Bestellungen: service@falter.at
Web: faltershop.at

Autor: Harald Walser
Lektorat: Helmut Gutbrunner
Fotos: Bildnachweis Seite 242
Coverfoto: Stromberger Nachlass
Grafik und Layout: Raphael Moser
Produktion: Falter Verlag
Druck: Finidr, s.r.o., 73701 Český Těšín

FSC www.fsc.org
MIX
Papier aus verantwortungsvollen Quellen
FSC® C014138

Wir haben bei diesem Buch im Sinne der Umwelt auf die Verpackung mit Plastikfolie verzichtet.

Inhalt

Vorwort

von Bundespräsident a. D. Dr. Heinz Fischer

Als die militärische Niederlage Hitlers im Frühjahr 1945 unwiderruflich feststand, die NS-Diktatur zusammenbrach, Hitler, Goebbels und Co. in den Selbstmord flüchteten und in Österreich mit dem Wiederaufbau eines selbstständigen, demokratischen Staates - mit dem 27. April 1945 als Gründungsdatum - begonnen werden konnte, lag ein Albtraum hinter der Gründergeneration dieser Zweiten Republik und ein Berg von Schutt, Trümmern und fast unlösbaren Problemen vor ihr.

Zu diesen fast unlösbaren Problemen zählte – neben allen Schwierigkeiten des materiellen Wiederaufbaus – auch die Frage, wie man Täter und Opfer der grausamen Zeit zwischen 1938 und 1945 in all ihren Schattierungen voneinander unterscheiden und mit ihnen richtig umgehen kann; wie man bei sieben Millionen Einwohnern – darunter fast 700.000 Mitgliedern der NSDAP, der SS, der SA etc. – Täter (mit viel Blut an den Händen) präzise definieren und der Gerechtigkeit zuführen kann; aber auch, wie man den Opfern dieser schrecklichen Zeit am besten helfen und ein Minimum an „Wiedergutmachung“ leisten kann.

In den ersten Wochen und Monaten der Zweiten Republik konnten diese Fragen nur ganz allgemein, vielfach nur ungenau und häufig gar nicht beantwortet werden. Man versuchte, die erwachsene Bevölkerung in ihrem Verhältnis zu den Nationalsozialisten in Belastete, Minderbelastete und Unbelastete einzuteilen. Man entzog den Mitgliedern der NSDAP, der SS, der SA etc. das Wahlrecht und beschloss ein Verfassungsgesetz betreffend die Einrichtung von Volksgerichten, um Kriegsverbrechen, Verletzungen der Menschenwürde und „andere nationalsozialistische Untaten“ zu bestrafen. In den darauffolgenden Monaten und Jahren (bis zum Beschluss des Staatsvertrages) wurden von diesen Gerichten tatsächlich rund 13.600 Schuldsprüche gefällt; 43 Angeklagte wurden zum Tod verurteilt und dreißig dieser Todesurteile auch vollstreckt.

Und dennoch blieben zahlreiche Verbrechen und Schandtaten von Österreicherinnen und Österreichern aus der NS-Zeit unentdeckt, unbestraft und ungesühnt. Dies umso mehr, als der Elan zur Verfolgung von Verbrechen und Untaten aus der Zeit der NS-Diktatur im Laufe der Zeit deutlich schwächer wurde und das Argument, dass man ja nur seine Pflicht erfüllt habe und nur ein kleines Rädchen in einer großen Maschinerie gewesen sei, immer mehr Akzeptanz fand. Dementsprechend wurden auch Urteile und Sühnemaßnahmen aus der unmittelbaren Nachkriegszeit mehr und mehr auf dem Gnadenweg vorzeitig getilgt und beendet.

Auf der anderen Seite wollte man von „Wiedergutmachung" für die Opfer des Nationalsozialismus lange Zeit nicht viel wissen. Zwar wurde noch 1945 ein Opferfürsorgegesetz beschlossen, das österreichischen Widerstandskämpfern und -kämpferinnen im Falle sozialer Bedürftigkeit (!) verschiedene Fürsorgemaßnahmen, kleine Haftentschädigungen oder Rentenaufbesserungen zuerkannte. Aber Österreich betrachtete sich nicht (auch) als Täter, sondern nur als Opfer, und für Emigranten betrachtete man sich in keiner Weise als zuständig. Erst im Jahr 1995, also fünfzig Jahre nach Kriegsende, kam es zum Beispiel zur Gründung des Österreichischen Nationalfonds für die Opfer des Nationalsozialismus, der mit den überlebenden Opfern dieser Zeit und insbesondere auch mit jenen Österreicherinnen und Österreichern, die 1938 zur Emigration gezwungen waren (und auch in der Lage waren zu emigrieren) Kontakt aufnahm und – unabhängig von ihrer sozialen Situation – zumindest symbolische Gesten der Anerkennung ihres Leidensweges und des Mitgefühls setzten.

An dieser Stelle muss man hinzufügen, dass es in der NS-Zeit immer wieder auch Menschen gab, die nicht in die kollektive Begeisterung für Adolf Hitler einstimmten, sich nicht an irgendwelchen Schandtaten beteiligten, sondern so viel Mut und Menschlichkeit hatten, um die Teilnahme an Schandtaten zu verweigern, anderen Menschen zu helfen oder sogar – im sicher nur kleinen Rahmen des Möglichen – Widerstand zu leisten.

Über dieses Kapitel ist lange Zeit ein Tuch des Schweigens, des Nichtwissens oder des Nichtwissen-Wollens gebreitet worden.

Tatsächlich sind ja viele dieser Helden und Heldinnen im besten Sinne des Wortes selbst zu Opfern geworden, und viele dieser guten Werke sind – aus den verschiedensten Gründen – niemals bekannt geworden; und das Interesse, nachzuforschen und sie bekannt zu machen, war beschränkt. Denn jemand, der in der Nazi-Zeit einem Verfolgten geholfen hat, war – ob er wollte oder nicht – ein Stachel im Fleisch jener vielen, die sich in einer vergleichbaren Situation anders verhalten hatten.

Es hat ja auch sehr lange gedauert, bis man Soldaten oder Offiziere, die sich nicht an Kriegsverbrechen beteiligen wollten oder den Mut zur Kriegsdienstverweigerung oder zur Desertion hatten, nicht mehr pauschal als charakterlose, vaterlandslose Gesellen bezeichnete. Es hat zum Beispiel Jahrzehnte gedauert, bis man Franz Jägerstätter, der den Dienst mit der Waffe in der deutschen Wehrmacht verweigerte und deshalb wegen „Wehrkraftzersetzung" zum Tode verurteilt und im August 1943 hingerichtet wurde, entsprechend wahrzunehmen und zu würdigen begann. Das über ihn verhängte und vollstreckte Todesurteil wurde erst – wie mir seine Gattin Franziska Jägerstätter bei einem Besuch erzählte – 54 Jahre nach seiner Hinrichtung – also 1997 – von einem deutschen Gericht posthum aufgehoben.

Mit einem Wort: Die Verbrechen des Nationalsozialismus zu beschreiben und anzuklagen sollte verbunden sein mit einer dankbaren Würdigung jener Menschen, die auch unter schwierigen Umständen stark und mutig genug waren, ihrem Gewissen zu folgen und die Menschenwürde als Leitmotiv hochzuhalten.

Genau das tut Harald Walser mit diesem Buch, das den unglaublichen Lebensweg von Maria Stromberger, dem „Engel von Ausschwitz", zum Thema hat.

Unglaublich, einmalig und faszinierend ist der Lebensweg von Maria Stromberger (1898–1957) tatsächlich, die in den Dreißigerjahren des vorigen Jahrhunderts als Krankenschwester in Vorarlberg (Bregenz) tätig war, aber während des Krieges in ein Krankenhaus in der Nähe von Auschwitz versetzt wurde, wo sie von den Gräueltaten im Konzentrationslager Auschwitz erfuhr. Sie meldete sich daraufhin freiwillig zum Dienst als Krankenschwester im Konzentrationslager, wo sie als Oberschwester im SS-Krankenrevier eingesetzt wurde.

Unter ständiger Lebensgefahr tat sie, was sie nur konnte, um den Häftlingen zu helfen, Nahrungsmittel zu besorgen, Nachrichten zu übermitteln und den Widerstand nach Möglichkeit zu unterstützen.

Manchmal entging sie nur haarscharf der Enttarnung und setzte dennoch ihre segensreiche, aber lebensgefährliche Tätigkeit unverdrossen fort. Schließlich wurde sie in den letzten Kriegsmonaten versetzt, erlebte und überlebte das Kriegsende an der „Heimatfront". Als besondere Ironie und Absurdität wurde sie nach Kriegsende von der französischen Besatzungsmacht in Österreich wegen ihrer „Tätigkeit in Auschwitz" verhaftet und blieb mehrere Monate in einem Anhaltelager, ehe überlebende KZ-Häftlinge, darunter auch der spätere polnische Ministerpräsident Józef Cyrankiewicz, ihre wahre Rolle in Auschwitz und ihre Leistungen für den Widerstand bezeugten.

Für den Rest ihres Lebens arbeitete sie in Bregenz unauffällig und weitgehend unbedankt in einer Textilfabrik, blieb in Kontakt mit einigen ehemaligen Häftlingen und verstarb zwölf Jahre nach Kriegsende (1957). Einer dieser Häftlinge in Auschwitz, Edward Pyś, der den Kontakt zu Maria Stromberger bis zu ihrem Lebensende aufrechterhalten hatte, schrieb nach ihrem Tod an die Schwester der Verstorbenen: „Den Tod von Schwester Maria empfinde ich, als ob meine Mutter verstorben wäre. Sie war eine Mutter für uns alle, aber besonders für mich in den finsteren Tagen, die wir im Konzentrationslager verbrachten. Sie war ein Engel in der Hölle von Auschwitz."

Ich bin Harald Walser sehr dankbar, dass er sich heute – 76 Jahre nach Kriegsende – dieses Themas und dieser wunderbaren und tapferen Frau annimmt und dieses Buch geschrieben hat.

Es ist heute nur mehr ein ganz kleiner Teil unserer Bevölkerung, der persönliche Erinnerungen an Krieg, Diktatur und Faschismus hat.

Und dennoch – und gerade deshalb – ist es so wichtig, die Warnungen und Warnlichter aus der Geschichte nicht hinter dem Horizont versinken zu lassen.

Die Grenze zwischen Gut und Böse verläuft nicht zwischen Nationen, Religionen oder Hautfarben, sondern zwischen einzelnen Menschen, und sie geht – wie Alexander Solschenizyn geschrieben hat – oft sogar mitten durch das Herz eines einzelnen Menschen.

Das ist auch der Grund, warum es kein politisches System gibt – die Demokratie eingeschlossen –, das als „missbrauchssicher" und als unzerstörbarer Hort für Menschenrechte und Menschenwürde betrachtet werden kann.

Verfassungen und politische Systeme sind von allergrößter Wichtigkeit. Aber die letzte Entscheidung über das Schicksal von Menschen und Staaten liegt in der Hand von Menschen. Das gilt auch für das Schicksal der Demokratie, die nur unzerstörbar ist, solange sie von einer genügend großen Zahl von Menschen gewollt, gelebt und geschützt wird.

Deshalb ist es so wichtig, aus der Geschichte zu lernen und mit diesem Buch die Erinnerung an Maria Stromberger wachzuhalten beziehungsweise wiederzubeleben und damit die Sinnhaftigkeit und die Notwendigkeit des Widerstands gegen Unrecht und Gewalt zu dokumentieren.

Vorbemerkung

Auschwitz lässt uns nie los. Nicht die ehemaligen Häftlinge. Nicht die ehemaligen Bewacherinnen und Bewacher. Und auch nicht die Nachgeborenen.

Der ehemalige Auschwitz-Häftling Primo Levi meinte, dass ein positiv denkender Mensch nicht unter Depressionen leide. Er selbst war ein positiv denkender Mensch. Dennoch litt er gegen Ende seines Lebens immer stärker unter Depressionen und schrieb einer Freundin, was er inzwischen durchmache, sei schlimmer als seine Haft in Auschwitz. Wenige Wochen später, 42 Jahre nach seiner Befreiung, stürzte er sich vom obersten Stockwerk seines Wohnhauses in den Tod.

Auch Maria Stromberger – obwohl keine Täterin und keine Gefangene – konnte sich nach 1945 nicht von den Erlebnissen in Auschwitz befreien. Davon zeugen viele erhalten gebliebene Briefe.

Ihr Schicksal begleitet mich fast ein ganzes Historiker-Leben lang, denn sie ist trotz ihrer Einzigartigkeit in der Geschichte des österreichischen Widerstands gegen das NS-Regime in unserem Land fast unbekannt geblieben. In Polen hingegen sorgten ehemalige Häftlinge dafür, dass über sie berichtet wurde. Der Titel des Buches geht auf einen dieser Häftlinge zurück: „Sie war ein Engel in der Hölle von Auschwitz. Sie hat uns bewiesen, dass nicht alle Leute, die deutsch reden, Mörder sind. Sie hat unser Vertrauen und unsere Liebe erworben“, schrieb Edward Pyś nach dem Tod Strombergers an deren Schwester in Bregenz.[1]

Ich selbst wurde 1982 erstmals auf diese großartige Frau aufmerksam, als ich gemeinsam mit Hermann Brändle, Gernot Egger-Kiermayr und Meinrad Pichler an einem Buch über Widerstand und Verfolgung während der NS-Zeit in Vorarlberg forschte und dabei erste Hinweise auf sie im Werk „Menschen in Auschwitz“ von Hermann Langbein fand.

In den folgenden Jahren intensivierte sich das Interesse am Leben und Wirken Strombergers. Ich nahm Kontakt mit Langbein auf, traf ihn mehrere Male und erhielt viele wertvolle Tipps. Im Jahr 1988 veröffentlichte ich in der Zeitschrift „Montfort“ eine erste biografische Notiz zu ihr: „Der Engel von Auschwitz“.

Danach habe ich neben Hermann Langbein mit dem schon erwähnten Edward Pyś aus Polen und dem Tschechen Artur Radvanský, einem weiteren ehemaligen Häftling, zwei weitere Zeitzeugen kennenlernen dürfen. Ihre Erinnerungen und der umfangreiche und erhalten gebliebene Briefverkehr sowie einige Dokumente aus der Zeit vor 1945 haben das Bild von Maria Stromberger geschärft.

Mehrere und zum Teil sehr umfangreiche Quellenbestände konnten für dieses Buch erstmals ausgewertet werden.

Noch zu ihren Lebzeiten erlangte ich Kenntnis von Hedwig Greber, der Nichte von Maria Stromberger, und nahm Kontakt mit ihr auf. Sie hat den umfangreichen Briefverkehr, Dokumente, Fotos, Ausweise, Bücher und anderes jahrzehntelang aufbewahrt. Nachdem sie ihre Wohnung in der Heldendankstraße in Bregenz aufgeben hatte müssen, ließ sie mich wissen, dass ich die Dokumente erhalten könne.

Erstmals ausgewertet wurden auch erhalten gebliebene unveröffentlichte Manuskripte der ehemaligen Auschwitz-Häftlinge Stanisław Kłodziński, Kazimierz Albin, Eugeniusz Niedojadło und Artur Radvanský. Edward Pyś war in Auschwitz der engste Vertraute von Maria Stromberger gewesen. Er hatte zu Lebzeiten viele Dokumente zur Verfügung gestellt, Manuskripte, Zeugenaussagen und Briefe. Mit ihm konnte ich auch noch – wie mit Hermann Langbein und Artur Radvanský – längere Interviews führen.

Schließlich gibt es noch einen dritten Quellenfundus, der erstmals zu Maria Stromberger ausgewertet worden ist: die umfangreichen Zeugenaussagen von Hermann Langbein, Edward Pyś, Artur Radvanský und Karl Lill im Frankfurter Auschwitz-Prozess in den Jahren 1963 bis 1965.

Bei Briefen, Transkripten, handschriftlichen Notizen und Übersetzungen aus dem Polnischen wurden Rechtschreibung, Satzzeichensetzung und in wenigen Fällen auch die Satzstellung zur besseren Lesbarkeit vorsichtig verändert und in einigen Fällen den aktuellen Rechtschreib- und Satzzeichenregeln angepasst.

Zu danken habe ich vielen Menschen, die mich bei der Recherche unterstützt haben. Sie werden am Ende des Buches in alphabetischer Reihenfolge angeführt. Mein besonderer Dank gilt Bundespräsident a. D. Dr. Heinz Fischer für das Vorwort, Mag. Siegmar Schlager und Mag. Raphael Moser vom Falter Verlag für die angenehme Zusammenarbeit sowie Helmut Gutbrunner und Dr. Kurt Greussing für das Lektorat.

Einleitung

Als Maria Stromberger im Mai 1957 starb, nahm kaum jemand Notiz davon. Immerhin war in der kommunistischen „Volksstimme"[2] ein Nachruf zu lesen, und auch die katholische „Furche" widmete dem „großen Menschen" einen längeren Artikel: „In ihrer Heimat ist das Wirken von Schwester Maria, außer ihren Freunden und Gefährten, nur einem kleinen Kreis von Menschen bekannt."[3]

Was im Artikel in der „Furche" mit „Heimat" gemeint war, ist unklar. Es wird wohl Kärnten angesprochen worden sein, wo sie – wie fälschlicherweise zu lesen war – gestorben sei. Dort ist sie zwar aufgewachsen und im Verlauf ihres Lebens auch immer wieder zurückgekehrt. Längere Zeit aber lebte sie schon ab ihrem 16. Lebensjahr in Graz, wo sie mit Unterbrechungen 22 Jahre blieb. Und auch Vorarlberg, wo sie spätestens ab 1937 ansässig war und 1957 starb, war ihr wohl zur Heimat geworden. „Heimat" war für sie aber weniger ein konkreter Ort oder eine Gegend, sondern ihre Familie – an allen drei Hauptwohnorten lebte sie bei und mit ihren Geschwistern beziehungsweise anderen nahen Verwandten.

Und an allen drei Orten tat sie für ihre Verwandten das, was sie auch in Auschwitz tun sollte: Sie half. Sie pflegte ihre Eltern bis zu deren Tod, sie half ihrer Schwester und ihrem Schwager in Graz fast ohne Entgelt in deren Gasthaus, sie pflegte ihre schwer sehbehinderte Schwester in Bregenz. In Auschwitz half sie ebenfalls, pflegte ihr vorher unbekannte Menschen und unterstützte Häftlinge im Widerstand. Und viele ehemalige Gefangene, die ihr das Weiterleben verdankten, wurden nach 1945 so etwas wie ein weiterer Teil ihrer Familie. Mit ihnen pflegte sie den Kontakt bis zu ihrem Tod.

Doch sie waren – wie im Nachruf in der „Furche" angesprochen – auch die Einzigen, die neben ihren Geschwistern nach 1945 überhaupt Notiz von dieser großartigen Frau nahmen. Mit diesem Schicksal war Stromberger nicht allein.

Die kurz vor dem Ende der NS-Herrschaft am 17. April 1945 an der Grenze in Feldkirch erschossene sozialistische Widerstandskämpferin Hilde Monte-Olday schrieb in ihrem Gedicht „Die Verurteilten"[4]:

„Wir setzten alle unser Leben ein.
Wie hart der Kampf auch sei, wir zaudern nicht.
Hartnäckig tut ein jeder seine Pflicht,
Ist eins mit euch, weil eine Überzeugung
Ganz unzerstörbar in uns allen wohnt:
Wir wissen nicht, ob wir den Sieg erleben,
Wir wissen nur, daß sich der Einsatz lohnt."

Das hätte auch, programmatisch für ihr Leben und ihre Zeit in Auschwitz, auf Strombergers nicht mehr existierendem Grab stehen können. Sie kämpfte, setzte ihr Leben ein und wusste doch nicht, ob sich ihr Einsatz lohnen würde. Aber sie konnte nicht anders. Bei Maria Stromberger war es ihre religiöse Überzeugung, aus der sie Kraft und Mut schöpfte, bei Hilde Meisel die sozialistische Weltanschauung. Ausgewirkt hat sich das bei beiden gleich: Sie waren bereit zu kämpfen und zu sterben für eine bessere Welt.

Die ungeheuerlichen Verbrechen, die in Auschwitz begangen worden sind, übersteigen unser Vorstellungsvermögen. Wie mochte es erst jemandem ergangen sein, der wie Maria Stromberger mitten in diese Mordmaschinerie geraten war?

Es ist außergewöhnlich, was Maria Stromberger getan hat. Und es ist mit dem Mut und der Konsequenz von nur ganze wenigen Menschen in der Zeit des Nationalsozialismus zu vergleichen: „Andere stellten sich blind und taub, wenn sie etwas erfuhren", schreibt der ehemalige Auschwitz-Häftling Hermann Langbein (1912–1995): „Maria Stromberger suchte die Wahrheit."[5]

Und das, was sie gefunden hat, hat sie zutiefst erschüttert.

Edward Pyś (1921–2011) schrieb später über diese Zeit an seinen ehemaligen Häftlingskollegen Hermann Langbein: „Sie war wirklich wie eine Mutter für mich und für uns alle."[6] Nicht nur das. Er schreibt, er habe begonnen, sie „wie eine Mutter zu lieben. Sie ersetzte sie mir im Übrigen hier im Lager und sicher hätte auch meine Mutter unter diesen Bedingungen für mich nicht mehr getan."[7]

Der Begriff „Mutter" wird für die Krankenschwester auch von anderen Häftlingen verwendet – etwa von Stanisław Kłodziński (1918–1990), Kazimierz Albin (1922–2019) und Eugeniusz Niedojadło (1919–2007).

Den engsten Kontakt mit Maria Stromberger aber hatte neben ihrer Schwester Karoline Greber sicherlich Edward „Edek" Pyś. Das geht sowohl

„Maria Stromberger, wie sie in Auschwitz aussah“, schrieb der ehemalige Häftling Edward Pyś auf die Rückseite dieses Fotos. Sie selbst meinte in einem Brief an Pyś nach 1945, sie habe ihren „Reichtum an Liebe in Auschwitz verstreut“.

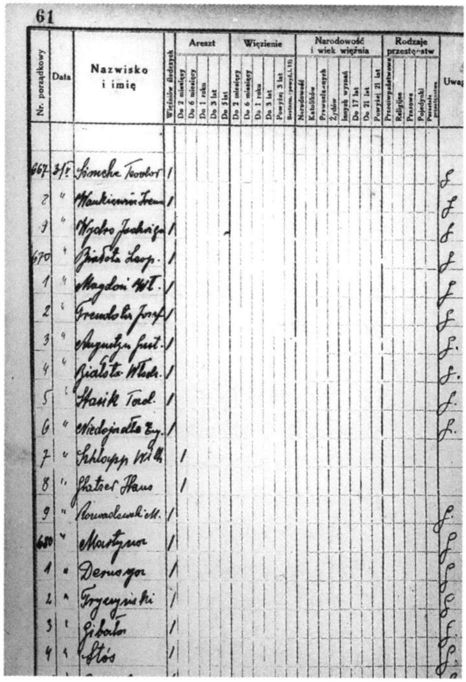

61

Nr. porządkowy	Data	Nazwisko i imię	Więźniów śledczych	Areszt: Do 2 miesięcy	Uwagi
667	3/V	[illegible] Teodor	/		f.
8	"	[illegible]	/		f.
9	"	Wydro Jadwiga	/		f.
670	"	Białota Leop.	/		f.
1	"	Magdoń Wł.	/		f.
2	"	Frendołek Józef	/		f.
3	"	Augustyn Gust.	/		f.
4	"	Białota Wład.	/		f.
5	"	Stasik Tad.	/		f.
6	"	Niedojadło Eu.	/		f.
7	"	Schlopp Wilh.		/	
8	"	Glatzer Hans		/	
9	"	Nowadlewski M.	/		f.
680	"	Martynow	/		f.
1	"	Demoszor	/		f.
2	"	Trzcyński	/		f.
3	"	Gibała	/		f.
4	"	Stós	/		f.

Transportliste der ersten insgesamt 728 polnischen Auschwitz-Häftlinge vom 14. Juni 1940. Zu lesen ist unter anderem der Name von Eugeniusz Niedojadło, der sein Überleben wie einige andere auf dieser Liste Maria Stromberger verdankt.

aus den Briefen von Maria Stromberger selbst als auch von jenen Hermann Langbeins hervor.

Pyś charakterisiert sie in einem Brief an den Verfasser vom 15. November 1987 so: „Mit Politik wollte sie niemals etwas zu tun haben. Sie war eine Demokratin gewesen, von tiefem Glauben durchdrungen, aber keine Frömmlerin.“[8]

Maria Stromberger war eine sehr mutige, kluge und energische Frau. Sie hatte zudem ein sehr feines Sprachgefühl, ihre Briefe sind voll von prägnanten Sprachbildern und geprägt von einer nahezu poetisch anmutenden Sprache.

Als Biograf ist man ständig in der Gefahr, „seine“ Person zu überhöhen. Ich war mir dieser Gefahr bewusst und hoffe dennoch, die nötige wissenschaftliche Distanz gewahrt zu haben.

„So einfach dürfen wir es uns nicht machen, daß wir erklären: die einen sind Engel und die anderen sind Teufel.“[9] Das schrieb schon im Jahre 1946 und somit in unmittelbarer Erinnerung an die im Konzentrationslager Auschwitz begangenen Verbrechen der Psychologe Viktor E. Frankl (1905–1997) über die dortigen Häftlinge und das SS-Personal. Er selbst hatte Auschwitz überlebt, kannte die Zustände dort und hatte seine Frau und seine Eltern im Holocaust verloren. Es ist also ein Satz aus berufenem Munde.

Dennoch, auch wenn wir es uns nicht „einfach machen“ wollen: Viele ehemalige Auschwitz-Häftlinge haben in ihren Berichten über das Lager von Maria Stromberger als „Engel“ oder als „Stern“ gesprochen und geschrieben, zumal sie das Lager selbst verständlicherweise als „Hölle“ empfunden haben.

Die Biografie einer historischen Persönlichkeit ist immer eine Konstruktion. Wenn dabei – wie im vorliegenden Buch – die Zeit des Nationalsozialismus den zentralen Platz einnimmt, ist die Gefahr groß, schwarz-weiß zu zeichnen.

Die NSDAP und der NS-Staat schufen ihre „Helden“ – von „Parteihelden“ wie Horst Wessel bis zu „Kriegshelden“ wie Erwin Rommel. Nach 1945 waren es dann – spät, aber doch – vor allem die Frauen und Männer des Widerstands, die ins Rampenlicht gestellt wurden, von den Mitgliedern der Weißen Rose im akademischen Bereich bis zur kommunistischen Roten Kapelle.

Für schwer einer Partei oder Weltanschauung zuordenbare Persönlichkeiten wie Maria Stromberger interessierte sich fast niemand. Sie war gläubige Katholikin ohne Berührungsängste gegenüber kommunistischen Häftlingen oder nach 1945 gegenüber der KPÖ. Sie half polnischen Nationalisten genauso wie jüdischen Gefangenen. In der Nachkriegsgesellschaft war sie somit nur sehr schwer einzuordnen. Sie passte in kein Schema.

Eine Biografie wie die vorliegende stellt das Faktische in den Vordergrund. Gleichzeitig weckt und erfüllt sie den Wunsch nach Vorbildern. Maria Stromberger ist aus meiner Sicht ein solches Vorbild.

Immer wieder wird die Frage gestellt, ob die Menschheit von „Auschwitz" gelernt hat. Ich kann sie nicht beantworten. Sicher aber ist, dass uns Auschwitz eine Verpflichtung auferlegt hat. Eine Verpflichtung zum Erinnern genauso wie eine Verpflichtung, der Intoleranz und dem Hass gegen Menschen nicht durch falsch verstandene Toleranz Raum zu geben.

Ob man so weit gehen muss wie der Schriftsteller Robert Menasse in seinem Roman „Die Hauptstadt"? Dort fordert ein Professor die Europäische Union auf, eine Metropole zu bauen, „sich eine neue, eine geplante, eine ideale Hauptstadt [zu] schenken" – in Auschwitz: „Es muss ein Ort sein, wo die Geschichte spürbar und erlebbar bleibt, auch wenn der letzte gestorben ist, der sie erlebt oder überlebt hat. Ein Ort als ewiges Fanal für die künftige Politik in Europa." Es soll eine „Stadt der Zukunft" werden und „zugleich die Stadt, die nie vergessen kann" – eine „europäische Hauptstadt in Auschwitz".[10]

Politik regelt bekanntlich das öffentliche Leben und hat dadurch Einfluss auf das private Zusammenleben der Menschen. In diesem Sinne kann die Geschichte der Maria Stromberger ein Fanal sein und ein Vorbild für menschliches und somit im besten Sinne des Wortes auch politisches Handeln.

Herkunft und Familie

Zur Zeit der Geburt Maria Strombergers hatte die Region St. Veit an der Glan in Kärnten die wirtschaftlich besten Zeiten längst hinter sich. War die Stadt St. Veit lange Zeit ein Verkehrsknotenpunkt und Handelsplatz und bis ins 16. Jahrhundert Landeshauptstadt, so hatte man jetzt mit Abwanderung zu kämpfen. Nur die vielen Schlösser gaben noch einen Eindruck von der Bedeutung des ehemaligen landesherrschaftlichen Verwaltungsmittelpunktes. Das galt für die Stadt, noch stärker aber für die ländlichen Gemeinden des Bezirks.

Ganz am nördlichen Rand des Bezirks und auch Kärntens kam am 16. März 1898 Maria Stromberger zur Welt. Ihr Geburtshaus in der Gemeinde Metnitz steht zwar noch, wurde aber umgebaut und ist inzwischen stark verändert.[11] Das Elternhaus, „Metnitz 13", gehörte ihrer gleichnamigen Mutter Maria, die als „Besitzerin der Ledererbehausung" in den Aufzeichnungen erwähnt wird.[12] Die „Ledererbehausung" hat heute die Adresse „Untermarkt 27" und diente lange Zeit als Gasthaus.[13]

Die Marktgemeinde Metnitz besteht heute aus 22 Ortsteilen, 1973 wurde das vorher selbstständige Grades eingemeindet. Bei Marias Geburt lebten auf dem Gebiet des heutigen Metnitz knapp 3500 Menschen.[14] Seit den Sechzigerjahren des vorigen Jahrhunderts hat die Gemeinde mit starker Abwanderung und einem Bevölkerungsschwund zu kämpfen. Heute zählt Metnitz nur mehr wenig über 2000 Einwohner.[15]

Die Eltern

Mutter Maria Stromberger (1858–1917) war die Tochter von Helena und Barthlmä Lapeiner, der als Tischlermeister in den Akten auftaucht. Sie war bei der Geburt ihrer jüngsten Tochter Maria also bereits vierzig Jahre alt, der Vater ein Jahr älter.[16]

Marias Vater Franz Seraphin Stromberger (1857–1937) stammte aus der südwestlich von Metnitz gelegenen Nachbargemeinde Glödnitz. Er hatte zwischen 1872 und 1876 in der südöstlich von Metnitz gelegenen Nachbargemeinde Straßburg – einer etwa zwanzig Kilometer nördlich von St. Veit gelegenen Kleinstadt mit damals rund 3500 Einwohnern[17] – eine fast vierjährige Lehre in einer „Spezereien- und Schreibwarenhandlung" absolviert.

Von seinem Lehrherren Johann Vinzenz Gorton wurde er „auf seinen eigenen Wunsch“ und „mit den besten Empfehlungen“ entlassen.[18]

Gorton war von 1850 bis 1861 und von 1867 bis 1879 Bürgermeister der Stadt Straßburg. Auch später wurden mit Wilhelm Gorton (1864–1922), seinem gleichnamigen Sohn (1895–1936) und ebenfalls gleichnamigen Enkel (1922–2016) Mitglieder dieser Familie Bürgermeister und überregional politisch tätige einflussreiche Männer.

Nach seiner Lehrzeit bekam Franz Stromberger eine Anstellung als „Handlungskommis“ – also Angestellter – beim „Handelsmann“ Josef Creigher in Metnitz. Hier hat er Maria Lapeiner kennengelernt. Doch bis zur Hochzeit sollte es noch dauern, denn zuerst musste Stromberger die kurz zuvor eingeführte allgemeine Wehrpflicht absolvieren.[19] Zudem hatte er mit dem Vater des ersten Kindes von Maria Lapeiner einen Rivalen beim Werben um ihre Gunst.

Die militärische Dienstpflicht betrug damals zwölf Jahre, wovon drei aktiv zu absolvieren waren, weitere sieben Jahre gehörte man zur „Reserve“ und anschließend musste man noch zwei Jahre der Landwehr zur Verfügung stehen. Im Falle Strombergers begann die aktive Zeit im Oktober 1879.

Franz und Maria Stromberger haben am 13. September 1881 in Metnitz geheiratet. Im Trauungsbuch der Gemeinde steht, dass Franz Stromberger „beurlaubter“ „Gefreiter und Titularkorporal“ sei, der sich jetzt bei Josef Creigher in Metznitz aufhalte. Creigher war auch Trauzeuge des Paares.[20] Der Hinweis „beurlaubt“ bezieht sich auf seine damalige Situation als „Gefreiter und Corporal“. Er hatte nach seiner Hochzeit also noch ein Jahr „aktiven Militärdienst“ abzuleisten. Erst 1882 konnte er sich ganz seiner Familie und dem Aufbau einer eigenen Existenz widmen. Das Militär bescheinigte ihm zum Abschied, „treu und ehrenhaft“ gedient zu haben.[21]

Das Ehepaar Stromberger gehörte zur ländlichen Mittelschicht, denn immerhin waren beide Besitzer von – wenn auch bescheidenen – Häusern oder „Keuschen“. Ein nicht unbeträchtlicher Teil der ärmsten Bevölkerung des Landes war gänzlich ohne Besitz. Wohlhabend oder gar reich waren sie aber auch nicht. Wie aber kam Marias Mutter in den Besitz eines Hauses in Metnitz?

Ihre Großmutter Helena, eine geborene Spatz, hatte im Jahr 1845 mit nur zwanzig Jahren den 67-jährigen Zimmerer- und Tischlermeister Aegid Eder in Metnitz geheiratet. Ihr Mann starb sechs Jahre später und hinterließ ihr ein Haus. Das Paar hatte eine Tochter: Theresia. Deren gleichnamige Tochter wiederum wird in Graz den Hotelier Karl Leeb heiraten und ein halbes Jahrhundert später zur Anlaufstelle mehrerer Kinder der Familie Stromberger werden. Doch dazu später.

Mit nur 26 Jahren blieb die junge Witwe nicht lange allein. Zwei Jahre nach dem Tod ihres ersten Mannes bekam sie ein Kind von dem damals in Gurk lebenden, fünf Jahre jüngeren Tischler Barthlmä Lapeiner, der aus „Veldes in Karin", dem heutigen slowenischen Bled, zugewandert war. Das Paar heiratete am 15. Februar 1858 in der Domkirche in Gurk, nur wenige Wochen vor der Geburt ihres zweiten gemeinsamen Kindes – der späteren Mutter von Maria Stromberger. Die Familie bleibt zunächst in Gurk, wo zwei weitere Kinder zur Welt kommen und Barthlmä als „Besitzer der unteren Wagnerkeusche No. 27" geführt wurde.[22]

Spätestens ab dem Jahr 1866 finden wir sie in Metnitz 60, im Haus, das Marias erster Gatte ihr hinterlassen hatte. Dort war Barthlmä auch mehrere Jahre als Tischler tätig. Wann der Umzug in die „Bärenwirtbehausung" (Metnitz 56) erfolgt ist, lässt sich nicht mehr eruieren.[23]

Nicht nur Maria Strombergers Mutter war Hausbesitzerin, sondern auch ihr Vater, dessen Familie aus dem benachbarten Glödnitz stammte und dort auch ein Haus, die „Deitzerhube am Laas", besaß. Franz erbte ein Haus in Steirisch-Laßnitz – seit 1951 nennt sich der Ort „Laßnitz bei Murau" –, wo er mit Familie später auch eine Zeit lang wohnen sollte. Gesellschaftlich und wirtschaftlich dürfte die Familie Stromberger der ländlichen Mittelschicht angehört haben. Man hatte etwas Besitz, war aber nicht vermögend – mehr dazu weiter unten. In der wirtschaftlich nicht prosperierenden Region war allerdings der Kampf gegen eine mögliche gesellschaftliche Deklassierung allgegenwärtig. Ein Indiz dafür ist die Tatsache, dass Franz und seine Frau direkt und indirekt von Illegitimität betroffen waren.[24]

Franz beispielsweise wurde erst bei der Heirat seiner Eltern und somit drei Jahre nach seiner Geburt von seinem Vater Jakob legitimiert.[25] Auch Marias Großmutter Helena Spatz wurde unehelich geboren und brachte ihrerseits ein uneheliches Kind zur Welt.[26] Ähnlich erging es ihrer Tochter Agnes: Sie brachte im Juli 1887 mit dem Sohn Peter ein unehelich gezeugtes Kind zur Welt. Seine Mutter war damals Magd bei ihrem Vater.[27] Karl Lapeiner wiederum, der erste Sohn von Maria, kam drei Jahre vor deren Heirat unehelich zur Welt, wobei sich der „Handlungskommis" Karl Obeneder „freiwillig als Vater dieses Kindes erklärt und ausdrücklich verlangt" hatte, dass dies im Taufbuch vermerkt werde.[28]

Die Familie Stromberger im Frühjahr 1893 in Metnitz/Kärnten mit den Eltern Franz (ganz links seine Schwester) und Maria sowie Karoline, Adelheid, Franz jun. und Karl Lapeiner. Im Dezember desselben Jahres kam die Schwester Christina zur Welt, 1898 als jüngstes Kind Maria.

Maria Stromberger sen. (1858–1917) brachte insgesamt neun Kinder zur Welt. Ihre gleichnamige jüngste Tochter sollte eine der bedeutendsten Persönlichkeiten des österreichischen Widerstandes gegen die Nationalsozialisten werden.

Obeneder und Stromberger hatten offensichtlich beide ein Auge auf Maria Lapeiner geworfen. Warum Obeneder als Vater von Marias erstem Kind das „Rennen" um sie nicht gemacht hat, lässt sich nur vermuten. Denn ob das Paar wegen eines verweigerten Ehekonsenses nicht heiraten durfte oder ob Maria Stromberger nicht heiraten wollte, ist nicht überliefert. Dass sie aber für ihr Kind den Vornamen des Vaters gewählt hat, deutet jedenfalls darauf hin, dass die Beziehung zu Obeneder intakt war und wohl die wirtschaftliche Situation beziehungsweise der Einspruch von Marias Vater eine Heirat verhinderten.

Dass Franz und Maria heiraten konnten, war also nicht selbstverständlich. Viele Paare benötigten einen sogenannten „Ehekonsens". Es war nämlich nur bessergestellten und privilegierten Bevölkerungsgruppen – etwa Adeligen, Beamten sowie Haus- und Gutsbesitzern – gestattet, ohne Ehekonsens zu heiraten. Erteilt wurde die Genehmigung von den Gemeinden, die damals für die Armenfürsorge zuständig waren. Mit Bewilligungen gingen diese sehr restriktiv um, um die Gemeindekassen nicht zu belasten. Diese Regelung galt zumindest bis 1868, wurde aber im ländlichen Raum teilweise noch deutlich länger gehandhabt.

Die beschränkte Möglichkeit, zu heiraten und „legitime" Kinder zu zeugen, hatte massive Auswirkungen auf die Sozialstruktur der jeweiligen Region.[29]

„Illegitimität" als Problem

Eine Folge waren außerehelich geborene Kinder. Etwa jedes vierte Kind auf dem Gebiet des heutigen Österreich wurde im ausgehenden 19. Jahrhundert „unehelich" geboren. Kärnten war diesbezüglich mit deutlichem Vorsprung Spitzenreiter: Hier kam damals fast die Hälfte aller Kinder außerehelich zur Welt, gefolgt mit deutlichem Abstand von Niederösterreich mit etwa einem Drittel. Und innerhalb Kärntens wiederum war der Bezirk St. Veit, zu dem Metnitz gehörte, mit über sechzig Prozent an erster Stelle.[30]

„Illegitime Kinder", ihre Mütter und nicht selten die ganze Familie hatten in der konservativ geprägten ländlichen Gesellschaft mit Vorurteilen zu kämpfen. Vor allem die Kinder hatten kein einfaches Los, waren nicht erbberechtigt und sozial nicht angesehen. Das war mit ein Grund dafür, dass in Kärnten im Vergleich zum übrigen Österreich die überdurchschnittlich große „Unterschicht besonders schlecht gestellt war"[31].

Die fehlende wirtschaftliche Dynamik hatte aber auch am oberen Ende der Einkommen und Vermögen Auswirkungen. Der Wohlstand Kärntens und speziell auch der Region um St. Veit beruhte seit dem Mittelalter auf der Montanwirtschaft. Doch aus verschiedenen Gründen – den oben angesprochenen, aber zudem auch wegen fehlender Innovationsbereitschaft in diesen wirtschaftlich sehr dynamischen Zeiten – geriet das Land in der Folge ins Hintertreffen. Während andere Regionen des heutigen Österreich – etwa Oberösterreich, Niederösterreich oder Vorarlberg – im Zuge der Industrialisierung einen wahren Boom erlebten, fiel Kärnten zurück: „Bedeutende Kärntner Gewerkenfamilien" haben sich damals „vom wirtschaftlichen Agieren" verabschiedet.[32] Und der Wirtschaftshistoriker Michael Pammer resümiert: „In Kärnten gab es viele vermögenslose Personen und eine relativ vermögende Oberschicht, aber kaum ganz große Vermögen."[33]

Die großen sozialen Unterschiede in Kärnten hingen auch mit dem Erbrecht zusammen. Das vorherrschende Anerbenrecht – es bevorzugte den ältesten Sohn – hatte dazu geführt, dass es wenige gut situierte Bauern mit oft beträchtlichem Besitz gab, aber auch viele Besitzlose oder Menschen mit nur sehr bescheidenem Besitz. Die Familie Marias war diesbezüglich eher eine Ausnahme, waren doch – wie oben dargestellt – sowohl ihre Mutter als auch ihre Großmutter aus unterschiedlichen Gründen Hausbesitzerinnen geworden.

Das Erbrecht verhinderte in Kärnten wirtschaftliche Dynamik. Die im alemannischen Bereich vorherrschende Realteilung hingegen – bei der alle Geschwister einen gleichwertigen Anteil erhalten – führte zwar zur Zerstückelung der Höfe und weit verbreiteter Verschuldung der Bauern, bildete aber ein ideales Reservoir an Arbeitskräften für die aufkommenden Industriebetriebe. Das ist neben der Arbeitsmigration, dem Vorhandensein liberaler wirtschaftlicher Rahmenbedingungen und Innovationskraft ein wesentlicher Grund für das Aufkommen der Industrie in Nieder- und Oberösterreich, Böhmen oder Vorarlberg, während Kärnten das Attribut „industriearm" bekam.[34]

Im Vergleich zu den meisten anderen Regionen auf dem Gebiet des heutigen Österreich jedenfalls war Kärnten im 19. Jahrhundert „eindeutig am rückständigsten", „ein stark agrarisch geprägtes einkommensschwaches Land ohne besonders starke Veränderungen in den für die Wirtschaftsentwicklung wesentlichen Größen"[35].

Die Landwirtschaft und der Besitz von Grund und Boden waren somit prägende Faktoren für gesellschaftliches Ansehen. Der Besitz war aber sehr ungleich verteilt: Bei der Betriebszählung im Jahr 1902 lag der Anteil mittlerer und großer Bauernhöfe ab zehn Hektar in den Kärntner Bezirken bei bis zu sechzig Prozent, im Vorarlberger Bezirk Feldkirch hingegen bei nur vier Prozent. Es gab in Kärnten also einige wenige vermögende Großbauern, aber viele Menschen, die keinen oder nur sehr wenig Besitz vorweisen konnten.[36] Im Vergleich zu anderen Regionen Österreichs war in Kärnten zudem die soziale Kluft überdurchschnittlich groß. So etwa konstatiert Michael Pammer „eine relativ ausgewogene Verteilung (der Einkommen und Vermögen) im eher fortgeschrittenen Vorarlberg und eine unausgewogene Verteilung im rückständigen Kärnten".[37]

Kampf um Anerkennung

Unter diesen Rahmenbedingungen war es schwierig, sich zu behaupten. Das bekam auch Franz Stromberger zu spüren, der zeitlebens um soziale Anerkennung kämpfte. Unter den geschilderten wirtschaftlichen und gesellschaftlichen Verhältnissen und Entwicklungen war die Gefahr des sozialen Abstiegs auch aufgrund des Kinderreichtums seiner Familie sehr groß. Ein Indiz für Strombergers Wunsch nach gesellschaftlicher Anerkennung sind die von ihm initiierten Eintragungen in den Geburts- und Trauungsbüchern. War er bei seiner Hochzeit noch ein schlichter „Handlungskommis" und somit Angestellter, nennt er sich bei der Geburt der ersten beiden Kinder „Kaufmann" und „Besitzer" der „Krammerbehausung" in Steirisch-Laßnitz.

Doch der angestrebte Aufstieg wollte dem für damalige Verhältnisse gut ausgebildeten Familienvater nicht gelingen. Zwar dürfte er in Steirisch-Laßnitz vorübergehend selbstständig gewesen sein und einen eigenen Laden betrieben haben, doch wirtschaftlicher Erfolg und echte Unabhängigkeit wollten sich nicht einstellen. Dennoch hielt er den Status des selbstständigen Gewerbetätigen zumindest bis zur Jahrhundertwende aufrecht. Spätere Eintragungen lauteten auf „Privat" oder ab der Geburt von Christina auf „Wirth".[38]

Die erste Chance zur Selbstständigkeit sah er – wie erwähnt – in Steirisch-Laßnitz. Der Ort liegt etwa zwanzig Kilometer von Metnitz entfernt über der Landesgrenze in der Steiermark. Dorthin übersiedelte das junge Paar mit Marias Sohn Karl kurz nach der Hochzeit. Und dort kamen auch ihre ersten drei gemeinsamen Kinder zur Welt: Maria – sie wäre die Älteste, starb allerdings schon bei der Geburt –, Karoline und Franz. In den Eintragungen bei der Geburt seiner Kinder wird er meist als „Kaufmann“ bezeichnet und als Besitzer der „Krammerbehausung“. „Krammer“ ist in Kärnten die Bezeichnung für „Krämer“, also Kaufmann.[39]

Während die wirtschaftliche Situation für die immer größer werdende Familie in der Steiermark alles andere als rosig war, starben daheim in Kärnten Marias Tanten Katharina (1887) und Amalia (1888) Stromberger. Die beiden wurden nur 27 beziehungsweise 35 Jahre alt. Sie hatten in der „Bärenwirtbehausung“ („Metnitz 56“) gewohnt, die nun leer stand. Es ist jenes Haus, das Aegid Eder seiner 47 Jahre jüngeren Frau Helene vermacht hatte und das nun an deren Tochter Maria gefallen war.

Metnitz war für das junge Ehepaar Stromberger offensichtlich ein attraktiverer Arbeits- und Wohnort, man beschloss daher, dorthin zurückzukehren. Fortan wird in offiziellen Eintragungen Maria als Besitzerin der „Bärenwirtbehausung“ und ihr Mann Franz als „Bärenwirt“ geführt.[40]

Doch vom Glück begünstigt war die Familie auch im heimatlichen Kärnten nicht. Schon in Steirisch-Laßnitz war eine Tochter gestorben, jetzt folgten zwei weitere Schicksalsschläge: Tochter Antonia kam am 6. Juni 1889 zur Welt, starb aber schon im April 1891. Nur vier Monate zuvor war auch der kleine Thomas kurz nach der Geburt am 21. Dezember 1890 verstorben. Insgesamt verlor Maria Stromberger damit drei von insgesamt neun Kindern. Das war damals allerdings nicht ungewöhnlich, denn die Kindersterblichkeit lag in Kärnten im ausgehenden 19. Jahrhundert bei über zwanzig Prozent.[41]

Schon 1891 zog die Familie erneut um, diesmal innerhalb des Ortes von der „Bärenwirtbehausung“ in das Haus Metnitz 13 („Ledererwirt“). Dort werden in den Jahren 1892 und 1893 kurz nacheinander die Töchter Adelheid, Christina und schließlich als jüngstes Kind 1898 Maria geboren. In den Eintragungen im Geburts- und Taufbuch ändert sich nichts: Mutter Maria wird jeweils als „Besitzerin“ angeführt, ihr Mann als „Wirt“.

Doch auch hier sollte sich keine Zufriedenheit einstellen, das Ehepaar wollte mehr erreichen. Im Jahr 1899 brachen Stromberger und seine Frau ihre Zelte in Metnitz ab und verkauften ihr Heim, die „Ledererwirtschaft“. Die beiden versuchten ihr Glück in zwei weiteren Kärntner Gemeinden. Franz wird in den verschiedenen Eintragungen als „Privatbeamter“ bezeichnet, seine Frau Maria meist als „Wirtschafterin“.

Brauerei & Gasthof Lackner in Emmersdorf im heutigen Nötsch im Gailtal: Hier lebte Maria Stromberger mit ihren Eltern und den älteren Geschwistern zu Beginn des 20. Jahrhunderts. Heute befindet sich darin die Pension Leano. Die Postkarte stammt aus dem Jahr 1906.

Aus dem ersten Jahrzehnt des 20. Jahrhunderts sind allerdings nur sehr spärliche Quellen über den Verbleib der Familie Stromberger zu finden. Nachweisen lässt sich, dass die Familie in Emmersdorf[42] in Südkärnten gelandet ist. Emmersdorf/Šmerče wurde 1960 in „Nötsch im Gailtal" (Čajna) umbenannt. Die Gemeinde hatte damals wie heute etwas über 2000 Einwohner.[43] Hier betrieb die Familie den – wohl gepachteten – Gasthof Lackner mit einer eigenen Brauerei.[44] Dabei handelt es sich um die heutige Pension Leano.[45]

Der älteste Sohn von Maria Stromberger, Karl Lapeiner, war inzwischen erwachsen geworden und nach einer Hochzeit bereits Witwer. Bei seiner zweiten Verehelichung im Jahr 1907 und der Geburt der Söhne Karl (1908) und Wilhelm (1910) leben seine Familie und das Ehepaar Stromberger mit den jüngeren Kindern in Emmersdorf. In den Büchern der zuständigen Pfarre St. Georgen im Gailtal lautet die Berufsbezeichnung für Maria „Wirtschafterin". Ob sie das bei ihrem Mann oder ihrem Sohn war, ist nicht angegeben. Da sie in der Gemeinde lebte, konnte sie deshalb bei den am Tag der Geburt getauften Enkelkindern die eigentliche Patin Ottilie Petautschnig vertreten. Diese war eine Schwester der Kindsmutter und arbeitete als Köchin in Murau.[46]

Gutsverwalter in Kappel

Es kann angenommen werden, dass ein Großteil der Familie nach ihrem Wegzug aus Metnitz zwischen 1899 und 1910 in Emmersdorf gelebt hat. Diese Ortschaft war die vorletzte Station im bewegten Leben des Ehepaares Stromberger, denn Franz erhielt in der Folge eine Anstellung als „Gutsverwalter". Der Großgrundbesitzer Simon Rainer und seine Frau Maria bewirtschafteten das Gut Schöttlhof, das etwa zwanzig Kilometer östlich von Straßburg lag, wo Stromberger seine Lehre absolviert hatte.

Das dürfte im Jänner 1910 der Fall gewesen sein, denn Strombergers Vorgänger als Verwalter erhielt ab diesem Zeitpunkt eine Anstellung bei der Niederösterreichischen Molkerei in Wien.[47] Der Schöttlhof liegt etwa 25 Kilometer nördlich von Klagenfurt in der damals selbstständigen Gemeinde Krasta. Der Gemeindename wurde 1958 in Kappel am Krappfeld geändert. Krasta, oder heute Kappel, besteht aus mehreren kleinen Ortschaften. Damals lebten dort ähnlich wie heute knapp 2000 Menschen.[48]

Der Dienstgeber Simon Rainer war nicht nur als Großgrundbesitzer ein sehr einflussreicher Mann. Von 1897 bis zu seinem Rücktritt im Dezember 1899 war er als einer von insgesamt zehn Vertretern des Großgrundbesitzes Abgeordneter im damals 37-köpfigen Kärntner Landtag – als Mitglied der Deutschen Volkspartei. Rainer wurde 1903 auch zum Bürgermeister der Gemeinde gewählt und hatte zudem mehrere Gewerbeberechtigungen. Er betrieb einen Lohhandel – Lohe ist ein Mittel für die Ledergerbung –, eine Mühle und zwei Sägewerke sowie eine gutgehende Gastwirtschaft samt Kegelbahn. Das Gut beschäftigte auch hauptamtliche Jäger.[49]

Nach dem frühen Tod des erst 54-jährigen Simon Rainer im November 1916 führte seine damals 55-jährige Gattin Maria das große Anwesen noch mehrere Jahre gemeinsam mit Stromberger weiter.[50] Im Register gelöscht wurde die Firma am 7. Juni 1937 – einen Monat vor dem Tod des Verwalters.[51]

Franz Stromberger hatte zwar nicht als Selbstständiger reüssiert, immerhin aber als Gutsverwalter eine sehr gute Anstellung mit entsprechendem Einkommen bekommen. Er und seine Familie wohnten nur etwa 400 Meter vom Schöttlhof entfernt in einem eigenen Wohnhaus im Ortsteil Oberbrückendorf, der zum weitläufigen Gut gehörte.[52]

Stromberger hatte aufgrund der Größe des Gutes, der vielen Arbeitskräfte und mehrerer Gewerbe eine angesehene, aber auch herausfordernde Tätigkeit. Ein Teil davon soll die größte zusammenhängende Ackerparzelle in Kärnten gewesen sein.[53] Insgesamt dürften zwischen vierzig und 45 Personen beschäftigt gewesen sein, für den Transport des Holzes zu den beiden Sägewerken des Gutes waren mehrere Ochsen und angeblich „30 Paar Ross" im Einsatz.[54] Die Ochsen wurden sogar auf Ausstellungen in Wien gezeigt, prämiert und zu stolzen Preisen verkauft.[55]

Am Schöttlhof waren in den Jahren vor Strombergers Dienstantritt mehrere Unglücke zu verzeichnen gewesen, ein Brand hatte ebenso großen Schaden angerichtet wie ein Orkan. Betroffen waren neben den Wäldern ein neuer Stadel, die Kegelbahn der Gastwirtschaft und ein neuerbauter Erker am Haus, der vollständig heruntergerissen worden war.[56]

Franz Stromberger scheint sich als Verwalter bewährt zu haben. Jedenfalls blieb er bis zu seinem Lebensende am Schöttlhof. Seine Frau Maria starb „nach langem, schwerem Leiden" schon am 2. September 1917 in ihrem Heim in „Oberbrückendorf 4" an „Herzwassersucht". Er selbst lebte noch weitere zwanzig Jahre dort, konnte auch als Pensionist weiter in Oberbrückendorf wohnen und starb wie seine Frau dort am 23. Juli 1937. Als Todesursache steht im Sterbebuch der Pfarre „Arterienverkalkung, Gehirnschlag und Herzlähmung". Beide wurden in Kappel beerdigt.[57]

Die Geschwister

Maria hatte acht Geschwister. Das älteste war Karl – laut Taufbuch „Carl" – Lapeiner, den die Mutter als uneheliches Kind mit in die Ehe gebracht hatte. Zwischen ihm und Maria liegen genau zwanzig Jahre. Drei Kinder – Maria (geboren 1884), Antonia (1889) und Thomas (1890) – starben schon im Kleinkindalter oder bei der Geburt, Karoline (1886) und Franz (1887) kamen in Steirisch-Laßnitz zur Welt, die weiteren Geschwister Adelheid (1892) und Christina (1893) wieder in Metnitz. Maria war somit als „Nachzüglerin" das jüngste der neun Kinder.

Das herrschaftliche Gut Schöttlhof in Krasta, dem heutigen Kappel am Krappfeld, lag direkt an der Gurk (Bild oben). Zu sehen ist auch die alte Holzbrücke. Unten das heute noch erhalten gebliebene Gebäude.

Franz Stromberger sen. wurde ab etwa 1910 Verwalter am Schöttlhof. Der Gutsbesitzer Simon Rainer war einer der einflussreichsten Männer der Gegend und Abgeordneter zum Kärntner Landtag.

Zwei Sägler
werden aufgenommen am Gute
Schöttlhof. 1097

Vier Stück reinrass. Blondvieh
dunkelgelbe Zuchtstiere, zwei bis drei Jahre alt, Gewicht: sechs- bis achthundert Kilogramm schwer, hat abzugeben **Rainer, Schöttlhof, Station Krapfeld.** 34-8a

Immer wieder waren in den Tageszeitungen, wie hier in den „Freien Stimmen" im Jänner und April 1914, Anzeigen über Viehverkauf oder die Einstellung von Arbeitskräften zu lesen.

Ein umfangreicher Briefverkehr belegt die sehr engen familiären Bindungen der Kinder zu ihren Eltern und untereinander bis zum Lebensende – auch mit dem Halbbruder Karl. Das beinhaltete auch finanzielle Unterstützung in einer Notlage und ist nicht selbstverständlich, lebte doch keines der Geschwister im Geburtsort Metnitz oder dem Ort ihrer Kindheit am Schöttlhof. Sie waren verstreut in Bregenz, Graz, St. Veit, Wien und Seattle in den USA.

Für die Kinder der Familie Stromberger ergibt sich somit ein für die wirtschaftliche und soziale Situation des Landes nicht untypisches Bild: Fünf von sechs Kindern suchten ihr Glück im Ausland oder in einem anderen Kron- beziehungsweise Bundesland.

Karl Lapeiner (1878–1964)

Karl war wesentlich älter als seine acht Halbgeschwister. Er dürfte die Tatsache, dass Franz Stromberger nicht sein Vater war, er – wohl aufgrund der von seinem leiblichen Vater veranlassten Eintragung im Geburtsbuch – auch nicht legitimiert werden konnte und somit auch einen anderen Familiennamen hatte, in der Familie nicht zu spüren bekommen haben. Bei der Heirat seiner Schwester Adelheid taucht er als Trauzeige in den Akten auf.

Lapeiner war zweimal verheiratet. Im November 1904 heiratete er die „Pächterstochter" Ludmilla Kulterer vom „Gut Niederdorf" in der Gemeinde Hörzendorf, heute ein Stadtteil von St. Veit an der Glan. Damals bestand die Gemeinde Hörzendorf aus 29 Ortsteilen mit insgesamt knapp tausend Einwohnern. Beim „Gut Niederdorf" handelte es sich um das Schloss Niederdorf, einen hufeisenförmigen Bau aus der Mitte des 16. Jahrhunderts, in dem damals etwas über zwanzig Menschen wohnten.

Die Familie Kulterer hatte das Schloss von der reichsgräflichen Familie Goëss gepachtet und nach dem Zweiten Weltkrieg zum Teil erworben. Karl wird als „Tischler" bezeichnet, der in Mölbling in der Pfarre St. Stefan am Krappfeld wohnt. Seine Frau starb schon eineinhalb Jahre nach der Eheschließung im Jahr 1906 in Niederdorf an Krebs oder – so der Eintrag im Sterbebuch – „Unterleibsentartung laut Beschau", wie man das Lateinische „Carcinoma uteri" übersetzte. Bei ihrem Tod wird Lapeiner bereits als „Gastwirt" bezeichnet.[58]

Wenig später taucht er als „Wirtspächter" im sechs Kilometer östlich von Villach gelegenen Emmersdorf in der Pfarre St. Georgen im Gailtal auf. Zu seiner zweiten Hochzeit allerdings zog es ihn auf das Krappfeld zurück, wo er vor seiner ersten Hochzeit wohnte und am 13. August 1907 die aus Mölbling stammende Köchin Katharina Petautschnig (1881–1956) heiratete. Das Brautpaar hatte für seinen großen Tag die dortige architektonisch bemerkenswerte spätgotische Pfarrkirche St. Stefan gewählt. Karl selbst gibt im Trauungsbuch als Beruf „Gastwirt“ an.[59]

Das Paar bekam fünf Kinder. In Emmersdorf kamen auch die Söhne Karl (1908–1999) und Wilhelm (1910–2004) zur Welt.[60] Von dort hielt er per Post auch Kontakt zu seinen Geschwistern.[61]

Im Jahr 1911 übersiedelte die junge Familie nach Unterbergen, einem Ortsteil von Hörzendorf mit etwa siebzig Einwohnern, wo Karl Lapeiner schon mit seiner ersten Frau gewohnt und eine Gastwirtschaft betrieben hatte.[62] Schon der Trauzeuge bei seiner ersten Eheschließung, Josef Ferian, wurde als „Reidenwirt“ ins Trauungsbuch eingetragen. Ein Hinweis auf diesen Zeitpunkt liefert das Geburtsbuch von St. Marein bei Knittelfeld: Als die Ehefrau Katharina im Oktober 1911 Taufpatin eines Kindes ihrer Schwester wurde, trug man zunächst noch als Herkunftsort der „verehelichten Gastwirtin“ „Emmersdorf, Gailthal“ ein, besserte das dann aber auf „St. Veit an der Glan“ in „Kärnthen“ aus.[63]

Bei der Geburt seiner Tochter Katharina (1912–1986) und seines Sohnes Franz (1913–1991) wird als Adresse jedenfalls schon „Unterbergen 1“ angegeben und er als „Gastwirt in Unterbergen“ bezeichnet. Das Haus liegt an der damals für ein Gasthaus günstigen Kreuzung der Straße von St. Veit nach Klagenfurt beziehungsweise der Abzweigung nach Feldkirchen und direkt an der Bahnlinie nahe der Haltestelle.[64]

Karl Lapeiner hat laut Zeitungsberichten das Gasthaus gekauft. Es war ein beliebtes Ausflugsziel, aber auch Treffpunkt von Vereinen, Lapeiner als Wirt über Parteigrenzen hinaus weitum bekannt. Gasthäuser waren in der Ersten Republik ansonsten häufig Treffpunkte von Sympathisanten nur eines politischen Lagers. Die deutschnational ausgerichteten „Freien Stimmen“ berichteten ebenso positiv wie der sozialdemokratische „Arbeiterwille“ in einem längeren Artikel über die Erste-Mai-Feier im Jahr 1912 oder eine Veranstaltung der „Naturfreunde“.[65]

Im März 1916 berichtete die Zeitung „Freie Stimmen“ vom „Gastwirt Karl Lapeiner insgemein Reidenwirt in Unterbergen Gemeinde Hörzendorf“. Der Anlass allerdings war wenig erfreulich: Es hatte kurz zuvor gleich drei Einbrüche in seine Selchkammer gegeben.[66]

Doch das war nicht das einzige Ungemach Karl Lapeiners: Schon im Juli 1913 war sein Stadel abgebrannt, das Gasthaus konnte knapp davor bewahrt werden, der große Sachschaden aber war nur zum Teil durch die Versicherung gedeckt. Doch damit nicht genug sei Lapeiner „schon mehrere Male vom Unglück verfolgt" und einmal „bald vom Blitz in der Gaststube erschlagen worden". Hinzugekommen seien „Unglücksfälle beim Vieh".[67] Nur die christlichsozial ausgerichtete „Kärntner Zeitung" ging in diesem Zusammenhang einmal kritisch auf Distanz zu Lapeiner und unterstellte ihm gar indirekt eine bestellte Brandstiftung, weil die Versicherungssumme völlig überhöht gewesen sei.[68]

Trotz all dieser Widrigkeiten blieb Karl Lapeiner als einziges Kind von Franz und Maria Stromberger zeitlebens in Kärnten und betrieb das Gasthaus in Hörzendorf wohl bis zu seiner Pensionierung. Jedenfalls ist in den Zeitungen noch Ende der Dreißigerjahre von ihm zu lesen.[69]

Und auch die Familienkontakte rissen nicht ab, wie viele Briefe von Lapeiner an seine Geschwister ebenso belegen wie die Tatsache, dass er Karoline und Maria zumindest einmal – im Sommer 1953 – auch besucht hat.[70]

Wirtschaftlich dürfte es ihm und seiner Frau auch in den schwierigen Nachkriegsjahren recht gut gegangen sein, jedenfalls schickte er sogar Lebensmittel nach Vorarlberg. Er blieb bis zu seinem Tod in St. Veit und hatte auch später die Postadresse „Reidenwirt", die heutige Reidenwirtsiedlung 1.[71] Mehrfach lud er die Geschwister auch zu sich ein. Sein Sohn Wilhelm „Willy" Lapeiner lebte in Pörtschach. Maria und Karoline waren auch mit ihm bis zu ihrem Tod in Kontakt. Auch von Willy sind Briefe erhalten. Nach 1947 lebte Maria eine Zeit lang in seinem Haus in Pörtschach.[72]

Karl Lapeiner starb drei Jahre nach seiner Gattin am 5. August 1964 in St. Veit an der Glan.[73]

Karoline (1886–1971)

Karoline war die älteste Tochter des Ehepaares Stromberger. Sie wurde am 4. November 1886 in Steirisch-Laßnitz geboren und wuchs nach dem Umzug der Familie größtenteils in Metnitz auf. Wie ihr Halbbruder Karl hat auch sie das elterliche Haus recht früh verlassen. Als 19-Jährige finden wir sie im Jahr 1906 – wohl als Dienstmädchen – bei Dr. Josef Geppel, „k.k. Notar" in Gurk.[74]

Dann zog es sie ins Gastgewerbe. Karoline arbeitete als Köchin in Meran. Dort lernte sie den „k.k. Stationsmeister" Karl Greber aus Innerbraz bei

Schwester Karoline heiratete 1914 den Eisenbahner Karl Greber. Später zog das Paar über mehrere Stationen in die Heldendankstraße nach Bregenz, wo schließlich auch Maria fast zwanzig Jahre bei ihrer verwitweten Schwester leben sollte.

Bludenz kennen. Die beiden heirateten am 20. April 1914 in der Stadtpfarrkirche Meran. Der Eisenbahner arbeitete damals in Stams in Tirol, wo auch das junge Paar einige Zeit lebte und wo am 19. September 1915 ihre einzige Tochter Hedwig zur Welt kam. Über Danöfen im Klostertal zog die Familie im Jahr 1917 schließlich nach Bregenz in die damalige „Rennbahnstraße", die frühere Bezeichnung der Heldendankstraße.[75]

Karl Greber verunglückte am 17. Juli 1927 bei einem Bootsunfall auf dem Bodensee tödlich. Für Karoline war das in doppelter Hinsicht ein schwerer Schlag. Einerseits beklagte sie natürlich den Verlust ihres Mannes und musste die gemeinsame Tochter jetzt allein aufziehen, andererseits hätte sie wegen ihres zunehmenden Augenleidens selbst dringend seine Hilfe gebraucht.

Immerhin eine Sorge wurde ihr genommen: Schon 1928, ein Jahr nach dem Tod ihres Mannes, wurde ihr das Heimatrecht in Bregenz verliehen.[76] Das war in der damaligen Zeit sehr wichtig, denn bis zum Beginn der NS-Zeit hatten Personen mit österreichischer Staatsbürgerschaft, aber ohne Heimatrecht, keinen garantierten Anspruch auf ungestörten Aufenthalt in einer Gemeinde. Zudem waren sie im Falle der Not auf die Versorgung durch die Heimatgemeinde angewiesen. Ab 1928 war Karolines Wohnort Bregenz für sie zuständig und nicht mehr Glödnitz in Kärnten, der Heimatort ihres Vaters. In dieser Gemeinde hatte sie nie gewohnt und auch keine Bezugspersonen.

Karoline hatte wie erwähnt große gesundheitliche Probleme. Das schwere Augenleiden verhinderte eine Lohnarbeit und die Witwenpension war sehr bescheiden. Erhalten geblieben ist ein Beleg aus dem Jahr 1951, damals erhielt sie monatlich exakt 188,50 Schilling. Bei gleichzeitig 100 Schilling Monatsmiete für die Wohnung in der Heldendankstraße blieb zum Leben nicht viel.[77]

Allerdings haben auch Karolines Tochter Hedwig und ab 1937 ihre Schwester Maria etwas zum Haushaltseinkommen beigetragen. Hedwig war jahrelang in der Firma Benger beschäftigt. Die Wohnung bot ausreichend Platz für die drei Frauen. In der Heldendankstraße lebte Karoline ununterbrochen von 1917 bis zu ihrem Tod am 4. Februar 1971. Ihre Tochter Hedwig gab die Wohnung erst im Jahr 1995 auf und lebte fortan im Seniorenheim Tschermakgarten in der Riedergasse 28.[78]

Mit Maria hatte Karoline den engsten Kontakt. Sie verhalf ihr nach dem Tod des Vaters zum Einstieg in den Krankenschwesternberuf, indem sie ihr die Anstellung verschaffte, und hatte sie von 1937 bis zu ihrem Tod zwanzig Jahre später ja auch in ihrer Wohnung aufgenommen. Das hatte zudem einen großen Vorteil: Mehrfach betont Karoline in den Briefen an Hermann Langbein und Edward Pyś, dass sie von Maria wegen ihres schweren Augenleidens fürsorglich gepflegt worden sei.

Franz (1887–1952)

Karolines jüngerer Bruder Franz kam am 7. Dezember 1887 in Steirisch-Laßnitz zur Welt und wurde nach dem heiligen Franz von Sales als „Franciscus Sal." ins Geburtsbuch eingetragen. Seine Patin war Agnes Lapeiner, „Bürgerstochter im Markt Metnitz Nr. 56" und eine Schwester seiner Mutter.[79]

Franz hatte wenig Fortune im Leben. Der gelernte Metzger arbeitete vor dem Ersten Weltkrieg mehrere Jahre in St. Leonhard. Die „Ober-Verwaltung" seines Dienstgebers in St. Paul sah sich – aus heute nicht mehr nachvollziehbaren Gründen – im März 1912 veranlasst, im „Lavanttaler Boten" eine „Kundmachung" „zur allgemeinen Kenntnis" zu veröffentlichen, wonach „Herr Franz Stromberger, wohnhaft in St-Leonhard", „nicht mehr in Diensten der Firma Ujlaky, Hirschler & Sohn" sei.[80]

Neben Franz lebten auch seine Schwester Adelheid und sein Schwager Franz Kogler in St. Leonhard. Sie dürften mit den Verhältnissen dort unzufrieden gewesen sein und gemeinsam in den folgenden Monaten den Entschluss gefasst haben, ihr Glück in Amerika zu versuchen. Spätestens im folgenden Jahr wurde der Plan auch in die Tat umgesetzt. Zunächst blieben Adelheid und ihr Kind noch in Kärnten und nur Franz Stromberger

Kundmachung.

Wir bringen hiermit zur allgemeinen Kenntnis, daß Herr

Franz Stromberger,

wohnhaft in St. Leonhard, Lavanttal, nicht mehr in Diensten der Firma Ujlaky, Hirschler & Sohn ist.

St. Paul, 16. März 1912.

Ujlaky, Hirschler & Sohn
Ober-Verwaltung
St. Paul, Kärnten, Lavanttal.
Const. Prokop.

Marias Bruder Franz jun. hatte in wirtschaftlicher Hinsicht wenig Glück, er wanderte nach Amerika aus, kam aber wieder zurück und verbrachte sein Lebensende in einem Männerheim in Wien. In dieser Anzeige scheint es auch um eine Kündigung gegangen zu sein: „Kundmachung" im „Lavanttaler Boten" vom März 1912.

und sein Schwager wagten die Reise nach „Britisch-Kolumbien" – dem heutigen Kanada – und dann nach Seattle in den USA.

Dort konnte Franz aber im Gegensatz zu seinem Schwager und seiner Schwester Adelheid nicht Fuß fassen. Während die beiden ein kleines Häuschen erwerben konnten, mit dem sie durch Untervermietung auch etwas Geld verdienten, musste er bei ihnen ein Zimmer mieten: „Es wohnen einige Deutsche bei mir sowie auch Franz (Stromberger) und es ist daher sehr gemütlich", meinte sein Schwager Kogler in einem Brief an seinen ehemaligen Dienstherrn in St. Leonhard.[81]

Dennoch war Stromberger zumindest gedämpft optimistisch: „Mir geht es im übrigen sehr gut, auch mache ich in der englischen Sprache gute Fortschritte. Habe noch viel vor mir und will im nächsten Frühjahr, wenn die Verhältnisse günstig sind, nach den Eisfeldern von Alaska, in späterer Zeit dann nach Süden. Ich habe den Willen, mir alles anzusehen, doch es hat noch lange Weile und man muß auf diese Art viel mitmachen."[82]

Gar so positiv entwickelte sich seine Lage in den USA aber nicht. Er ging jedenfalls wieder zurück nach Österreich. Wir finden ihn in Graz am Karmeliterplatz, wo inzwischen seine Schwester Christina wohnte. Schlussendlich landete er in Wien, wo er in Ottakring untergebracht und als Hilfsarbeiter tätig war.

Franz Stromberger fristete ein sehr bescheidenes Dasein und musste im Alter von seinen Schwestern unterstützt werden. Es sei ihm aber peinlich, dass sie sich „dauernd“ für ihn „in Ausgaben“ stürzten, schrieb er im Jänner 1952 seinen Schwestern in Bregenz, nachdem sie ihm Geld und Weihnachtsgeschenke geschickt hatten. Aus dem Briefverkehr zwischen den Schwestern in Bregenz und Seattle sowie dem Bruder in Wien geht hervor, dass ihm auch Adelheid aus den USA einen respektablen Betrag geschickt hatte, der aber offenkundig nicht angekommen war.[83]

Franz lebte in einem „Ledigenheim“ in der Wurlitzergasse 89 in Wien – dort befindet sich bis heute ein Obdachlosenheim – und muss gegen Ende seines Lebens sehr einsam gewesen sein. Das geht aus dem Briefverkehr der Geschwister untereinander hervor. Besonders Maria – in der Familie liebevoll „Mitzi“ oder „Mitzerl“ genannt – wollte er noch einmal sehen: „Es würde mich freuen, wenn Mitzi einmal nach Wien käme und mich Einsamen besuchen würde.“[84]

Dieser im Jänner 1952 geäußerte Wunsch nach einem Besuch durch seine Schwester ging noch in Erfüllung. Franz Stromberger starb am 30. Juli 1952 während eines Besuches von Karoline und Maria in Wien.[85] Aus der Sterbeurkunde geht hervor, dass der Raucher an Lungentuberkulose litt und Magengeschwüre hatte.[86]

Beim trostlosen Begräbnis waren nur die beiden Schwestern anwesend. Adelheid in Seattle – selbst sterbenskrank – schickte Geld, damit Franz ein „ordentliches“ Grab bekomme. Auch Karoline und Maria steuerten etwas bei, sodass Ende Oktober Vollzug gemeldet werden konnte: Ein Johann Markowitsch bestätigte den Erhalt des Geldes und versprach, das Grab an Allerheiligen mit Blumen zu schmücken und dort über die Feiertage Kerzen anzuzünden.[87]

Adelheid (1892–1954)

Nach der Rückkehr ihrer Eltern aus Steirisch-Laßnitz nach Metnitz trafen die Familie zwei Schicksalsschläge: der Tod der beiden in Metnitz geborenen Kinder. Umso größer war die Freude, als mit Adelheid am 21. Dezember 1892 ein gesundes Kind zur Welt kam. Sie taucht in der familieninternen Korrespondenz nur als „Ada“ auf.

Adelheid war gerade einmal zwanzig Jahre alt, als sie – für damalige Verhältnisse ungewöhnlich früh – heiratete. Ihr Mann, Franz Kogler, kam aus bescheidenen Verhältnissen. Geboren wurde er als uneheliches Kind in der kleinen Ortschaft Zeltschachberg. Seine Mutter Apolonia lebte anschließend in Maria Saal unter sehr schlichten Bedingungen. Er selbst war „Handelsangestellter“ und hatte kein Vermögen, dürfte aber tüchtig gewesen sein und hatte zu seinem Arbeitgeber ein sehr gutes Verhältnis. Die Heirat mit Adelheid Stromberger im Jänner 1913 – Trauzeugen waren Koglers Arbeitgeber Albin Köppl und Adelheids Halbbruder Karl Lapeiner – erfolgte wohl deshalb, weil die junge Frau schwanger war. Der gemeinsame Sohn Franz kam am 10. Juni 1913 in St. Leonhard im Lavanttal zur Welt. Er sollte ihr einziges Kind bleiben.[88]

Taufpatin ihres Sohnes war Adelheids Schwester Karoline Stromberger, „Köchin in Meran“. Sie reiste allerdings zu Geburt und Taufe nicht eigens an, sondern wurde – wie es in solchen Fällen häufig der Fall war – durch die Hebamme vertreten.[89]

Franz Kogler und seine Frau waren wie deren Bruder Franz – wie oben schon dargestellt – mit ihrer Lage sehr unzufrieden und wollten auswandern. Dem Neugeborenen wollte man die anstrengende Schiffsreise und die anschließende Überfahrt des gesamten amerikanischen Kontinents vorerst noch nicht zumuten. Kurz nach der Hochzeit ließ Kogler seine Familie zurück und wagte gemeinsam mit seinem Schwager die Fahrt über den „großen Teich“. Doch bereits einige Monate später ließ er seine Frau und den kleinen Franz nachkommen.

Die Familie fand in Seattle im Bundesstaat Washington ein neues Zuhause, wo sie unter den deutschsprachigen Einwanderern schnell Anschluss fanden. Einer dieser neuen Bekannten war Henry – ursprünglich wohl Heinrich – Linke, der sich in den USA den neuen Vornamen zugelegt hatte. Auch Koglers Sohn Franz wurde in Seattle bald zum „Frankie“. Linke erinnert sich: „Ich war am hiesigen Bahnhof am 25. July 1914, als Ada mit dem kleinen Frankie ankam.“[90]

Der „hiesige Bahnhof“ stand in Seattle, wo sich die Familie auf Dauer niederließ. Alles war nicht so paradiesisch in der „Neuen Welt“, wie man sich das in „Good Old Europe“ vorgestellt hatte. Die Zeitung „Freie Stimmen“ druckte am 13. Dezember 1914 Briefe von Franz Stromberger und Franz Kogler ab – „früher durch eine lange Reihe von Jahren Geschäftsführer beim Realitätenbesitzer Herrn Albin Köppl in St. Leonhard“. Sie sind zwar von einem optimistischen Grundton getragen, es wird aber auch auf die sozialen, wirtschaftlichen und gesellschaftlichen Probleme hingewiesen. Der Krieg in Europa hatte im fernen Amerika zu einer kritischen Einschätzung der „Achsenmächte“ geführt.[91]

Marias Schwester Adelheid (links oben) heiratete 1913 Franz Kogler (rechts oben). Das Paar wanderte noch vor dem Ersten Weltkrieg nach Amerika aus, wo es sich in Seattle niederließ und sich gut integrierte. Ihr einziges Kind war Franz jun. (links). Er kam noch in Kärnten zur Welt, wurde in Seattle aber schnell zum „Frankie“.

Der familiäre Kontakt zwischen den USA und Österreich blieb bis zum Tod von Franz und Adelheid Kogler aufrecht. Vor allem aus der Zeit nach dem Zweiten Weltkrieg sind viele Briefe von „Ada" – wie sie sich auch selbst nennt – an die „geliebten Schwestern" erhalten geblieben. Demnach hatte sie inzwischen auch zwei Enkelkinder. In einem Brief schreibt sie über ihre Schwester Maria: „Mitzerl ist ein Engel der Barmherzigkeit. Sie stand der Mutter bei, dem Vater bei u. der Schwester bei und jetzt unserem lieben armen Bruder."[92] Mit der Schwester ist nicht Karoline gemeint, die von Maria ja auch umsorgt wurde, sondern Christina in Graz, die schon 1934 gestorben war.

Im Gegensatz zu ihren Schwestern schwingen bei Ada – zumindest in einem Brief – klassisch antijüdische Vorurteile mit. Am 15. Mai 1952 schreibt sie: „Flüchtlinge kommen sehr viele – aber meistens sind es Juden. Die haben eben sehr viel zu sagen in diesem Land und haben auch das meiste Geld. So geht es halt, mit Geld kann man alles erhalten und vieles erreichen, was eben einem armen Teufel nicht möglich ist."[93]

Bei Maria Stromberger hingegen sind solche Töne nicht einmal im Ansatz zu finden. Und der jüdische Auschwitz-Häftling Artur Radvanský (1921–2009) betont ausdrücklich, dass sie als Krankenschwester alle Häftlinge in ihrem Revier gleichbehandelt habe, unabhängig von politischer Überzeugung, Nationalität und Religion.

Ada war zu diesem Zeitpunkt schon sehr krank. Sie hatte Magenkrebs. Den nächsten Brief konnte sie im Oktober schon nicht mehr selbst schreiben.[94] Und im November 1953 erhielten die Schwestern die Nachricht vom Tod Adelheids.[95]

Christina (1893–1934)

Christina Stromberger war die jüngste Schwester Marias. Sie wurde am 23. Dezember 1893 in Metnitz geboren und verbrachte ihre Kindheit an ihrem Geburtsort und in Emmersdorf in Südkärnten. Schon als 18-Jährige geht sie im März 1912 nach Graz, wo sie – wie zwei Jahre später ihre Schwester Maria – bei ihrer Cousine Therese Leeb unterkam und wohl auch Arbeit gefunden hatte. Das Ehepaar Leeb betrieb das renommierte Grand Hotel Steirerhof. In Graz lernte Christina den fünf Jahre jüngeren „Fleischermeister und Gastwirt" Vinzenz Zotter (1898–1937) kennen, den sie am 28. Dezember 1920 heiratete. Das Paar hatte zwei Söhne, die nach den Großvätern benannt wurden: Franz kam am 24. September 1921 zur Welt,

Vinzenz am 1. Dezember 1925.[96] Vinzenz und Christina Zotter lebten zuerst in der Pestalozzistraße 77, dann in der Jakominigasse 13 und kauften später das altehrwürdige Gebäude am Karmeliterplatz 1–2. Das dürfte für das junge Paar eine gewaltige Investition gewesen sein.

Der Fleischermeister Vinzenz Zotter machte vom Karmeliterplatz 1–2 in Graz aus österreichweit Werbung für seine Produkte – hier im „Vorarlberger Volksblatt“ vom 13. März 1934. Daneben betrieb er mit seiner Frau einen vielbesuchten Gasthof.

Das Gebäude hatte eine lange Geschichte hinter sich. Es handelt sich um ein dreigeschoßiges Renaissancegebäude, das um das Jahr 1606 errichtet wurde und damals die Päpstliche Nuntiatur beherbergte. Mehrfach wurde es im Laufe der Zeit umgebaut und hatte mehrere Besitzer. Seit 1636 gehörte es der Adelsfamilie Herberstein, die es 1650 mit dem Haus Karmeliterplatz 2 verband und schließlich beide Häuser nach fast 300 Jahren an Vinzenz Zotter verkaufte.[97] Das Ehepaar Zotter hatte große Pläne mit dem Gebäude, in dem es neben einer Gastwirtschaft auch eine „Fleischhauerei“ betrieb und das 1928 umgebaut wurde.[98]

Zotter dürfte ein sehr engagierter Unternehmer gewesen sein. Seine Fleischprodukte verkaufte er sogar in andere Bundesländer und machte dafür sowohl in sozialdemokratischen als auch christlichsozialen Zeitungen Werbung. Im „Vorarlberger Volksblatt“ etwa pries er sein „billiges Selchfleisch“ und andere Produkte wie „Kaiserfleisch“ und „Schwarzgeselchtes“ an. Er versprach „täglichen Post- und Bahnversand“ der Fleischwaren.[99]

In diesem großen Haus war Hilfe willkommen, und so machten Christina und ihr Mann im Jahr 1930 Maria das Angebot, als „Chefköchin“ an den Karmeliterplatz zu kommen. Sieben Jahre lang war Maria Stromberger im Gasthaus Zotter beschäftigt.[100]

Sie dürfte einiges zu tun gehabt haben: In Grazer Zeitungen taucht der Gasthof sehr oft als Ort von größeren Veranstaltungen auf. Während Gasthäuser in der Ersten Republik politisch meist eindeutig zuordenbar waren und nur von den jeweiligen Anhängern besucht wurden, scheint das beim Gasthaus Zotter nicht der Fall gewesen zu sein. Dort trafen sich sozialdemokratische Arbeiter genauso wie deutschnationale Studenten. Wenn man die Zeitungen der damaligen Zeit durchstöbert, findet man im Gasthaus Zotter daher sozialdemokratische Veranstaltungen ebenso wie Versammlungen der Kärntner Landsmannschaft in Graz, des deutschnational ausgerichteten Akademischen Turnvereins, der Wandergruppe der Urania oder des Steirischen Rad- und Kraftfahrer-Gauverbandes und des Radfahrervereins „Edelweiß“, zu dessen Mitgliedern auch Vinzenz Zotter gehörte.[101]

Trotz all dieser Veranstaltungen befand sich das Ehepaar Zotter finanziell offensichtlich in einer sehr schwierigen Lage, zumal die Schuldenlast nach dem Umbau groß gewesen sein muss. Die Weltwirtschaftskrise dürfte dann noch das Ihre zu den finanziellen Problemen beigetragen haben. Das wirkte sich auch auf den Gesundheitszustand der beiden aus: Christina starb laut Totenbuch der Pfarre Graz-Dom im Alter von nur vierzig Jahren am 30. Mai 1934 an einer Herzembolie, ihr fünf Jahre jüngerer Mann Vinzenz folgte ihr drei Jahre später und starb am 15. Mai 1937.

Nach dem Tod der beiden war praktisch kein Vermögen vorhanden.

Maria Strombergers Werdegang

Maria Stromberger (1898–1957) war das Nesthäkchen der Familie. Eines allerdings stimmt nicht bei dieser Bezeichnung: Normalerweise gilt das jüngste Kind in einer Familie als verwöhnt – zumal wenn es fünf Jahre nach dem zweitjüngsten auf die Welt kommt. In ihrem Fall aber sollte sich schon am Anfang zeigen, wie hart das Leben sein konnte. Und es sollte bis zum Tod Marias ein hartes Leben bleiben. Ihre Kindheit allerdings förderte die Entwicklung einer Charaktereigenschaft, die ebenfalls lebenslang anhielt: die Fürsorge für andere.

Davon profitierten in den ersten vier Lebensjahrzehnten ihre Geschwister und ihre Eltern, die sie pflegte oder in ihrer beruflichen Existenz bis zur Selbstaufgabe unterstützte. Dann waren es zuerst die Kranken, die von ihr liebevoll gepflegt wurden, und vor allem die Häftlinge in Auschwitz, von denen sie viele unter großer Lebensgefahr rettete und deren Widerstand sie tatkräftig unterstützte. Nach dem Krieg war es ihre äußerst sehschwache Schwester Karoline, die Hilfe dringend nötig hatte und sie von Maria auch bekam.

Die angesprochene schwere Kindheit hatte Maria Stromberger stark gemacht und ließ sie viele spätere Widrigkeiten ertragen. Schon im Alter von sechs Jahren wurde sie schwer krank und schwebte längere Zeit zwischen Leben und Tod. „Meine Eltern haben sie schon aufgegeben", erinnert sich ihre Schwester Karoline später, „aber dann erholte sie sich und entwickelte sich zu einem starken Menschen."[102] Diese Erfahrung hat in ihr nicht kaltherziges Wahrnehmen eigener Interessen bewirkt, sondern im Gegenteil eine soziale Einstellung zum Vorschein gebracht, die bis zur Selbstaufgabe ging.

Alle Kinder der Familie Stromberger suchten ihre persönliche und berufliche Zukunft außerhalb der Orte, in denen sie aufgewachsen waren: Maria lebte jeweils knapp zwanzig Jahre in Kärnten, der Steiermark und Vorarlberg – und verbrachte zweieinhalb Jahre in Auschwitz. Christina zog es in die Steiermark, Ada und Franz gar in die USA, den Halbbruder Karl Lapeiner an verschiedene Orte in Kärnten, Karoline nach Vorarlberg. Mit ein Grund für ihre Migration waren die raren Möglichkeiten eines beruflichen Aufstiegs oder einer guten Ausbildung im damaligen Kärnten.

Das galt im ländlichen Raum insbesondere für Mädchen. Maria zeigte seit ihrer Kindheit Interesse und Talent, war sprachbegabt, wie ihre Briefe dokumentieren, und wollte eine gute Ausbildung absolvieren. Nach der beendeten Schulpflicht war ihr Leben geprägt von Ausbildungen und schwerer Arbeit. Ihre Lust am Lernen zeigte sich ihr ganzes Leben lang, etwa als sie sich mit fast vierzig Jahren noch zur Krankenschwester ausbilden ließ oder als sie nach dem Krieg mit fast fünfzig Jahren Kurse als Masseurin und Kosmetikerin belegte. Als Autodidaktin lernte sie auch Fremdsprachen. Erhalten geblieben sind beispielsweise mehrere vollgeschriebene Hefte mit handgeschriebenen Übungsbeispielen im Polnischen und Französischen samt selbstverfassten Wörterbüchern.[103]

Aufgewachsen ist Maria in mehreren Orten: Geboren wurde sie in Metnitz, dann zogen ihre Eltern mit dem einjährigen Mädchen nach Emmersdorf/Šmerče in Südkärnten. Den restlichen Teil ihrer Kindheit und ihrer Jugend verbrachte sie am Schöttlhof in Krasta, dem heutigen Kappel am Krappfeld. Dorthin kehrte sie nach ihrem frühen Wegzug nach Graz auch immer wieder zurück. Oft für längere Zeit, etwa wenn es galt, ihre Mutter und zwanzig Jahre später ihren Vater zu pflegen.

Die nach dem Gut benannte Ortschaft „Schöttlhof" bestand laut „Spezialortsrepertorium" der Volkszählung im Jahr 1910 aus insgesamt drei, die zum Gut gehörende Ortschaft „Oberbrückendorf" aus zwei Anwesen. Die Gebäude waren sehr groß, denn insgesamt beherbergten die fünf Häuser damals 78 Menschen.[104] Zentral war natürlich das imposante herrschaftliche Gut Schöttlhof mit seinen Nebengebäuden.

Maria wollte nach der Schulpflicht weiterlernen. Sie absolvierte daher kurz vor dem Ersten Weltkrieg einen Kurs, um Kindergärtnerin zu werden. Das war eine erfolgversprechende Ausbildung. Das Kindergartenwesen steckte damals besonders im ländlichen Raum organisatorisch ebenso in den Kinderschuhen wie die entsprechende Ausbildung.

In Kärnten wurde die erste „Kleinkinderbewahranstalt" – wie man die Vorläufer der Kindergärten anfangs noch nannte – im Oktober 1833 in Klagenfurt gegründet. Es war eine Einrichtung für Kinder aus ärmlichen Verhältnissen. Erst allmählich und aufgrund der stark steigenden Zahl benötigter Plätze wurden weitere „Bewahranstalten" gegründet – erneut in Klagenfurt und Villach. Gegen Mitte und Ende des Jahrhunderts folgten andere Kärntner Städte diesem Beispiel.[105] Zudem entstanden gegen Ende des 19. Jahrhunderts – ausgehend von Wien – auch erste Kindergärten, die

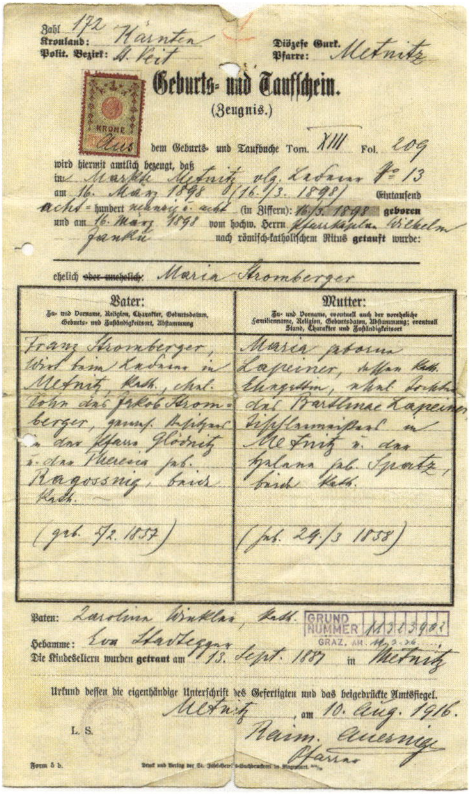

Zahl 172
Kronland: Kärnten
Polit. Bezirk: St. Veit
Diözese Gurk.
Pfarre: Metnitz

Geburts- und Taufschein.

(Zeugnis.)

Krone [stamp]

dem Geburts- und Taufbuche Tom. XIII Fol. 209 wird hiermit amtlich bezeugt, daß im Markte Metnitz vlg. Ladamer No 13 am 16. März 1898 (16/3. 1898) Eintausend acht-hundert neunzig u. acht (in Ziffern): 16/3. 1898 geboren und am 16. März 1898 vom hochw. Herrn Pfarrkaplan Wilhelm Franku nach römisch-katholischem Ritus getauft wurde:

ehelich ~~oder unehelich~~ Maria Stromberger

Vater: Tauf- und Vorname, Religion, Charakter, Geburtsdatum, Geburts- und Zuständigkeitsort, Abstammung	Mutter: Tauf- und Vorname, eventuell auch der voreheliche Familienname, Religion, Geburtsdaten, Abstammung; eventuell Stand, Charakter und Zuständigkeitsort
Franz Stromberger, Wirt beim Ladamer in Metnitz, kath., ehel. Sohn des Jakob Stromberger, [illegible] in der Pfarre Glödnitz u. der Theresia geb. Ragossnig, beide kath.	Maria geborne Lapeiner, dessen kath. Ehegattin, ehel. Tochter des Bartlmae Lapeiner, [illegible] in Metnitz u. der [illegible] geb. Spartz, beide kath.
(geb. 4/2. 1857)	(geb. 29/3 1858)

Paten: Karoline Winkler, kath.

Hebamme: Eva Stadlegger

Die Kindeseltern wurden getraut am 13. Sept. 1887 in Metnitz

GRUND NUMMER [illegible] GRAZ.

Urkund dessen die eigenhändige Unterschrift des Gefertigten und das beigedrückte Amtssiegel.

Metnitz, am 10. Aug. 1916.

L. S.

Raim. Auernig Pfarrer

Form 5 b.

Geburts- und Taufschein von Maria Stromberger (1898–1957): Aus ihrem Geburtsort Metnitz zog die Familie schon ein Jahr nach der Geburt weg und verkaufte das Geburtshaus.

Das inzwischen umgebaute Geburtshaus von Maria Stromberger, „Metnitz 13", von Süden aus (oben).

Im Haus „Oberbruckendorf Nr. 4" in der heutigen Gemeinde Kappel am Krappfeld lebte Maria Stromberger als Kind, hier pflegte sie ihre Mutter bis zu deren Tod im Jahr 1917 und den Vater, der 1937 starb.

Land: Kärnten. Politischer Bezirk: St. Veit

Nr. 793

Heimat-Schein

womit von der Gemeinde Glödnitz

bestätigt wird, daß:

Name: Maria Stromberger

Charakter oder Beschäftigung: Kindergärtnerin

Alter: 1898 geboren

Stand (ledig oder verheiratet): ledig

in dieser Gemeinde das Heimatsrecht besitzt.

Glödnitz, den 21. Juni 1920

Für die Gemeinde:
Der Bürgermeister:

Eigenhändige Unterschrift der Partei:

Maria Stromberger

Im Jahre 1920 ausgestellter „Heimatschein" für die damals 22-jährige Maria Stromberger. Als Beruf ist „Kindergärtnerin" angegeben.

Die Aufnahme oben links zeigt Maria Stromberger Anfang der Zwanzigerjahre: In dieser Zeit arbeitete sie abwechselnd im Grand Hotel Steirerhof in Graz oder befand sich in ihrer Kärntner Heimat.

Unbeschwerte Tage gab es wenige für die junge Frau. Das hier war einer: Auf der Rückseite des Fotos steht „Mitzi und Kellnerin": „Mitzi vor der Messe mit einem kleinen Schwips".

dem pädagogischen Konzept von Friedrich Fröbel folgten.[106] In der Nachfolge Pestalozzis zielte es auf frühkindliche Förderung ab, die das Leben eines Menschen prägen sollte.

Plätze für den einjährigen Ausbildungskurs zur Kindergärtnerin waren allerdings rar. In Kärnten gab es vor dem Ersten Weltkrieg in Klagenfurt und Villach zudem nur die Möglichkeit, sich zur „Kinderpflegerin" ausbilden zu lassen. Maria Stromberger hätte für eine Kindergärtnerinnenausbildung nach Wien oder Graz gehen müssen. Für ein 14-jähriges Mädchen war das damals völlig ausgeschlossen.[107]

Maria hatte das Glück, einen der wenigen Ausbildungsplätze zu erhalten. Dennoch nahm sie nach der Ausbildung keine Stelle als Kindergärtnerin an. Gab es schlicht keine Möglichkeit zum Berufseinstieg? Wollten die Gemeinden lieber ungelernte und somit billigere Kräfte einstellen? Gab es in Krasta und Umgebung überhaupt eine Stelle? War die Annahme einer weiter entfernten Stelle wegen des geringen Verdienstes nicht möglich? Wir wissen es nicht.

Bedarf an ausgebildeten Kräften müsste zumindest vor Kriegsbeginn vorhanden gewesen sein. Immerhin besuchten am Ende der Monarchie schon etwa 13 Prozent der Kinder auch einen Kindergarten. Es gab sie neben Klagenfurt und Villach auch noch in Friesach, Ferlach, Eisenkappel, Feldkirchen und Viktring. Der Erste Weltkrieg führte dann allerdings dazu, dass viele Einrichtungen wieder geschlossen werden mussten. Entsprechende Arbeitsplätze für neu in den Beruf eintretende junge Frauen waren während und nach dem Krieg somit kaum mehr vorhanden.[108]

Maria Stromberger jedenfalls versuchte ihr Glück in einem anderen Metier und „lernte Landwirtschaft", wie es ihre Schwester Karoline in einem Brief etwas kryptisch ausdrückte. Das könnte bedeuten, dass das inzwischen 15-jährige Mädchen unter den Fittichen ihres Vaters am Gut Schöttlhof beschäftigt war. Wie auch immer, überzeugt hat sie diese Betätigung offensichtlich nicht und war deshalb auch nicht von langer Dauer. Sicher ist nur, dass sie bis Anfang 1914 offiziell in Krasta bei ihrer Familie gemeldet war.[109]

Küchenhilfe im Grand Hotel

Wie ihre Schwester Christina zwei Jahre zuvor und wohl auch auf deren Rat hin landete sie im Februar 1914 – erst 15-jährig – bei ihrer Cousine Therese

Leeb und deren Gatten Karl im Grand Hotel Steirerhof am Jakominiplatz 12 in Graz. Das Ehepaar konnte Hilfe aus der Heimat gut gebrauchen. Sie hatten das exklusive Gebäude erst 1910 gepachtet und modernisiert. Nach dem Ersten Weltkrieg war es dann das bestausgestattete Haus in Graz mit Zentralheizung und Telefon in jedem Zimmer.[110] Maria arbeitete hier zwischen 1914 und 1930 mit mehreren Unterbrechungen insgesamt etwa zehn Jahre.

Ihre Cousine Therese (1878–1963) – laut Geburtsbuch Theresia – ist wie der Großvater von Maria und viele andere Familienmitglieder in Metnitz 56 („Bärenwirt") zur Welt gekommen. Sie wurde als uneheliches Kind der Theresia Eder, der älteren Halbschwester von Marias Mutter Maria Lapeiner, geboren und im April 1938 – also mit sechzig Jahren – unter dem Namen Torkar legitimiert. Der Grund dafür dürfte wohl gewesen sein, dass dadurch der damals von den Nationalsozialisten verlangte „Ariernachweis" erst möglich wurde. Taufpatin war Marias Mutter Maria Lapeiner.[111]

Die Heirat Thereses mit dem Hotelier Karl Leeb führte dazu, dass in den folgenden Jahren etliche Familienmitglieder ihr Glück ebenfalls in der steirischen Hauptstadt suchten.

Maria arbeitete dort vorerst zweieinhalb Jahre mit einer kurzen Unterbrechung bis zum Juni 1916 und war laut Meldezettel als „Hilfsmädchen" angestellt.[112] Karoline berichtet, dass ihre Schwester im Steirerhof „das Hotelwesen" gelernt habe und „von Grund auf arbeiten" musste.[113] Es ist gut nachvollziehbar, dass die Beschäftigung in einem so vornehmen Hotel für ein junges Mädchen aus einem kleinen Dorf schwierig war.

Der Steirerhof war damals und über Jahrzehnte hinweg bis weit in die Zweite Republik nicht nur ein renommiertes Haus, sondern sogar die erste Adresse in Graz. Sowohl in der Ersten als auch in der Zweiten Republik stiegen hier gekrönte Häupter ab, Prominente aus dem Show- und Filmgeschäft sowie bekannte Politiker: „König Paul und Königin Friederike von Griechenland nächtigten hier, Jugoslawiens Staatspräsident auf Lebenszeit Josip Broz Tito, der deutsche Bundeskanzler Willy Brandt, Frankreichs Staatspräsident Giscard d'Estaing. Die Schauspieler Attila Hörbiger und Paula Wessely ebenso wie der pitzelige Hans Moser, Filmlegende Curd und Sänger Udo Jürgens (allerdings getrennt), Chansonette Juliette Greco, ‚Winnetou'-Darsteller Pierre Brice und der Wundergeiger Yehudi Menuhin."[114]

1989 wurde das Hotel geschlossen und bald danach abgerissen, heute befindet sich an dieser Stelle ein Neubau mit einem Einkaufscenter und der Raiffeisenbank.[115]

Das Grand Hotel Steirerhof um 1911. Es war über Jahrzehnte das Nobelhotel von Graz mit berühmten Gästen. 1912 trat hier Christina Stromberger ihren Dienst an, zwei Jahre später ihre Schwester Maria. Sie arbeitete hier mit Unterbrechungen fast zehn Jahre lang. Das Gebäude wurde Anfang der 1990er-Jahre abgerissen.

Wie das junge Mädchen auf die noble Atmosphäre im Hotel reagiert hat, wissen wir nicht. Ihrer Ausbildung und ihren bis dahin gezeigten Neigungen hat die Arbeit wohl eher nicht entsprochen. Mitten im Krieg und dann auch in den ersten Nachkriegsjahren war es für die junge Frau aber fast unmöglich, eine ihren Wünschen entsprechende Arbeitsstelle zu finden. Das könnte ein Grund dafür gewesen sein, dass es in dieser Zeit zahlreiche An- und Abmeldungen gegeben hat. Sie führten Maria meist zurück nach Kärnten, aber auch immer wieder in den Steirerhof.

Das war auch 1916 so. Die Mutter war zuhause am Schöttlhof in Kappel schwer erkrankt und musste gepflegt werden. Und es war „Mitzerl" – wie sie von ihren Geschwistern genannt wurde –, die das übernehmen musste und die Mutter bis zu deren Tod pflegte. Damals erwarb sie sich bei den

Geschwistern ihren Ruf als „Engel der Barmherzigkeit", wie das Schwester Adelheid in einem Brief ausgedrückt hat.[116] Wie berechtigt dieser Ruf war, hat Maria in der Familie auch in den folgenden Jahrzehnten ebenso mehrfach bestätigt wie unter den Bedingungen von Auschwitz.

Nach den Abstechern nach Kärnten kehrte sie wie erwähnt nach Graz zurück, wohnte teilweise in Untermiete oder hatte eine Schlafgelegenheit im Grand Hotel am Jakominiplatz, wo sie wohl auch wieder Beschäftigung gefunden hatte. Im Winter 1919/20 landete Maria in der Pestalozzistraße 77. Dort wohnte Vinzenz Zotter. Dieser Aufenthalt wird wohl kein Zufall gewesen sein, denn Zotter wurde im Dezember 1920 der Ehemann ihrer Schwester Christina.[117] Maria erlebte die Hochzeit in Graz, zog dann aber im Frühjahr 1921 erneut für einige Zeit in ihre Heimat nach Kärnten.

Dort hatte sie sich schon im Jahr zuvor in der Gemeinde Glödnitz – dem Herkunftsort ihres Vaters – einen „Heimat-Schein" ausstellen lassen. Unter der Rubrik „Charakter der Beschäftigung" ließ sie „Kindergärtnerin" eintragen.[118] Es war wohl immer noch der Wunsch der damals 22-jährigen jungen Frau, in ihrem erlernten Beruf eine Anstellung zu finden. Ob das in den Jahren zwischen 1921 und 1926 zumindest für einige Zeit möglich war, lässt sich leider nicht mehr nachweisen.

Sicher ist hingegen, dass 1926 erneut Graz zu ihrem Lebensmittelpunkt werden sollte. Von 1926 bis 1930 finden wir sie erneut und diesmal durchgehend für vier Jahre im Grand Hotel Steirerhof, wo sie auch wieder beschäftigt war. Auf dem Meldezettel ist als Beruf „Küchenhilfe" vermerkt. Dann allerdings hat sich für sie ein neues Betätigungsfeld ergeben. Vinzenz und Christina Zotter erwarben Mitte der Zwanzigerjahre das Gebäude am Karmeliterplatz 1–2 und brauchten dringend Hilfe. Hier wohnte Maria laut Meldezettel ab Dezember 1930.[119]

Chefköchin im Gasthof Zotter

Das Ehepaar Zotter scheint sehr viel in das Gebäude investiert zu haben, jedenfalls berichten die Zeitungen von einem großen Umbau im Jahre 1928. Dabei kam eine Kuriosität zutage: In einer Aushöhlung einer Mauer fanden die Bauarbeiter eine eingemauerte mumifizierte Katze. Es handelte sich um eines der sogenanntes „Bauopfer", wie es sie schon in der Hallstattzeit gegeben hatte. Zeitungen in ganz Österreich berichteten über den Fund. Bauopfer sollten den Bewohnern des Gebäudes Glück bringen.[120]

Der Gasthof Zotter am Karmeliterplatz wurde von Marias Schwester Christina und deren Mann Vinzenz betrieben. Das Gasthaus in der Grazer Altstadt war Treffpunkt vieler Vereine. Maria Stromberger arbeitete hier zumindest von 1930 bis 1937 als Köchin. Diese Aufnahme zeigt ein Treffen von Burschenschaftern.

Das dürfte beim Ehepaar Zotter nicht geklappt haben: Das Paar scheint nach dem Ankauf und einer Generalsanierung des alten Gebäudes finanzielle Probleme gehabt zu haben. Ob diese Sorgen den frühen Tod der beiden mitverursacht haben, kann nur vermutet werden: Christina starb erst vierzigjährig am 31. Mai 1934, ihr Mann wurde gar nur 39 Jahre alt und starb 1937.[121]

Und zumindest einer weiteren Bewohnerin brachte das „Bauopfer" ebenfalls kein finanzielles Glück: Maria. Sie hatte im Gasthof Zotter kaum etwas verdient und war auch nicht krankenversichert, wie Schwester Karoline nach dem Krieg bitter vermerkt. Diese prekäre soziale Situation wird auch durch die überlieferten amtlichen Daten bestätigt. Im „Grundstammblatt" der Stadt Graz taucht Maria Stromberger im Jahr 1936 mit der Angabe „ohne Beruf" auf, obwohl sie damals nachweislich – bis 1937, als auch ihr Schwager starb – im Gasthof tätig war.[122]

Karoline spricht davon, dass Maria in dieser Zeit am Karmeliterplatz nur ein „Taschengeld" erhalten habe. Nach dem Tod des Ehepaares war jedenfalls kaum Vermögen vorhanden. „Es blieb nicht viel übrig und zu Gunsten der zwei Buben verzichtete sie auf ihren Gehalt" der letzten „zehn Jahre", wie Karoline – wohl etwas übertreibend – schreibt.[123] Die Häuser am Karmeliterplatz 1 und 2 sind heute im Besitz der Steiermärkischen Landesregierung.[124]

Die beiden Kinder des Ehepaares Zotter, Franz und Vinzenz, scheinen ihre Tante – sie war wohl auch spätestens nach dem Tod ihrer Schwester auch deren Erzieherin – gemocht zu haben. Der Neffe Franz hielt jedenfalls lange Kontakt zu ihr und teilte ihr im Jahr 1953 auch seine bevorstehende Hochzeit mit. Karoline berichtet, dass er vier Jahre in jugoslawischer Kriegsgefangenschaft gewesen sei, sein Bruder kam kurz vor Kriegsende in Deutschland bei einem Bombenangriff ums Leben.[125]

Zuhause in Krasta/Kappel hatte inzwischen Marias Vater einen Schlaganfall erlitten und brauchte dringend Pflege. Ob es sich dabei um die Spätfolgen eines Raubüberfalls handelte, kann nur vermutet werden. Wegen des Überfalls auf den damals schon 74-Jährigen – er wird in der Zeitung noch immer als Verwalter am Schöttlhof bezeichnet, war aber wohl schon in Pension – standen drei etwa zwanzigjährige Männer im Juni 1932 in Klagenfurt vor einem Geschworenengericht.[126] Nach dem Schlaganfall war Franz Stromberger ein Pflegefall, und als einziges Familienmitglied war Maria in der Lage, diese Aufgabe zu übernehmen.

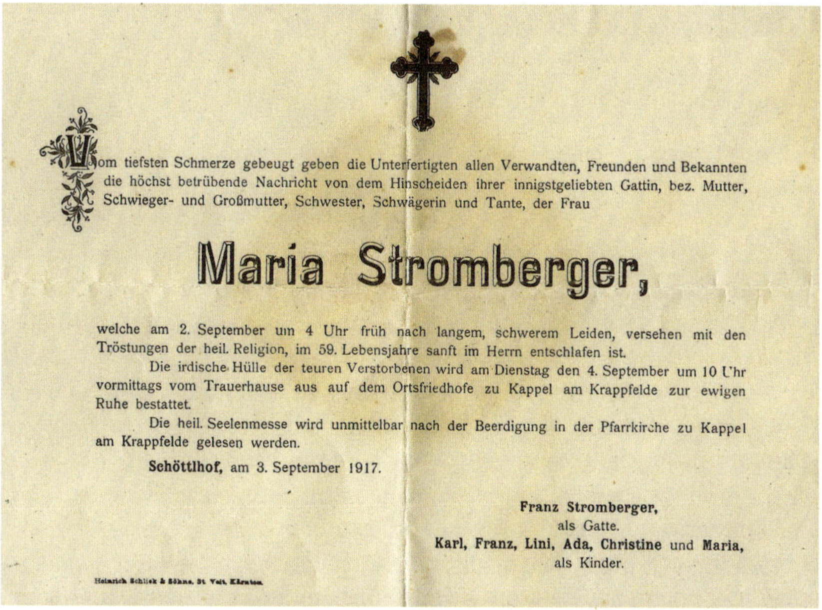

Vom tiefsten Schmerze gebeugt geben die Unterfertigten allen Verwandten, Freunden und Bekannten die höchst betrübende Nachricht von dem Hinscheiden ihrer innigstgeliebten Gattin, bez. Mutter, Schwieger- und Großmutter, Schwester, Schwägerin und Tante, der Frau

Maria Stromberger,

welche am 2. September um 4 Uhr früh nach langem, schwerem Leiden, versehen mit den Tröstungen der heil. Religion, im 59. Lebensjahre sanft im Herrn entschlafen ist.

Die irdische Hülle der teuren Verstorbenen wird am Dienstag den 4. September um 10 Uhr vormittags vom Trauerhause aus auf dem Ortsfriedhofe zu Kappel am Krappfelde zur ewigen Ruhe bestattet.

Die heil. Seelenmesse wird unmittelbar nach der Beerdigung in der Pfarrkirche zu Kappel am Krappfelde gelesen werden.

Schöttlhof, am 3. September 1917.

Franz Stromberger,
als Gatte.
Karl, Franz, Lini, Ada, Christine und **Maria,**
als Kinder.

Heinrich Schlick & Söhne, St. Veit, Kärnten.

Todesanzeige Mutter Maria Stromberger: Die Geschwister waren „Mitzerl" dankbar, dass sie mitten im Ersten Weltkrieg ihre sterbenskranke Mutter betreute und zwanzig Jahre später auch ihren Vater bis zu seinem Tod im Juli 1937 pflegte.

Aus dem Briefverkehr ihrer Geschwister geht hervor, wie dankbar diese dafür waren, dass Maria die Pflege ihres Vaters bis zu dessen Tod Ende Juli 1937 auch übernahm.[127]

Nach der Beerdigung allerdings eröffneten sich für Maria neue berufliche Möglichkeiten. Bislang hatte sie sich mehr oder weniger unentgeltlich für ihre Familie eingesetzt. Jetzt – im Alter von immerhin schon 39 Jahren – war sie gewillt, die Ausbildung für ihren langgehegten beruflichen Wunsch endlich anzugehen: Sie wollte Krankenschwester werden! Um dieses Ziel zu erreichen, nahm sie Kontakt mit ihrer Schwester Karoline in Vorarlberg auf.

Schon vier Monate später finden wir Maria Stromberger in Bregenz.

Endlich Krankenschwester!

Traumberuf mit Folgen

Auf Vermittlung ihrer Schwester Karoline Greber war Maria nach Bregenz gekommen und hatte sich am 13. November 1937 auch offiziell dort angemeldet. Sie wohnte bei ihrer Schwester in der Heldendankstraße 15. Karoline hatte ihr eine Stelle in der Mehrerau besorgt. Dort befand sich ein im gleichnamigen Kloster untergebrachtes, im Jahr 1923 gegründetes Sanatorium. Karoline schreibt von einer Stelle als „Lehrschwester". Der ist aber irreführend, gemeint war wohl „Lernschwester".

Der Begriff „Lehrschwester" wurde nur in Österreich verwendet, in Deutschland galt die Bezeichnung „Unterrichtsschwester" und in der Schweiz „Lehrerin für Krankenpflege". Während man in Deutschland für die Unterrichtstätigkeit eine „Oberinnenqualifizierung" absolvieren musste, gab es in Österreich keine spezielle Ausbildung. Ab dem Jahr 1935 lassen sich an jeder Krankenpflegeschule in Österreich und offensichtlich auch an anderen Krankenhäusern vollbeschäftigte Lehrschwestern finden.[128]

Demnach müsste Maria Stromberger bei Dienstantritt in der Mehrerau schon länger in diesem Beruf tätig und bereits „Oberschwester" gewesen sein. Ihre erhalten gebliebenen handschriftlichen Notizen aus dieser Zeit hätte sie demnach zu Lehrzwecken verwendet. Das ist aber nicht vorstellbar: Sie müsste zuvor schon in Graz oder in Kärnten eine Ausbildung gemacht und Praxiserfahrungen gesammelt haben. Neben ihrer Tätigkeit als Köchin und der anschließenden Pflege ihres Vaters in der Gemeinde Kappel ist das praktisch ausgeschlossen.

Maria wird in der Mehrerau also ab Ende 1937 ihre Ausbildung begonnen haben. Ihre vielen handgeschriebenen Aufzeichnungen aus der Zeit sind leider meist undatiert und ohne Ortsangabe. Sie waren wohl eher Mitschriften und dienten somit ihrer Ausbildung. Nur in einem der von ihr mit Notizen versehenen Lehrbücher ist handschriftlich auf der ersten Seite vermerkt „Sanatorium Mehrerau im Jahre 1938". Darunter steht eine aus heutiger Sicht leicht pathetisch wirkende Widmung, die sie später gleichlautend nochmals in ein Lehrbuch schreiben sollte. Für die gestandene Frau, die mit 39 Jahren das Wagnis einer anspruchsvollen Ausbildung anging, drückt die Widmung aber wohl exakt jenen Beweggrund aus, der sie zu diesem Schritt veranlasst hatte:

Das 1923 gegründete Sanatorium Mehrerau war 1937 die erste Station Maria Strombergers auf ihrem Weg zur Krankenschwester. In Göppingen und Heilbronn in Deutschland schloss sie ihre Grundausbildung und die Prüfung zur Oberschwester ab.

Seit damals wohnte sie größtenteils bei ihrer Schwester Karoline und deren Tochter Hedwig Greber in der Heldendankstraße in Bregenz.

Rechts eine eigenhändige Widmung von Maria Stromberger in ihren Lernunterlagen: „Verdienstlos u. tot wie diese Buchstaben werden meine Arbeiten sein, verrichte ich sie ohne Liebe [...]. Denn die Liebe verklärt alles." Dieses Motto taucht in ihren Unterlagen öfters auf.

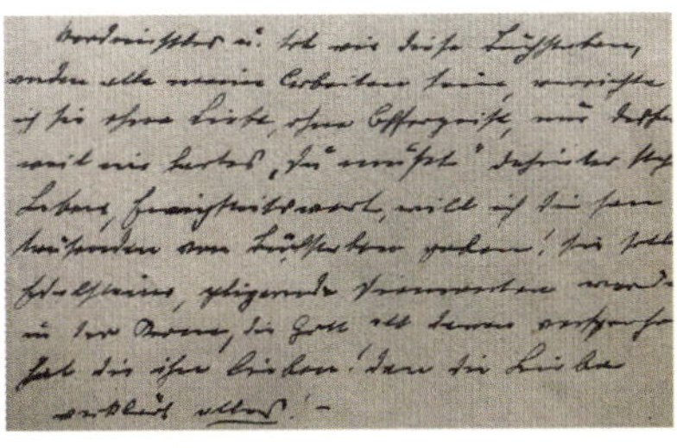

„Verdienstlos u. tot wie diese Buchstaben werden meine Arbeiten sein, verrichte ich sie ohne Liebe, ohne Opfergeist, nur deshalb, weil ein hartes ‚Du musst' dahinter steht! Leben, Ewigkeitswert will ich diesen tausenden von Buchstaben geben. Sie sollen Edelsteine, glitzernde Diamanten werden in der Krone, die Gott all denen versprochen hat, die ihn lieben. Denn die Liebe verklärt alles."[129]

In die Zeit in der Mehrerau fällt der „Anschluss" Österreichs an das Deutsche Reich. In der „Ostmark" galten in Bezug auf die Ausbildung zur Krankenschwester die deutschen Regelungen aber erst mit dem Inkrafttreten des „Gesetzes zur Ordnung der Krankenpflege" am 2. Dezember 1938. Strombergers Ausbildung begann also zwar nach der längeren dreijährigen österreichischen Ausbildung, in der Praxis aber wurden die österreichischen Regeln schon vor dem „Anschluss" flexibel gehandhabt. Diese „Flexibilität" war auch deshalb notwendig, weil der Sparkurs speziell in der Zeit des Austrofaschismus dazu geführt hatte, dass ein gewaltiger Mangel an Pflegepersonal vorherrschte und man daher auch nicht vollständig ausgebildetes Pflegepersonal aufnahm.[130]

Flexibilität hin oder her, sicher ist, dass auch in der „Ostmark" die dreijährige Krankenpflegeausbildung auf 18 Monate reduziert wurde. Es musste sehr viel Unterrichtsstoff gekürzt werden, zumal neuer hinzukam – etwa ein weltanschaulicher Unterricht mit Erb- und Rassenkunde, Bevölkerungspolitik, Berufsehre und Berufskunde sowie Turnen.[131]

In Vorarlberg gab es damals keine Krankenpflegeschule, die nächstgelegene war in Innsbruck. Aufgrund des gewaltigen Bedarfs gab es aber an den meisten Krankenhäusern mehr oder weniger „offizielle" Kurzausbildungen und Kurse. Nach dem „Anschluss" sollte das geändert werden. Deshalb wurde ab März 1938 in der „Ostmark" massiv mit dem Bau neuer Krankenpflegeschulen begonnen. Die recht kurze Ausbildungszeit Maria Strombergers in der Mehrerau – sie betrug nur etwa ein Jahr – könnte damit zusammenhängen. Es kann aber auch sein, dass sie sich im „Altreich" in einer offiziellen Schule eine qualitativ bessere Ausbildung erhoffte und deshalb wechselte.[132]

Über die Ausbildung in der Mehrerau und ihre Zeit in Bregenz im Jahr 1938 ist jedenfalls außer den erhalten gebliebenen Mitschriften und den kargen späteren Hinweisen in Briefen sehr wenig bekannt. Karoline berichtet, dass Maria anschließend die Schwesternschule in Heilbronn besucht habe.[133] Doch dem widerspricht der Meldezettel. Stromberger meldete sich

Von Herbst 1938 bis ins Frühjahr 1939 setzte Maria Stromberger in der psychiatrischen Klinik Christophsbad in Göppingen ihre Ausbildung fort.

am 21. November 1938, fast genau ein Jahr nach ihrer Ankunft in Bregenz, ab und gab Göppingen und nicht Heilbronn als künftigen Wohnort an.[134]

Dort finden wir sie denn auch zwei Tage später, am 23. November 1938, bei ihrem Unterkunftgeber „Dr. Landerer". Dabei handelte es sich um eine nach dem 1877 verstorbenen Dr. Heinrich Landerer benannte Schwesternunterkunft der dortigen privaten Heilanstalt Christophsbad, einer bis heute bestehenden psychiatrischen Klinik.[135]

Diese Klinik wird Karoline gemeint haben, als sie schrieb, Maria sei „noch ½ Jahr bei den Irren in Göppingen" gewesen. Stromberger hat hier wohl eine Zusatzausbildung gemacht und Erfahrungen gesammelt. Sie blieb aber nur kurz und meldete sich am 20. März 1939 wieder ab. Als nächsten Wohnort gibt sie zwar die Adresse ihrer Schwester in Bregenz an, dort war sie aber sicher nicht für längere Zeit und hat sich auch nicht offiziell angemeldet.[136]

In Bregenz dürfte sie auf Besuch bei ihrer Schwester und der Nichte Hedwig gewesen sein. Ihre nächste Station war nämlich Heilbronn. Dort sind die Einwohnermeldekarteikarten zwar 1944 nach einem Bombenangriff verbrannt, es gibt aber andere Quellen, die einen Aufenthalt in den Jahren 1939 und 1940 belegen.

So scheint sie im Jahr 1940 in der „Bürgersteuerliste" der Stadt Heilbronn auf. Stichtag für diese Steuer war jeweils der 10. Oktober des Vorjahres. Die Liste gibt somit den Stand des Jahres 1939 wieder. Als Beruf wird bei Maria Stromberger „Lernschwester" angegeben. Sie wohnte damals in der Paulinenstraße 38, das war das städtische Krankenhaus.[137] In Heilbronn trat sie auch dem „Reichsbund freier Schwestern und Pflegerinnen" bei – auch darin wird das städtische Krankenhaus als Wohnort genannt.[138]

Erhalten geblieben ist das Mitgliedsbuch des „Reichsbundes", das am 19. Jänner 1940 ausgefertigt wurde. Darin ist der 1. Oktober 1938 als Beitrittsdatum angegeben, die Monate vor dem Oktober 1938 sind durchgestrichen, für die sechs Monate von Oktober 1938 bis einschließlich März 1939 wurden keine Marken geklebt. Sie sind aber nicht durchgestrichen. Das kann so interpretiert werden, dass die einjährige Ausbildung in der Mehrerau ab Herbst 1937 und die sechsmonatige Zeit in der psychiatrischen Klinik in Göppingen als Ausbildungszeit nicht beitragspflichtig waren und Stromberger in Heilbronn ab April 1939 schon als Schwester im städtischen Krankenhaus angestellt war und bereits die Ausbildung zur Oberschwester begonnen hatte.[139]

Aus einem Brief ihrer Schwester geht jedenfalls hervor, dass sie in Heilbronn eine Prüfung erfolgreich abgelegt habe.[140] Ob es sich um den endgültigen Abschluss der Grundausbildung handelt oder um die Abschlussprüfung der „Oberschwester-Ausbildung", kann nicht abschließend beantwortet werden. Letzteres ist aber eher wahrscheinlich, zumal sie ab diesem Zeitpunkt öfters als Oberschwester geführt wird.

Eines ist sicher: Stromberger hatte gegen Ende ihrer Tätigkeit am städtischen Krankenhaus in Heilbronn im Jahr 1940 schon fast drei Jahre im Beruf hinter sich – als Lernschwester und in der Praxis. Das war etwa doppelt so viel, wie die Grundausbildung von 18 Monate vorsah. Zudem hatte sie nach ihrer Zeit in Göppingen auch zusätzliche Erfahrungen und Qualifikationen vorzuweisen. Die bestandene Prüfung am Ende ihrer Zeit in Heilbronn dürfte also wirklich die vorgeschriebene zur Oberschwester gewesen sein. Zeugnisse sind leider nicht überliefert, weder aus der Mehrerau noch aus Göppingen oder Heilbronn.

Aus dieser Zeit zwischen Spätherbst 1937 und Sommer 1940 sind aber viele fachliche Unterlagen erhalten geblieben. Dazu zählen Fachbücher – darunter ein „Amtliches Unterrichtsbuch über Erste Hilfe" oder das im Jahr 1938 erschienene „Krankenpflegelehrbuch" –, handschriftliche Aufzeichnungen und mehrere sorgfältig beschriebene Mitschriften in gebundenen Büchern.[141]

Ein Teil dieser Notizen – wohl jene aus der Zeit in Heilbronn – haben ein Deckblatt mit der in ihrer Handschrift verfassten Aufschrift „Werdegangs-Heft der Maria Stromberger". Fallweise stehen auf den losen Zetteln Datumsangaben von August 1939 bis Februar 1940. Es kann aber mit hoher Wahrscheinlichkeit angenommen werden, dass sie auch davor und danach mehrere Monate in Heilbronn war – wohl bis Oktober 1940.

„Braune" und andere Krankenschwestern

Der erwähnte „Reichsbund freier Schwestern und Pflegerinnen" („blaue Schwestern") war neben der „NS-Schwesternschaft" („braune Schwestern") und der „Schwesternschaft des Deutschen Roten Kreuzes" (DRK) der dritte weltliche Schwesternverband. Die NS-Schwestern sollten den „neuen Schwesterntyp" darstellen, wurden sogar auf den „Führer" vereidigt und stellten den größten Teil der in Konzentrationslagern eingesetzten „SS-Schwestern". Sie unterstanden der Nationalsozialistischen Volkswohlfahrt (NSV), waren weltanschaulich noch intensiver geschult als die anderen Schwestern und ausdrücklich nur zur Betreuung der NSDAP- und SS-Gliederungen gegründet worden mit dem Ziel, die „rassenhygienischen" Vorstellungen der Nationalsozialisten zu unterstützen.[142]

Doch die vorgesehene organisatorische Struktur der verschiedenen Schwesternverbände und ihre Umsetzung in der Realität waren oft widersprüchlich, zumal neben den weltlichen weiterhin auch noch ein evangelischer und ein katholischer Verband existierten. Zusammengefasst wurden diese Verbände ab 1936 im „Fachausschuss für Schwesternwesen".[143]

Diese Brosche des NSV hat Maria Stromberger aufbewahrt. Solche Anstecknadeln trugen sowohl die „blauen" als auch die „braunen Schwestern". 1942 wurden beide Schwesternverbände zusammengeführt.

Es gab zwar Richtlinien, an welchen Krankenhäusern und Einrichtungen – etwa Konzentrationslagern oder Gefängnissen – die Mitglieder dieser Verbände arbeiten durften, diese wurden aber in der Praxis nicht immer eingehalten. Somit waren sogar an Orten mit höchster Geheimhaltungsstufe – wie eben in den Vernichtungslagern im Osten – Krankenschwestern verschiedener Verbände im Dienst. In Auschwitz kamen beispielsweise auch 13 sogenannte „Germanische Freiwillige DRK-Krankenschwestern" – meist aus dem besetzten Belgien oder den Niederlanden – zum Einsatz. Im April 1942 wurden die NS-Schwesternschaft und der erheblich größere „Reichsbund freier Schwestern und Pflegerinnen" zum „NS-Reichsbund Deutscher Schwestern" (NSRDS) zusammengefasst. Das führte für viele „blaue Schwestern" nach Kriegsende zu Problemen, zumal der NSRDS als Parteigliederung verboten wurde.[144]

Im Falle von Maria Stromberger bewirkte die Fusion der Schwesternverbände, dass sie in den Berichten von Häftlingen, aber auch in der Fachliteratur unterschiedlich als NS-Schwester oder „Reichsbund-Schwester" bezeichnet wird – was zu unterschiedlichen Zeiten beides richtig gewesen sein kann –, aber auch fälschlich als „SS-Schwester".

Doch das kümmerte sie vorerst nicht. Von Heilbronn kommend ist sie ab 10. Oktober 1940 in Klagenfurt gemeldet, wo sie in der St. Veiter Straße 47 wohnt.[145] Das war die Adresse des damaligen „Gaukrankenhauses Klagenfurt", des heutigen Klinikums Klagenfurt. Dort dürfte sie in einer Schwesternwohnung untergebracht worden sein.

Maria Stromberger kam zu einer Zeit an das Krankenhaus, als die dortige Psychiatrie die zentrale Drehscheibe des verharmlosend als „Euthanasie" bezeichneten Mordprogramms an psychisch Kranken und behinderten Menschen war: „Die NS-Euthanasie forderte in Kärnten zwischen 1939 und 1945 ungefähr 1350 Todesopfer. Jeder der Ermordeten war ein Patient des Gaukrankenhauses Klagenfurt."[146]

Da das „Euthanasie"-Programm wegen massiver öffentlicher Proteste in vielen Gegenden des Reichs gestoppt werden musste, wurden die Opfer nicht mehr in die Tötungsanstalten verlegt, sondern im Zuge der sogenannten „wilden Euthanasie" direkt im Krankenhaus in Klagenfurt umgebracht.[147]

Es ist kaum vorstellbar, dass Maria Stromberger von dieser Mordaktion an ihrer Arbeitsstelle nichts mitbekommen hat. Für die religiöse und humanistisch eingestellte Frau dürfte das eine zentrale Motivation gewesen sein, gegen das Regime zu wirken. In welcher Form das für die politisch

Nach ihrer Rückkehr in die Kärntner Heimat genoss die sehr naturverbundene Frau ihre Ausflüge: Maria Stromberger (Mitte) bei einer Wanderung am 18. Juni 1941 in der Nähe von Sillian in Osttirol.

Ab September 1941 arbeitete Maria Stromberger in einem Wehrmachtslazarett in Lienz und erfuhr von verletzten Soldaten mehr über die Realität im Osten. Sie fasste den Entschluss, sich freiwillig dorthin versetzen zu lassen. Das Bild zeigt sie bei einem letzten Aufenthalt in Bregenz am Gebhardsberg im Sommer 1942 kurz vor der Abreise.

Visitenkarten als Zeichen gestiegenen Selbstvertrauens nach der erfolgreich absolvierten Ausbildung zur Oberkrankenschwester: eine mit dem nobler klingenden „Marie" statt „Maria Stromberger".

in keine Organisation eingebundene Krankenschwester möglich werden sollte, ahnte sie damals wohl selbst noch nicht.

Sie war fachlich offensichtlich sehr angesehen, denn ihr Chef – „der Professor“ – habe sie nur ungern ziehen lassen, schreibt Karoline Greber.[148] Stromberger dürfte in ihrer Kärntner Heimat auch privat Anschluss gefunden haben. Erhalten geblieben ist aus ihrer Klagenfurter Zeit ein mit 18. Juni 1941 datiertes Foto, das sie bei einem Ausflug mit zwei Kolleginnen nach Sillian in Osttirol zeigt. Dennoch hat es sie auch in Klagenfurt nicht lange gehalten.

Sie meldete sich in ein Lazarett der Wehrmacht und zog schon knapp ein Jahr nach ihrer Ankunft in Klagenfurt weiter nach Amlach, einer kleinen Gemeinde direkt bei Lienz in Osttirol, das damals zum „Gau Kärnten“ gehörte. Im „Kreiskrankenhaus Lienz“ versah sie fortan ihren Dienst.[149]

Dort waren nach Kriegsbeginn dreißig Betten als „Teillazarett“ für die Wehrmacht reserviert worden, und dort war Stromberger ab dem 10. September 1941 im Einsatz.[150] In Lienz hörte sie von den Zuständen im Osten. Es waren verwundete Soldaten, von denen sie – wie sie 1947 in Warschau im Prozess gegen den Lagerkommandanten Rudolf Höß berichtet – konkrete Hinweise auf die Verbrechen der Nazis im besetzten Polen erhalten hat. Die Existenz von Konzentrationslagern war ja kein Geheimnis. Kein Geheimnis war auch, dass dort Menschen umkamen. Was aber genau geschah, das blieb den Menschen im Reich verborgen.[151]

Bis zum März 1942 jedenfalls ist in ihrem Mitgliedsbuch der „Reichsbund-Schwestern“ ein blauer Stempel mit der Aufschrift „Gaugeschäftsstelle Kärnten“ zu erkennen, danach ging es in den Osten ins ehemalige Polen.[152] In den eineinhalb Jahren im „Reichsgau Kärnten“ hatte sie es „sehr streng“ gehabt, wie ihre Schwester Karoline berichtet. Es sollten noch weit „strengere“ Jahre folgen.

Mit Kriegsbeginn hatte sich für Maria Stromberger einiges geändert. Sie hatte die Werthaltungen der Nationalsozialisten – auch im medizinischen Bereich – schon zuvor zutiefst abgelehnt. Die Erfahrungen mit der „Euthanasie“ in Klagenfurt und die Berichte der Verwundeten in Lienz dürften sie in ihrem Entschluss weiter bestärkt haben: Es war Zeit, etwas zu unternehmen.

Im Prozess gegen den Lagerkommandanten Rudolf Höß gab sie in Bezug auf ihre Motivation am 25. März 1947 in Warschau Folgendes zu Protokoll:

„Die Versetzung geschah auf meinen Wunsch hin. Weil ich in meiner Heimat Gelegenheit hatte, Verschiedenes darüber zu hören, was im Osten geschah, wollte ich mich überzeugen, ob die Erzählungen der Wahrheit entsprachen, denn als alte Österreicherin konnte ich das nicht glauben, wir waren immer tolerant und human."[153]

Letzteres ist angesichts der Ereignisse nach dem „Anschluss" und der vielen aus Österreich stammenden Täterinnen und Täter im Holocaust zwar nicht haltbar, entsprach aber sehr wohl ihrer persönlichen Einstellung und dem offiziell geförderten Selbstbild der österreichischen Gesellschaft nach 1945: Das Böse kam 1938 aus Deutschland! Das wirkte lange nach, zumindest bis in die Zeit der Waldheim-Ära. Die Realität aber war, wie wir wissen, eine andere. Und in Klagenfurt musste Maria Stromberger mitbekommen haben, was im Zuge der „Euthanasie" von ihren Landsleuten – und nicht von Deutschen – verbrochen wurde.

Zudem sollte fast gleichzeitig mit Stromberger eine andere Österreicherin ihren Dienst in Auschwitz antreten: Maria Mandl. Die 1912 in Oberösterreich geborene Postbeamtin war ab Oktober 1938 Aufseherin in verschiedenen Konzentrationslagern und wurde am 8. Oktober 1942 SS-Oberaufseherin in Auschwitz. Sie war wegen ihrer persönlichen Brutalität und ihres Eifers bei Selektionen gefürchtet. 1947 wurde Mandl in Krakau zum Tod verurteilt und am 24. Jänner 1948 hingerichtet.[154]

Der Fall Mandl wirft auch ein bezeichnendes Licht auf den teilweise geschichtsverfälschenden Umgang mit der NS-Vergangenheit in Österreich. Auf Betreiben ihrer Heimatgemeinde Münzkirchen wurde im November 1975 eine Todeserklärung für die Oberösterreicherin ausgestellt, wonach sie ein Opfer der NS-Herrschaft gewesen und im Konzentrationslager gestorben sei. Dies trotz der Tatsache, dass Mandls Tätigkeit in Münzkirchen allgemein bekannt war und ihr Vater seine Tochter nach dem Krieg deswegen auch nicht zuhause aufgenommen hatte. Dem zuständigen Richter lag der vollständig erhalten gebliebenen Akt vor. Erst im April 2017 korrigierte das Landesgericht Ried im Innkreis auf Betreiben von Robert Eiter und dem Mauthausen Komitee Österreich diesen skandalösen Beschluss.[155]

Doch Mandl ist nur ein aus Österreich stammendes Beispiel für aktive und überbordende Bereitschaft, an den Verbrechen der Nazis und am Massenmord mitzuwirken. Ein anderes ist Maximilian Grabner, der Chef der Politischen Abteilung in Auschwitz. Im Frankfurter Auschwitz-Prozess attestierten ihm die ehemaligen Häftlinge besondere „Bestialität" und „Grausamkeit". Diese ging sogar der SS zu weit: Wegen willkürlicher Ermordung von 2000 Häftlingen wurde der SS-Untersturmführer verhaftet. Ein

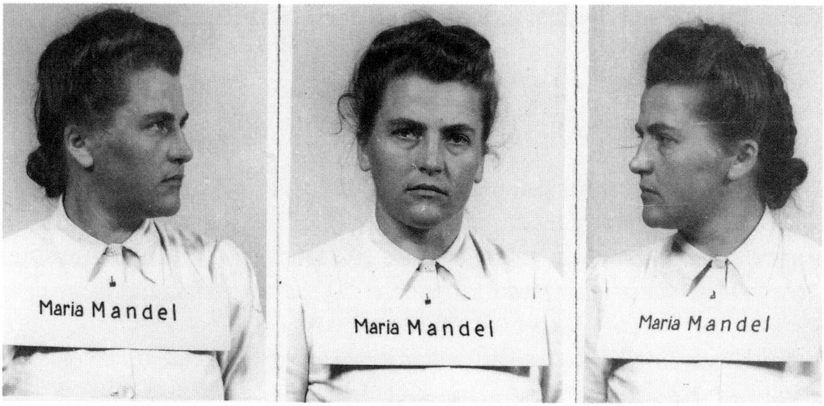

Maria Mandl – wie Maria Stromberger Österreicherin. Beide traten im Herbst 1942 ihren Dienst in Auschwitz an. Im Gegensatz zur Krankenschwester war die ehemalige Postbeamtin aus Oberösterreich aber wegen ihrer Grausamkeit unter den Häftlingen gefürchtet. 1947 wurde sie in Krakau zum Tode verurteilt und 1948 hingerichtet.

SS-internes Verfahren gegen ihn mündete in einen Prozess. Dieser wurde im Oktober 1944 in Weimar zwar eröffnet, endete allerdings ergebnislos.[156]

Der gebürtige Wiener wurde nach dem Krieg verhaftet, in Krakau vor Gericht gestellt und 1948 hingerichtet. Grabners „Arbeitsplatz" war zuerst im selben Gebäude wie jener von Maria Stromberger, dann nur wenige Meter entfernt. Maria Stromberger muss ihn also mehrfach getroffen und über ihn Bescheid gewusst haben, zumal mit Hermann Langbein ein enger Vertrauter Strombergers in Auschwitz dank seines Einflusses auf den Standortarzt maßgeblich zur Verhaftung Grabners beigetragen hatte.[157]

Doch damit nicht genug: Der problematische Umgang Österreichs mit seiner NS-Vergangenheit ist in einem anderen Zusammenhang augenfällig. Die gerichtliche Aufarbeitung der Verbrechen in Auschwitz wurde in Österreich nämlich lange Zeit kaum und wenn, dann sehr nachlässig betrieben. Die beiden in Auschwitz tätigen SS-Unterscharführer Walter Dejaco und Fritz Ertl wurden 1972 in zwei Prozessen freigesprochen, obwohl ihnen nachgewiesen werden konnte, dass sie die Architekten der Gaskammern und Krematorien in Auschwitz-Birkenau waren. Freisprüche gab es auch für Otto Graf und Franz Wunsch, beide SS-Unterscharführer und Angehörige der Wachmannschaft in Auschwitz: Ähnliche weitere

Verfahren führten zu milden Urteilen, Freisprüchen oder wurden teilweise sogar eingestellt.[158]

Dienstantritt in Königshütte/Chorzów

Doch zurück zu Maria Stromberger. Ab 1. Mai 1942 ist sie offiziell in Königshütte/Chorzów gemeldet. Im Schwesternausweis prangt von diesem Zeitpunkt an der Stempel „Gau Oberschlesien“ – im April dieses Jahres wurden zwei Schwesternverbände zum „NSRDS“, „NS-Reichsbund Deutscher Schwestern“, zusammengefasst. Der Mitgliedsbeitrag betrug all die Jahre hindurch zwei Reichsmark monatlich.[159]

Stromberger nutzte die Zeit vor ihrer Abreise ins besetzte Polen, um in ihrer Kärntner Heimat noch einige Ausflüge zu machen. Erhalten geblieben ist jedenfalls ein auf der Rückseite mit „Juni 1942“ und „noch in Kärnten“ beschriebenes Foto, das sie auf einem Ausflug mit zwei Soldaten und zwei weiteren Frauen zeigt. Schon wenige Tage später war sie im besetzten Polen.[160]

Sie hatte sich freiwillig zur Arbeit nach Polen gemeldet. Ihre Schwester in Bregenz, Karoline Greber, wollte sie davon abbringen. Zu ungewiss erschien ihr, was Maria Stromberger in Polen erwarten würde: „Ich wollte sie nicht dorthin gehen lassen“, schreibt sie: „Aber sie gab mir zur Antwort: Ich will sehen, wie es wirklich ist, und vielleicht kann ich auch etwas Gutes tun. Glaube mir. Und so kam es. Sie hatte Courage. Sie tat manches unter eigener Lebens-Gefahr.“[161]

„Andere stellten sich blind und taub, wenn sie etwas erfuhren“, schreibt der ehemalige Auschwitz-Häftling Hermann Langbein, „Maria Stromberger suchte die Wahrheit.“[162]

„Schwester, haben Sie völlig den Verstand verloren?“

Eine Tätigkeit in der NS-Vernichtungsmaschinerie hatte zur Folge, dass man zum „Geheimnisträger“ und zur strengsten Verschwiegenheit angehalten wurde. Entsprechende Erklärungen waren zum Dienstantritt zu unterschreiben. Nach ihrer Meldung zum Dienst im Osten galt das auch für Maria Stromberger. In ihrem erhalten gebliebenen Vertrag mit dem zuständigen „NS-Reichsbund Deutscher Schwestern e. V.“ wurde festgehalten, dass sie als „Vertragsschwester“ nun als „Gefolgschaftsmitglied“ gelte. Dieser Vertrag war ab dem 1. Mai 1942 gültig. Der Dienstantritt im städtischen Infektionskrankenhaus in Königshütte erfolgte etwas später am 1. Juli 1942.[163]

Bereits auf diesem Vertrag ist handschriftlich der – eventuell erst später hinzugefügte – Zusatz „Auschwitz" vermerkt.

In Königshütte kam sie mit Zivilisten in Kontakt, die Kenntnis von Auschwitz hatten. Sie erfuhr aber recht wenig über die wirklichen Zustände. Das sollte sich ändern, als eines Tages zwei Häftlinge aus Auschwitz eingeliefert wurden.

Der aus Wien stammende und wegen seiner Willkür gefürchtete Chef der Lager-Gestapo in Auschwitz, Maximilian Grabner (1905–1948): Sogar die SS ermittelte gegen ihn wegen tausender eigenmächtiger Morde und Korruption.

Sie waren im Außendienst eingesetzt gewesen und an Typhus erkrankt. Beide hatten riesiges Glück, denn wären sie noch im Lager erkrankt, wären sie wohl wie die anderen erkrankten Häftlinge ermordet worden.[164] „Sie hatten eine unbeschreibliche Angst", berichtete Maria Stromberger. In ihren Fieberfantasien schrien die Häftlinge unglaubliche Dinge, sodass sie isoliert werden mussten. Einer wurde gegenüber der Schwester im Fieberwahn sogar handgreiflich.

Stromberger wollte mehr wissen. Nach fünf Wochen hatten sich die beiden Männer so weit erholt, dass ein Gespräch möglich war: „Ich nahm sie ins Verhör. Was habt ihr erzählt? Ist das, was ihr im Fieber erzählt habt, wahr, oder sind das nur Fantasien gewesen? Da haben diese Menschen mit erhobenen Händen mich angefleht: ‚Schwester, wenn Sie ihr Leben und unseres lieben, dann erwähnen Sie von diesen Dingen nichts. Das alles ist wahr.'"[165]

Sie pflegte die beiden Männer so lange, bis sie wieder gesund waren. Unter anderem erfuhr sie von ihnen, dass in Auschwitz Schwestern arbeiteten, die die gleiche Kleidung trugen wie sie. Ab diesem Zeitpunkt war ihr klar, wohin sie als Nächstes musste.

Für Maria Stromberger war die Sache entschieden: Sie wollte nach Auschwitz und ging mit dieser Bitte zur Kreisverwaltung in Kattowitz. Als sogenannte „freie Schwester" unterstand sie nicht der NSDAP, auch wenn die am Schreibtisch entworfene Organisationsstruktur und die Organisationswirklichkeit gerade im Osten deutlich auseinanderklafften.

In der Kreisverwaltung zeigte sich die zuständige Schwester ebenso erstaunt über diesen seltsamen Wunsch wie gleichzeitig zufrieden: „Sie sagte mir, dass sie sich darüber sehr freut, dass ich mich der nationalsozialistischen Idee angenommen habe, und sie fragte mich überhaupt nicht, ob ich Parteimitglied sei. Allein die Tatsache, dass ich nach Auschwitz gehen wollte, ersparte mir alle weiteren Fragen von ihrer Seite."[166]

Die Versetzung nach Auschwitz wurde rasch bestätigt. Ihr Vorgesetzter Dr. Stefan, der wegen seiner antinationalsozialistischen Einstellung nach Königshütte strafversetzte Leiter des Krankenhauses, kommentierte die Entscheidung der qualifizierten Krankenschwester mit Kopfschütteln: „Schwester, haben Sie völlig den Verstand verloren, dass Sie in diese Hölle gehen wollen?"[167]

Die Historikerin Petra Betzien stellt sich – auch im Fall Maria Stromberger – die Frage, was Menschen wie sie zu solchen Entscheidungen veranlasst haben könnte. Sie verweist in ihrer Studie auf moralische Verpflichtungen, die mit „Mensch-" und „Schwester-Sein" verbunden sind. Was waren die leitenden Maßstäbe der Krankenschwestern, die in den Häftlingsrevieren sowie den SS-Lazaretten von Konzentrationslagern tätig waren? Im Gegensatz zu anderen Krankenschwestern in den Lagern war Maria nicht von der NS-Ideologie geprägt. Ihr Pflegeethos war wohl von jener „universalistischen Moral" getragen, in der verschiedene Grundhaltungen zu erkennen sind, etwa christlich-humanistische Vorstellungen und auch ein bürgerliches Frauenideal.[168]

Das von der NS-Rassenhygiene vertretene Konzept einer „NS-Moral" jedenfalls war das genaue Gegenteil davon.[169] Von ihm blieb Maria Stromberger unbeeindruckt.

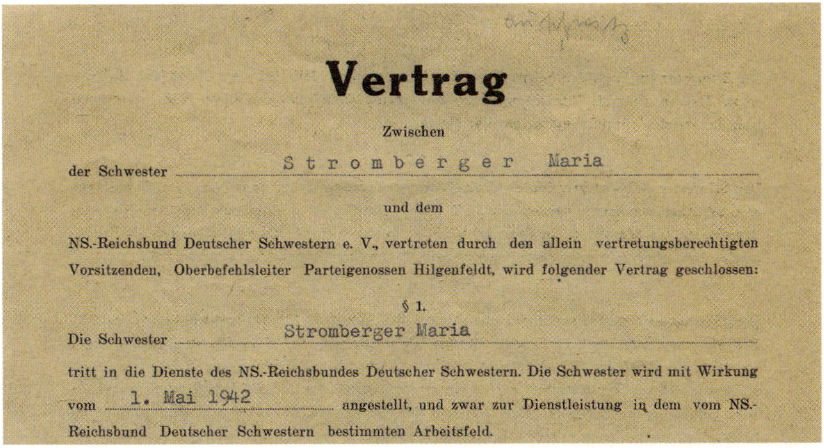

Vertrag

Zwischen

der Schwester Stromberger Maria

und dem

NS.-Reichsbund Deutscher Schwestern e. V., vertreten durch den allein vertretungsberechtigten Vorsitzenden, Oberbefehlsleiter Parteigenossen Hilgenfeldt, wird folgender Vertrag geschlossen:

§ 1.

Die Schwester Stromberger Maria

tritt in die Dienste des NS.-Reichsbundes Deutscher Schwestern. Die Schwester wird mit Wirkung vom 1. Mai 1942 angestellt, und zwar zur Dienstleistung in dem vom NS.-Reichsbund Deutscher Schwestern bestimmten Arbeitsfeld.

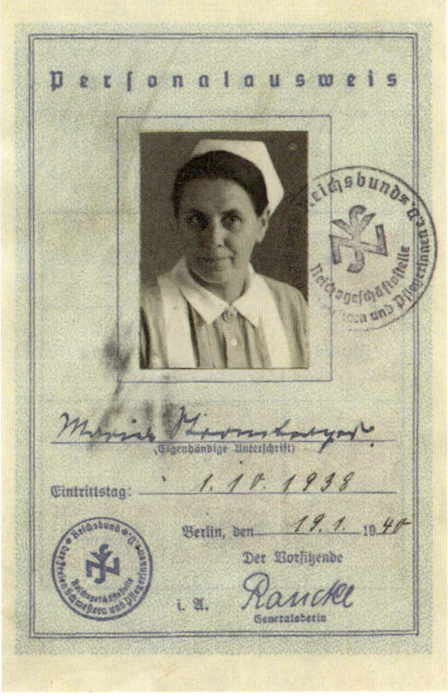

Der Vertrag Maria Strombergers mit dem NS-Reichsbund Deutscher Schwestern vom 1. Mai 1942 mit dem handschriftlichen Zusatz oben mit Bleistift: „Auschwitz". Sie war bereits 1938 als „Schwesternschülerin" dem „Reichsbund freier Schwestern und Pflegerinnen" beigetreten (siehe den im Jänner 1940 ausgefertigten Ausweis), in dessen Tracht sie als Zweite von rechts mit drei weiteren Krankenschwestern zu Beginn der Vierzigerjahre zu sehen ist. Die unbeschwerte Zeit war rasch vorbei.

Ab 1942 in der „Hölle von Auschwitz“

Die Welt, in die Maria Stromberger am 1. Oktober 1942 eintrat, war für die humanistisch eingestellte Frau kaum fassbar. Der Dienst im Konzentrationslager Auschwitz sollte sie nachhaltig verändern. Schon allein die Dimension des Lagers war bereits zum damaligen Zeitpunkt gigantisch, auch wenn Maria Stromberger selbst sich hauptsächlich im relativ überschaubaren Stammlager Auschwitz I bewegte.

Der Ort Auschwitz bzw. Oświęcim liegt zwischen Krakau/Kraków und Kattowitz/Katowice. Im Jahre 1939 lebten in dieser polnischen Kleinstadt rund 15.000 Menschen, etwa die Hälfte davon waren Jüdinnen und Juden. Etwas außerhalb der Stadt standen am Westufer des Flusses Soła 22 Kasernengebäude. Sie waren unter österreichischer Herrschaft als Artilleriekaserne errichtet und nach dem Ende der Monarchie von der polnischen Armee verwendet worden. Diese Gebäude wurden zum „Stammlager“ des Konzentrationslagers, später auch Auschwitz I genannt.

Schon im Mai hatten etwa 300 in der Stadt Auschwitz lebende Jüdinnen und Juden Aufräumungsarbeiten in der Kaserne durchführen und die Zimmer reinigen müssen, während gleichzeitig in Berlin eine harte bürokratische Auseinandersetzung über das Objekt stattfand. Es stand bis zu diesem Zeitpunkt im Besitz der Wehrmacht, wurde jetzt aber von der SS beansprucht – die sich schließlich auch durchsetzte.[170]

Die meisten neu ankommenden Häftlinge wurden in den Jahren 1940 und 1941 in den in der Nähe befindlichen SS-eigenen Produktionsstätten, landwirtschaftlichen Betrieben und Versuchsanstalten zur Zwangsarbeit eingesetzt. Ende 1941 und Anfang 1942 entstanden etwa drei Kilometer vom Stammlager Auschwitz entfernt das Nebenlager Birkenau und später das Lager Monowitz. Bis Kriegsende wurde das Lager ständig erweitert. Der Lagerkomplex erstreckte sich schließlich über eine Fläche von etwa 175 Hektar. Im Lager Birkenau waren zur Zeit der Höchstbelegung mindestens 100.000 Häftlinge untergebracht. Die Belegungsstärke schwankte jedoch durch die laufenden Vergasungen und neu eintreffenden Transporte ständig.

Anfang September 1941 begannen die ersten Tötungen von Häftlingen in Auschwitz mittels Zyklon B. Die Vergasungen wurden zuerst in den Arrestzellen des Blocks elf – im Häftlingsjargon als „Bunker“ bezeichnet – durchgeführt. Doch hier war die Kapazität bald zu gering, weshalb im soge-

Der zynische Wahlspruch am Eingang zum Stammlager Auschwitz: „Arbeit macht frei“. Das Stammlager Auschwitz war zur Zeit der Monarchie als österreichische Kaserne gebaut und nach dem Ersten Weltkrieg von der polnischen Armee übernommen worden. Die Aufnahme rechts stammt aus dem Jahr 1939.

nannten „alten Krematorium“ des Stammlagers eine Gaskammer errichtet wurde. Als Erstes wurde dort ein Transport von 900 sowjetischen Kriegsgefangenen vergast, dann jüdische Häftlinge. Im Zuge der sogenannten „Endlösung“ wurden schließlich in Birkenau mehrere große Gaskammern errichtet, um den Massenmord organisatorisch bewältigen zu können. Die Gesamtzahl der Getöteten – hauptsächlich Jüdinnen und Juden, aber auch Sinti und Roma sowie andere Gruppen – ist nicht genau bekannt, denn die mit dem Zug hertransportierten und umgehend zur Tötung bestimmten Menschen wurden nicht registriert.[171]

Aus den Transportlisten ergibt sich allein für nicht registrierte und bei der Ankunft direkt in die Gaskammern geschickte Opfergruppen eine Zahl von etwa 900.000 Getöteten. Die Angaben für die insgesamt Ermordeten werden in der Geschichtsforschung auf etwa 1,1 bis 1,5 Millionen Opfer geschätzt. Im Lagerregister selbst scheinen 404.222 Menschen auf, denen eine Nummer auf den Unterarm tätowiert wurde.[172]

Die riesige Dimension des Lagerkomplexes wird auch an der Zahl des dort eingesetzten SS-Personals deutlich. Seit dem Jahr 2017 ist eine Datenbank der „SS-Mannschaft KL Auschwitz“ im Internet abrufbar, die exakt 9.686 SS-Männer verzeichnet. Die Anzahl der Frauen kann vorerst nur geschätzt werden, man geht allgemein von etwa 200 aus. Insgesamt kommen wir für den Zeitraum von der Einrichtung des Lagers im Mai 1940 bis zu dessen Auflösung im Januar 1945 somit auf fast 10.000 Personen. Sie waren zuständig für das Funktionieren der Todesmaschinerie. Hinzu kommt das zivile Personal, das meist aus den in der Nähe befindlichen Städten und Gemeinden rekrutiert wurde. Diese Zivilbediensteten arbeiteten beispielsweise in der SS-Kantine oder – wie Maria Stromberger – als Pflegepersonal im SS-Revier.[173]

Angesichts dieser Zahlen ist klar, dass auch der Bedarf an medizinischem Personal sehr groß war. Krankenschwestern wurden in der Anfangsphase auch in den Häftlingsrevieren eingesetzt, betreuten dann aber hauptsächlich die SS-Wachmannschaften und deren Familien – falls sie nicht Ärzten bei verbrecherischen Versuchen halfen oder selbst Tötungen durchführten. Schon allein durch ihren Einsatz für das SS-Personal bestätigten sie, so Betzien, die „Täter in ihrem Tun“.[174]

Gleichzeitig wurden sie durch das, was sie sahen und hörten, zu Mitwisserinnen und Zeuginnen der entsetzlichen Verbrechen. Keine einzige Schwester in den SS-Lazaretten musste sich nach Kriegsende vor Gericht

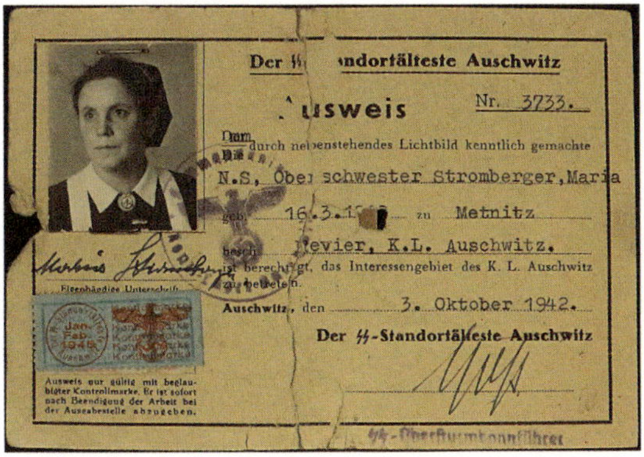
Der ꟾꟾ ndortälteste Auschwitz

usweis Nr. 3733.

Dem durch nebenstehendes Lichtbild kenntlich gemachte

N.S, Ober schwester Stromberger, Maria

geb. 16.3.1 zu Metnitz

besch. Revier, K.L. Auschwitz.

ist berechtigt, das Interessengebiet des K. L. Auschwitz zu betreten.

Auschwitz, den 3. Oktober 1942.

Der ꟾꟾ-Standortälteste Auschwitz

Eigenhändige Unterschrift

Jan. Feb. 1945

Ausweis nur gültig mit beglaubigter Kontrollmarke. Er ist sofort nach Beendigung der Arbeit bei der Ausgabestelle abzugeben.

Zwei Tage nach ihrer Ankunft erhielt die „N.S.-Oberschwester“ Maria Stromberger einen vom KZ-Kommandanten Rudolf Höß unterschriebenen Ausweis.

verantworten – ausgerechnet Maria Stromberger allerdings war im Sommer 1945 wegen angeblicher Morde mehrere Monate in Haft. Einige wenige der in den Häftlingsrevieren tätigen Schwestern hingegen wurden angeklagt. Die ehemalige Oberschwester in Ravensbrück, Elisabeth Marschall, wurde im ersten Ravensbrück-Prozess, geführt von den Alliierten, als eine von wenigen Frauen zum Tode verurteilt. Das Urteil wurde am 2. Mai 1947 vollstreckt.[175]

Auch in Auschwitz waren Krankenschwestern in Verbrechen verwickelt, doch dazu später.

Die Organisationsstruktur war in allen deutschen Konzentrationslagern im Wesentlichen gleich, richtete sich im Einzelfall aber an der Größe aus. In Auschwitz gab es sechs Abteilungen, die unterschiedliche lagerbezogene Aufgaben wahrnahmen. Die „Abteilung V: Sanitätswesen“ unterstand dem „Standortarzt“. Diese Position hatte von Anfang September 1942 bis zur Auflösung des Lagers am 18. Jänner 1945 Dr. Eduard Wirths (1909–1945) inne. Er war somit der unmittelbare Vorgesetzte von Maria Stromberger. Ihr wiederum unterstanden mehrere Krankenschwestern und Funktionshäftlinge.

Funktionshäftlinge waren zum überwiegenden Teil nichtjüdische Gefangene, die bestimmte Fähigkeiten hatten und in der Verwaltung, im medizinischen Bereich oder zu bestimmten Kontrollaufgaben eingesetzt wurden. Wenn sie ihre Arbeit auftragsgemäß und über längere Zeit erledigten, wurden sie für das Funktionieren der Abläufe wichtig und hatten meist wesentlich bessere Lebensbedingungen und somit eine große Chance, die Lagerhaft zu überleben.

Schon Eugen Kogon hat kurz nach dem Ende der NS-Herrschaft in seinem Buch „Der SS-Staat“ auf die Machtfülle hingewiesen, speziell auf die Möglichkeiten der Funktionshäftlinge im Krankenbau eines Lagers: „Die SS-ärztliche Führung war in folgender Weise organisiert: An der Spitze stand der Standortarzt der Waffen-SS. [...] Der Standortarzt war von der Lagerführung unabhängig, was unter Umständen Interventionen und Beeinflussungen von ungeheurer Tragweite sowie ein Zusammenspiel der Häftlinge des SS-Reviers und des Häftlingskrankenbaues ermöglichte.“[176]

Wenn es – wie in der Abteilung Maria Strombergers – sogar zu tatkräftiger Unterstützung der Häftlinge kam, waren die Möglichkeiten naturgemäß noch viel größer. Da Wirths die hochqualifizierte Schwester dringend brauchte und sie trotz der vielen Anfeindungen durch SS-Männer schützte, wurde das SS-Revier zu einer zentralen Zelle des Häftlingswiderstands in Auschwitz.

Standortarzt Dr. Eduard Wirths

Wirths entstammte einer streng katholischen Familie, die der Sozialdemokratie nahestand. Er selbst war überzeugter Nationalsozialist und trat 1933 der NSDAP und der SA, später auch der SS bei. Der Arzt war ab 1939 als Mitglied der Waffen-SS im Fronteinsatz. Im April 1942 wurde er nach einer Herzerkrankung frontuntauglich geschrieben und zunächst in Dachau und Neuengamme eingesetzt, bevor er Standortarzt in Auschwitz wurde. In dieser Funktion unterstanden ihm etwa zwanzig SS-Ärzte, Zahnärzte und medizinisches Personal.[177]

Getrennt vom SS-Revier war das Krankenrevier der Häftlinge. Ursprünglich sollte auch hier der Gesundheitszustand der Kranken überwacht werden. Mit der Zeit aber bedeutete die Einlieferung ins Krankenrevier ein Todesurteil. Dort wurden Tötungen mittels Phenolinjektionen und nicht selten tödliche medizinische Versuche sowie unnötige Operationen zu Übungszwecken durchgeführt.[178]

Dr. Wirths war eine sehr widersprüchliche Persönlichkeit. Hermann Langbein und die polnischen Häftlinge im Revier attestieren ihm eine sehr korrekte Haltung. Bei Standgerichtsverfahren der Lager-Gestapo hat er mehrfach sein ärztliches Einspruchsrecht in Anspruch genommen, um Gefangene zu retten. Das bestätigt auch der Häftling und Arzt im Krankenrevier Dr. Władysław Fejkiel (1911–1995). Er wurde durch die Politische

Abteilung im September 1943 wegen angeblicher Fluchtbegünstigung in einem längst abgeschlossenen Fall aus dem Frühjahr verhaftet. Die Lager-Gestapo erschoss damals in diesem Zusammenhang ohne jeden Beweis zwanzig Häftlinge. Fejkiel aber wurde verschont: „Ich wäre damals bestimmt erschossen worden, wenn ich nicht von dem SS-Standortarzt Wirths herausgeholt worden wäre."[179]

Dem Standortarzt Dr. Eduard Wirths bescheinigten nach 1945 etliche Häftlinge einen korrekten Umgang mit ihnen, auf der anderen Seite war er für Selektionen zuständig und schickte Tausende in die Gaskammer.

Fejkiel überlebte die Haft und beurteilte den Standortarzt entsprechend positiv: Wirths war „erstens ein intelligenter Arzt", meint er 1964 im Frankfurter Auschwitz-Prozess, „und zweitens kein schlechter Mensch".[180]

Diese Charakterisierung Wirths hängt auch damit zusammen, dass dieser für eine Verbesserung der katastrophalen Hygieneverhältnisse im Lager sorgte, um die grassierenden Seuchen einzudämmen. Die Ermordung von Häftlingen im Häftlingskrankenbau durch Phenolinjektionen ins Herz hat er nach einiger Zeit verboten. Langbein schreibt, der Standortarzt habe insgesamt nur „widerwillig im Vernichtungsapparat" mitgewirkt.[181]

Auch der aus dem Sudetenland stammende tschechoslowakische Häftling Artur Tüberger (1921–2009) bestätigt zwar die Einschätzungen von Langbein und Fejkiel, weist aber stärker als diese auch auf die Diskrepanz zu Handlungen des Arztes in anderen Bereichen hin. Tüberger nahm nach dem Krieg den Namen Radvanský an.[182] Er war im Lager ein Vertrauter von Maria Stromberger und dürfte Wirths am besten gekannt haben, wurde er im Lager doch auf Befehl von Wirths von Mai 1943 bis Jänner 1945 „zu seinem persönlichen Diener" und hat somit sehr viel mitbekommen: „Ich glaube, daß ich sagen kann, daß ich beim Sturmbannführer Wirths, beim Standortarzt, Material gesehen habe, das vielleicht kein anderer Häftling gesehen hat. Er war ziemlich vergeßlich und hat auf dem Tisch streng geheime Sachen liegenlassen."[183]

Im Interview vierzig Jahre nach Kriegsende charakterisiert Radvanský den Arzt als „fromm", er sei sicherlich insgesamt ein anständiger Mensch gewesen und habe vielen geholfen: „Auf der anderen Seite aber", so merkt Radvanský kritisch an, habe „er Listen von Häftlingen zur ‚Sonderbehandlung' unterschrieben und sie somit in die Gaskammer geschickt".[184] Wirths als Standortarzt habe den zum Dienst an der Rampe eingeteilten Ärzten „Verhaltensmaßregeln gegeben" über die „Anzahl, wie viele man selektieren soll".[185]

Differenziert ist auch die Beurteilung durch den mit Langbein befreundeten Häftling Karl Lill. Er war Schreiber des Truppenarztes. Wie Langbein kannte auch er ihn schon aus seiner Zeit im KZ Dachau: „Das war ein Mann, der uns in Dachau auffiel, weil er wie ein wirklicher Arzt unsere kranken Kameraden behandelt hatte, während andere Lagerärzte einem kerngesunden Menschen eine gesunde Niere herausschnitten, um an ihm zu probieren. Und er fiel uns auf, weil er auch bestrebt war, auf dem Block, der ihm unterstellt war, eine solche ordentliche Arbeit zu erreichen." Aber auch Lill verweist in dieser Aussage auf die Widersprüchlichkeit des Arztes.[186]

Die Ambivalenz in der Einschätzung des Standortarztes blieb auch in der wissenschaftlichen Literatur bestehen. Wirths spielte nachweislich eine Rolle als Organisator der Selektionen an der Rampe und nahm selbst daran teil, ebenso sind Menschenversuche dokumentiert. Er war also ohne Zweifel „einer der Hauptverantwortlichen des industrialisierten Massenmordes".[187] Er dürfte gegenüber „Deutschen" oder „Ariern" – egal ob es sich um eine Krankenschwester oder Häftlinge handelte – durchaus korrekten Umgang gepflegt haben, gleichzeitig aber war er tief durchdrungen vom NS-Rassenwahn und seinem „Auftrag" in Auschwitz verpflichtet: der Ermordung der Jüdinnen und Juden. Menschlichkeit und korrektes Verhalten waren beim Standortarzt nur für nichtjüdische Häftlinge vorgesehen, wie auch Langbein trotz aller Sympathie für Wirths bestätigt.[188]

Dass sich in der wissenschaftlichen Literatur in Bezug auf Wirths dennoch bis zuletzt die Mär vom „guten Menschen von Auschwitz" gehalten hat, der zwar „Gefallen an der nationalsozialistischen Ideologie" gefunden habe, aber „kein Antisemit" gewesen sei, ist ebenso erstaunlich wie falsch.[189] Zu Recht verweist Helgard Kramer darauf, dass mit Beginn der NS-Herrschaft „eine fortschreitende ethnische Verengung weithin gültiger moralischer Maßstäbe“ stattgefunden hat, die sich zuletzt nur noch auf „arische Deutsche“ bezog. Wirths kann wohl als hervorstechendes Beispiel dafür herhalten.[190]

Maria Stromberger jedenfalls war aus Sicht von Wirths „arisch“. Ihr gegenüber sollte sich der Standortarzt in den folgenden knapp zweieinhalb Jahren denn auch immer sehr wohlwollend verhalten und sich auch mehrfach als „Beschützer“ erweisen. Doch dazu später.

Hermann Langbein war im August 1942 von Dachau nach Auschwitz überstellt worden, wo er – zu seinem Glück – zufällig Dr. Wirths getroffen hatte: „Er hat mich auch schon erkannt, bevor noch der Spieß etwas sagen konnte, ruft er ganz laut: ‚Der Langbein, nein so was! Wie kommen denn Sie daher?‘ Und dann fragte er mich, wie's dem Kranken geht, der mit chronischem Magenkatarrh auf der Internen in Dachau gelegen ist, und dem, der so starken Gelenksrheumatismus gehabt hat und der von ihm behandelt wurde. Schließlich wendet er sich zum Spieß: ‚Der Langbein wird mein Schreiber‘, und ist wieder draußen. ‚Mit mir hat der Standortarzt noch nie so viel gesprochen, seitdem er hier ist, wie mit dem Häftling da.‘ Ganz beleidigt setzt sich der SSler nieder.“[191]

Kampf gegen die Typhusepidemie

In den ersten Wochen im Lager wurde Maria Stromberger mit den Regeln in Auschwitz vertraut gemacht. Empfangen wurde sie von Robert Mulka (1895–1969), dem Adjutanten von Lagerleiter Rudolf Höß. Der SS-Hauptsturmführer machte ihr klar, dass die Deutschen in Auschwitz eine „sehr schwere Aufgabe“ zu erfüllen hätten, die aber absolut notwendig sei. Das Lager sei für Verbrecher und Feinde des Reichs eingerichtet worden, an deren Händen das Blut ermordeter Kinder und Frauen klebe.

Mulkas Worte haben sich, so betonte Maria Stromberger fünf Jahre später im Prozess gegen Lagerleiter Rudolf Höß, eingeprägt, so dass sie sie wörtlich wiedergeben könne: „Das, was hier geschieht, hat als Staatsgeheimnis zu gelten. Die seelische Belastung für Sie wird groß sein, weil (selbst) starke Männer unter der Wucht der Eindrücke zusammengebrochen sind. Die Front, das ist ein Kinderspiel im Verhältnis zu Auschwitz. Hier geschieht unter anderem die Säuberung von den Juden. Außerdem beträgt die Sterblichkeit unter den arischen Häftlingen monatlich 7- bis 8.000. Sie unterschreiben jetzt eine Erklärung, dass Sie über alles, was Sie hier sehen und hören werden, strengstes Stillschweigen bewahren werden, andernfalls bezahlen Sie mit dem Kopf."[192]

Stromberger war nach diesem Empfang natürlich stark verunsichert. Sie spielte sogar mit dem Gedanken, der „Hölle von Auschwitz" wieder zu entfliehen, blieb aber bei ihrem in Königshütte gefassten Entschluss, zumal eine Umkehr nur mehr schwer möglich war.

In der Kommandantur von Auschwitz musste sie die entsprechende Erklärung unterschreiben. Darin stand unter anderem auch, dass keine privaten Gespräche mit Häftlingen erlaubt waren und keine Briefe an Familienangehörige von Häftlingen geschickt werden durften. Auch ein Eid über die Schweigepflicht war in dieser Erklärung enthalten. Sie unterschrieb. Anschließend wurde ihr mitgeteilt, wo sich ihr künftiges Betätigungsfeld befinden werde: im Krankenrevier für die SS-Männer des Lagers.[193] Für Auschwitzer Verhältnisse war das ein relativ guter Arbeitsplatz, der ihr zudem viele Möglichkeiten eröffnete, ihre Vorhaben, „Gutes zu tun", auch umzusetzen.

Sie hatte eigentlich erwartet, ihre Tätigkeit im Häftlingslager anzutreten. Doch qualifiziertes Pflegepersonal wurde gerade zu diesem Zeitpunkt dringend für die SS-Männer benötigt, denn seit dem Früjahr 1942 grassierte in Auschwitz eine Typhusepidemie.

Ins Lager gekommen war diese Seuche schon im April 1941 von aus Lublin eingelieferten Häftlingen, lange Zeit war die Krankheit aber nicht richtig diagnostiziert worden. Erkannt wurde sie erst vom polnischen Arzt und Hochschullehrer Dr. Władysław Fejkiel, der seit 1940 Häftling in Auschwitz war und mit Typhus während seines Dienstes in der polnischen Armee in Berührung gekommen war. Schnell machte er allen bewusst, welche Gefahr sie für das Funktionieren des Lagers darstellte.

Fejkiels Fachwissen war plötzlich wichtig, und es bedeute für ihn persönlich eine enorme Verbesserung seiner Lebensbedingungen, wie er später zu Protokoll gab: „Im einen Augenblick, binnen eines Tages, war ich aus der größten Erniedrigung als ‚Muselmann' plötzlich zu einer Persönlichkeit im Lager geworden."[194] Dem grausamen „Gesetz von Auschwitz" entsprechend, hatten die schwächsten Häftlinge das härteste Los. Sie wurden vor allem in Auschwitz als „Muselmänner" bezeichnet, weil sie durch Hunger und harte Arbeit zu Skeletten abgemagert waren und sich in einem Stadium zwischen Leben und Tod befanden. Primo Levi schrieb über sie:

Der polnische Häftling Dr. Władysław Fejkiel hatte als Arzt Erfahrungen mit Typhuserkrankungen gesammelt und diagnostizierte die Epidemie in Auschwitz als Erster.

Die schockierenden Sätze von SS-Obersturmführer Robert Mulka (rechts) bei der Begrüßung prägten sich Maria Stromberger so ein, dass sie diese noch Jahre später wörtlich wiedergeben konnte.

„Man zögert, sie als Lebende zu bezeichnen; man zögert, ihren Tod, vor dem sie nicht erschrecken, als Tod zu bezeichnen, weil sie zu müde sind, ihn zu fassen."[195]

Die deutschen Ärzte im Lager waren alle jung, hatten mit Typhus keine Erfahrung und waren ratlos. Zudem bedrohte die Krankheit auch die SS selbst. Im Kalendarium des Lagers heißt es dazu: „Die Flecktyphusepidemie, die sich im KL Auschwitz ausbreitet, bedroht auch die SS-Wachmannschaft."[196] Es war nämlich ein eigenartiges Phänomen aufgetreten: Die Fleckfieber-Krankheit wurde merkwürdigerweise von Unterernährten besser überstanden als von Guternährten, wie Fejkiel beobachtet hatte.[197] Zahlreiche erkrankte SS-Männer waren ein Beleg dafür. Unter anderem fiel der Epidemie im Mai 1942 mit SS-Hauptsturmführer Dr. Siegfried Schwela auch der damalige Standortarzt und somit ein Vorgänger von Wirths zum Opfer.[198]

Es war also im ureigensten Interesse der SS, dieser Seuche Herr zu werden und die Erkrankten möglichst gut zu pflegen. Die Not war so groß, dass man sogar auf das Know-how jüdischer Häftlinge zurückgriff und ihnen Privilegien einräumte. Ein polnischer jüdischer Wissenschaftler aus dem Institut für Fleckfieber- und Virusforschung in Lemberg bekam ein besonderes Privileg: Er war zusammen mit seiner Frau und den Kindern im Block 10 des Stammlagers untergebracht – ein absoluter Ausnahmefall in Auschwitz: „Der Mann war so wichtig für die SS, daß er gehalten wurde."[199]

In dieser Notlage war klar, dass zur Bekämpfung der Seuche und zum Schutz des SS-Personals im Krankenrevier geschultes und erfahrenes Personal benötigt wurde. Maria Stromberger, die ja schon in Königshütte in einem Infektionsspital tätig war, erwies sich daher für Wirths als wahrer Glücksfall, da sie dort genau jene Erfahrungen gesammelt hatte, die jetzt dringend benötigt wurden. Sie wurde folgerichtig hierher versetzt.

Das SS-Revier

Am 30. Oktober 1942 und fast einen Monat nach ihrer Ankunft in Auschwitz trat Maria Stromberger als Oberschwester ihren Dienst im SS-Revier an. An diesem Tag wurden aus dem Stammlager 800 Häftlinge in das Nebenlager Monowitz überführt. Es sollte als „Auschwitz III" künftig als großes Arbeitskräftereservoir für das dort errichtete Werk der IG Farben dienen. Das Unternehmen hatte damals aus dem gleichen Grund große Probleme mit Arbeitskräften, aus dem Maria Stromberger ins SS-Revier kam: die

Eingang zum SS-Revier im Jahr 1945: Einzelne Buchstaben über dem Tor wurden von befreiten Häftlingen heruntergeschlagen.

Der Häftling Kazimierz Albin arbeitete im SS-Revier, konnte Anfang 1943 fliehen und schloss sich dem polnischen Widerstand an. Nach dem Krieg schrieb er einen Artikel über Maria Stromberger und ihre Bedeutung für die Häftlinge.

Flecktyphusepidemie. Ab diesem Zeitpunkt nämlich konnten aus Quarantänegründen keine Häftlinge mehr im Werk arbeiten. Gleichzeitig wurde berichtet, dass von 499 aus Dachau überstellten Häftlingen wegen Entkräftung nur ein Drittel zum Arbeitseinsatz kommen konnte. Da aber dringend Arbeiter benötigt wurden, hatte die Bekämpfung der Epidemie aus diesem Grund absolute Priorität - vordringlich bei den SS-Männern, aber auch bei den Häftlingen.[200]

Das SS-Revier lag unmittelbar neben dem Stammlager gegenüber dem „kleinen“ oder „alten“ Krematorium – wie es im Lagerjargon hieß. Hier wurden erkrankte SS-Angehörige behandelt. Zudem gab es in diesem Gebäude die SS-Zahnstation, die Büros des SS-Standortarztes, die SS-Apotheke, die

Hochrangige SS-Männer und Krankenschwestern im September 1944: Im Hintergrund zu sehen ist die SS-Siedlung für das Wachpersonal und die Schwestern. Sie lag direkt neben dem SS-Lazarett. Unter den Krankenschwestern befindet sich möglicherweise auch die bei den Häftlingen gefürchtete Martha Mzyk. Sie hat auch selbst mittels Spritzen getötet und scheint in den Berichten der Häftlinge immer als „Schwester Margarete" auf.

Rasierstube und zeitweise immer wieder auch andere Dienststellen wie etwa die Politische Abteilung, die später in die Baracke hinter dem Krematorium I verlegt wurde.[201]

Der Standortarzt Dr. Wirths war sehr zufrieden damit, dass ihm Maria Stromberger mit ihrem Fachwissen bei der Seuchenbekämpfung zur Verfügung stand. Weniger Freude mit ihr hatten anfänglich die im Revier beschäftigten Häftlinge. Die Oberschwester wirkte auf sie hart und unnahbar: „Sie schien scharf zu sein", erinnerte sich der Häftling Edward Pyś nach dem Krieg in einem Brief. Er habe in den ersten Wochen „kein Vertrauen zu der neuen Schwester" gehabt: „Damals sprachen wir also nur dienstlich."[202] Auch der Häftling Kazimierz Albin spricht davon, dass insbesondere die polnischen Häftlinge der Schwester „mit großem Misstrauen" begegnet seien.[203]

Als Oberschwester unterstanden Maria Stromberger mehrere weitere Krankenschwestern. Erst seit Anfang 1942 wurden im SS-Lazarett des Stammlagers auch dienstverpflichtete Krankenschwestern beschäftigt. In dieser Funktion war sie bis kurz vor der Auflösung des Lagers im Jänner 1945 in einer einflussreichen Position, in der sie auch nicht leicht ersetzt hätte werden können: „Als Oberschwester ist für das Stammlager nur die Krankenschwester Maria Stromberger bekannt“, schreibt Petra Betzien.[204]

Die Häftlinge merkten schnell, dass die übrigen Schwestern ihrer neuen Vorgesetzten ebenfalls ablehnend gegenüberstanden. Allerdings aus anderen Gründen als bei ihnen: „Sie verlangte [...] sehr viel von ihnen und war darüber hinaus im Umgang reserviert. Sie ließ keine Nachlässigkeiten durchgehen.“[205]

Die meisten Krankenschwestern waren bei den Häftlingen, die im Revier Hilfsdienste zu verrichten hatten, gefürchtet. Nicht zu Unrecht, denn einige von ihnen waren nicht nur Handlanger bei der Ermordung von Häftlingen, sondern töteten auch selbst: „Die Schwester Margarete, später in Auschwitz, spritzte als erste eine tbc-kranke junge Polin im Winter 1941/1942 ab.“[206]

Petra Betzien geht davon aus, dass es sich bei der erwähnten Krankenschwester um Martha Mzyk (1922–1966) handelt, die in den Quellen – und auch bei Edward Pyś – durchgehend als „Schwester Margarete“ auftaucht. Pyś beschreibt sie – so wie die meisten anderen Krankenschwestern auf dem Revier – sehr negativ, ohne auf konkrete Beispiele einzugehen.[207] Es wird auch von Schwestern im Häftlingsrevier berichtet, die selbst Selektionen durchgeführt haben und „mit einer Peitsche herumgegangen“ seien, etwa die Krankenschwester Frieda Schirdewahn.[208]

Daher ist die große Skepsis, mit der die Häftlinge der neu Angekommenen begegneten, durchaus nachvollziehbar. Auch die in dieser gespenstischen Welt anfangs völlig überforderte Maria Stromberger hielt Abstand zu den Häftlingen. Private Gespräche – so berichten alle übereinstimmend – gab es nicht.

Und dienstlich herrschte ein fast preußischer Ton: „Sie gab Befehle und ich habe sie genau durchgeführt“, bringt ihr engster Mitarbeiter Edward Pyś das kühle Verhältnis auf den Punkt.[209] Auch Artur Radvanský war anfangs distanziert. Maria Stromberger hatte in Anwesenheit etlicher – auch hochrangiger – SS-Männer unmissverständlich ausgeführt, was sie sich von den Häftlingen erwartet: „Ich verlange eine präzise Arbeit von Euch. Ich brauche Leute, die gut arbeiten“, berichtet er und resümiert wie die anderen: „Sie war sehr streng.“[210]

Doch auch genderspezifische Vorurteile spielten unter den Häftlingen im Konzentrationslager eine Rolle. Edward Pyś drückt es unzweideutig aus: „Ich mochte kein ‚Weib' als Vorgesetzte – und noch dazu eine Deutsche." [211]

Auch Maria Stromberger wusste vorerst natürlich nicht, mit wem sie es da zu tun hatte, wem sie trauen konnte und wem nicht. Wie alle anderen Krankenschwestern, aber natürlich auch andere Zivilbedienstete und vor allem die SS-Frauen und -Männer, hatte sie vor Dienstantritt ja eine Erklärung unterschreiben müssen, die sie zur absoluten Verschwiegenheit verpflichtete.

Untergebracht waren die Schwestern in der SS-Siedlung, wo es wohl – wie Petra Betzien vermutet – eine Art „Schwesternheim gab, in dem Stromberger ein eigenes Zimmer hatte".[212] Es gehört zu den ungewöhnlichen Geschichten des Lagers, dass ein Häftling wie Edward Pyś dort einmal auf Besuch sein konnte. Maria Stromberger hatte ihn unter einem Vorwand aus dem Lager mitgenommen und bei sich zu Kaffee und Kuchen eingeladen.[213]

Das SS-Lazarett befand sich im ersten Gebäude außerhalb des Häftlingslagers. Für die dort beschäftigten Häftlinge war es demoralisierend zu erleben, was in der lange Zeit ebenfalls hier untergebrachten Politischen Abteilung, der Lager-Gestapo, vor sich ging. Häftlinge standen oft „kreidebleich" – wie Langbein berichtet – im Gang: „Mehrmals schon habe ich's durch den Boden von unten her schreien gehört. Ein Schreien, von dem man sich gar nicht mehr denken kann, daß es aus einem Menschen herauskommt."[214]

Vom Gang im ersten Obergeschoß aus hatte man einen direkten Blick auf das nur etwa zwanzig Meter entfernte Krematorium mit der Gaskammer. Von der Diätküche aus sah man auf den elektrisch geladenen Drahtzaun, der das Lager vom Lazarett trennte.

Im SS-Krankenrevier arbeitete eine Gruppe polnischer Häftlinge, die schon mit dem ersten Transport nach Auschwitz gekommen war: Edward „Edek" Pyś, Eugeniusz Niedojadło, Zygmunt Choroszy (1921–2011), Emil und Stanisław „Staszek" Barański.[215] Sie alle hatten wie Edward Pyś die niedrigen Häftlingsnummern des „ersten Transportes". Später kamen weitere Häftlinge hinzu, darunter der deutsche Kommunist Karl Lill, Artur Radvanský und zwei weitere tschechische Juden, aber auch ein Ukrainer, den die übrigen Häftlinge als Spitzel verdächtigten.[216]

Geschlafen haben die Häftlinge des Reviers im Block 24, der direkt neben dem Eingangstor ins Lager stand und nur knapp 400 Meter vom SS-

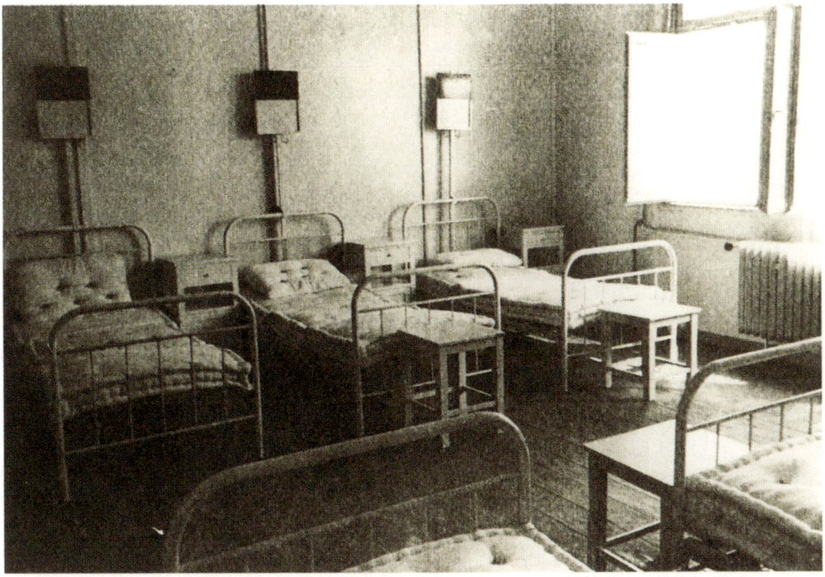

Der Arbeitsplatz für die Häftlinge im SS-Revier: Für die im Laufe der Zeit fast 10.000 SS-Männer in Auschwitz gab es eine gut ausgebaute medizinische Versorgung. Hier ein Krankenzimmer im SS-Revier des Stammlagers.

Revier entfernt war. Der Arbeitstag begann für sie im Sommer um fünf Uhr, im Winter um sechs Uhr.[217]

Lill arbeitete in der Schreibstube des Truppenarztes und erledigte dort die gesamte Korrespondenz. Er hatte also wie sein Freund Langbein einen sehr guten Einblick in die Abläufe in Auschwitz, zumal er zeitweise auch für die Korrespondenz der Zahnstation zuständig war.[218]

Dabei hatte es Lill mit der wohl korruptesten SS-Abteilung innerhalb des Lagers zu tun. SS-Sturmbannführer Konrad Morgen war innerhalb der SS für Diebstähle, Unterschlagungen und andere Vergehen zuständig. Im Frankfurter Auschwitz-Prozess berichtet er davon, dass bei der Kontrolle eines Feldpostpäckchens, das ein SS-Mann aus Auschwitz nachhause geschickt hatte, drei Goldklumpen in der Größe von bis zu „zwei Fäusten“ entdeckt wurden. Das entsprach dem Zahngold von „etwa 100.000 Leichen“: „Das Unfassbare war, daß der Täter solche Mengen unbemerkt beiseiteschaffen konnte.“ Bei den Ermittlungen im November 1943 führte Morgen auch

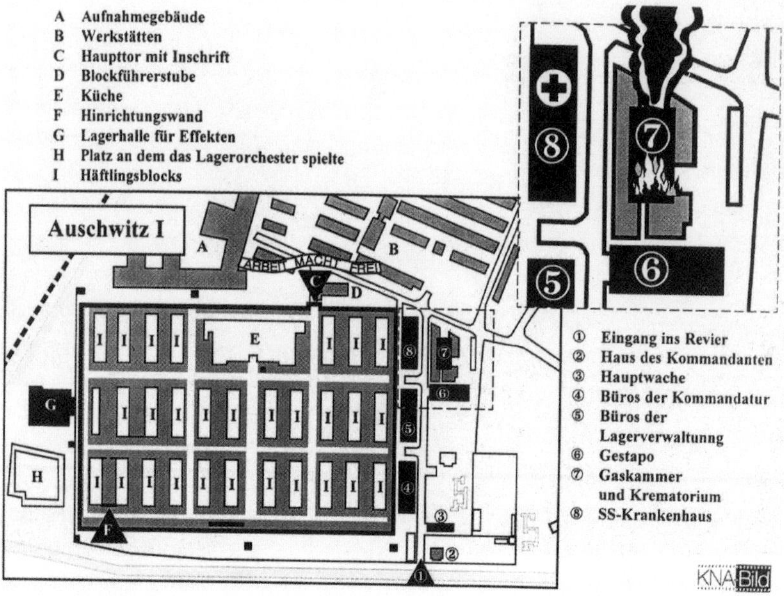

Skizze des Stammlagers Auschwitz: Vom SS-Revier (Nummer 8) aus hatte Stromberger einen direkten Blick auf Gaskammer und Krematorium (Nummer 7) sowie auf der Rückseite ins Häftlingslager.

Spindkontrollen durch und entdeckte „ein Vermögen an Gold, Perlen, Ringen und Devisen".[219]

Korruption war unter der SS-Wachmannschaft weit verbreitet. Die Häftlinge im „Kanada-Kommando" etwa fanden sogar Möglichkeiten vor, das für sich zu nutzen. Speziell beim Dienst an der Rampe war es ihnen möglich, wertvolle Gegenstände zur Seite zu schaffen. Der Kapo des Kommandos sammelte einen Teil davon ein, wie der Häftling Norbert Lopper, der hier fast drei Jahre gearbeitet hat, berichtet: „Diesen Sack hat er abgegeben bei der Blockführerstube." Im Gegenzug wurden die Häftlinge beim Eintritt ins Lager nicht gefilzt. Die SS-Männer machten „Kanada" zur „Zentralstelle der Lagerkorruption".[220]

Solche Möglichkeiten hatten die Funktionshäftlinge im SS-Revier zwar nicht, ihre Lebensbedingungen waren aber um ein Vielfaches besser als die anderer Häftlinge, sodass ein Großteil von ihnen die Lagerhaft in Auschwitz überlebte. Insgesamt umfasste das Arbeitskommando „SS-Revier" zwischen vierzig und fünfzig Häftlinge. Ende 1944 waren es exakt 43.[221]

Diese Häftlinge gehörten eindeutig zu den Privilegierten innerhalb der Gefangenen-Hierarchie: „Hungrig waren wir mit Sicherheit nicht. Wie kann man hungrig sein, wenn man kranken SS-Männern Essen auszuteilen hat. Die wirklich Kranken, und die bildeten die Mehrheit, ließen das Essen stehen, was wir gerne ausnutzten. Außerdem konnte man immer Methoden finden, das Essen für die Kranken so aufzuteilen, dass für uns und unsere Freunde im Lager ein Teil abfiel. Das war natürlich illegales und gefährliches Vorgehen, aber ohne zu ‚organisieren' waren wir schließlich nicht imstande, länger zu überleben."[222]

Die Einschätzung des ehemaligen Häftlings Edward Pyś entspricht jener der Geschichtsforschung: Die Häftlinge wurden entsprechend der NS-Rassenlehre streng hierarchisiert, was massive Auswirkungen auf die Überlebenschancen hatte. Jüdische Häftlinge standen in dieser Hierarchie ganz unten, „deutsche" und somit auch aus dem ehemaligen Österreich stammende Häftlinge ganz oben. Das hatte zum Teil auch problematische Auswirkungen auf die Solidarität unter den Gefangenen: „Funktionshäftlingen war es aber auch möglich, die ihnen von der Lagerverwaltung zugebilligte Position zu ihrem eigenen Vorteil und zum Nachteil ihrer Mitgefangenen auszunützen."[223]

Die Häftlinge im Revier gehörten auch zu den bestinformierten im Lager, was Nachrichten von draußen ebenso anbelangt wie die Verbrechen der SS. Einerseits befand sich wie erwähnt anfangs in diesem Gebäude und später nebenan die Politische Abteilung, anderseits war die Gaskammer im Krematorium I nur etwa zwanzig Meter entfernt.

Trotz versuchter Geheimhaltung – die Fenster mussten bei Vergasungsaktionen geschlossen werden und ein Betreten der Straße war verboten – haben alle mitbekommen, was da vis-à-vis vor sich ging. Durch Ritzen haben Pyś und seine Kollegen gesehen, wie die SS-Männer vom Dach des Krematoriums aus die Zyklon-B-Kapseln durch Schächte in die Kammern schütteten: „Und man (setzte) den Motor in diesem Auto in Gang, sofort nachdem das Gas in die Öffnungen reingeworfen wurde. Obwohl die Betonmauern dick waren und obwohl Motoren angelassen waren, hörte man jedoch einen entsetzlichen, unmenschlichen Schrei von Menschen, die mit Gas getötet wurden."[224]

Auch Hermann Langbein wurde schon kurz nach seiner Ankunft in Auschwitz mit der damals im Stammlager im „Hochbetrieb" laufenden

Ermordung von Menschen konfrontiert. Er war es nämlich, der die Totenlisten zu erstellen hatte, wie er im Frankfurter Auschwitz-Prozess zu Protokoll gab: „Ich habe das zuerst erfahren in einer Nacht – es dürfte eine der ersten Nächte gewesen sein, die ich dort war – in der Schreibstube. Da ging ich kurz vor den Block, und mit mir kam dieser Pole, den ich schon genannt habe, Czubak[225] hieß er. Und wir standen da, die Gefühle kann man schwer beschreiben, und er sprach zu mir und sagte: ‚Siehst du dort hinter dem Haus', das waren die Steinhäuser im Stammlager, wo das Ganze sich abgespielt habe, ‚den roten Feuerschein?' Er war nicht zu übersehen. Und er sagte mir: ‚Dort brennen Tag und Nacht die Scheiterhaufen von denen, die vergast worden sind und jetzt verbrannt werden.'"[226]

Mit dieser Realität wurde nach und nach auch Maria Stromberger konfrontiert. Und es war ihr engster Mitarbeiter, der sie vorsichtig darauf vorbereitete, was sie in ihrer Zeit in Auschwitz zu erwarten hatte.

Edward Pyś - engster Mitarbeiter

Der 18-jährige Gymnasiast Edward Pyś – von seinen Freunden und bald auch von Maria Stromberger wurde er „Edek" genannt – war im Frühjahr 1940 in seinem Geburtsort Rzeszów verhaftet worden: „Der Gestapo-Mann erklärte mir, dass in zwei Tagen (3. Mai) der Jahrestag der Konstitution sei und deshalb arretierten sie junge Polen, damit diese keine Dummheiten machen." Es sei also nur eine „prophylaktische Verhaftung", in einer Woche könne er wieder nachhause gehen.[227]

Aus dieser „Woche" sollten nach einer sechswöchigen Inhaftierung im Gestapo-Gefängnis von Tarnów fünf Jahre Haft im Konzentrationslager werden. In dieser Zeit war er mehrmals dem Tod sehr nahe – und meist war es Maria Stromberger, die ihn davor bewahrt hat.

Edward Pyś war einer der ersten Häftlinge in Auschwitz. Sechs Wochen nach seiner Verhaftung wurde der angehende Maturant am 14. Juni mit dem ersten großen Transport mit insgesamt 728 vorwiegend jungen polnischen Männern in Auschwitz eingeliefert. Zuvor waren nur etwa dreißig deutsche „Berufsverbrecher aus Sachsenhausen" dort, die das Lager eingerichtet haben und später als „Capos" und „Blockälteste" eingesetzt wurden.[228] Sie waren – Hermann Langbein nennt im Frankfurter Auschwitz-Prozess nur eine Ausnahme – unter den Häftlingen gefürchtet. „Die Regel war", sagte er, dass diese Häftlinge „meistens Gewohnheitsverbrecher mit einer Serie von

Vorstrafen“ waren, die im Lager „übel gewütet haben“.[229]

Die Polen bekamen die Nummern nach diesen ersten dreißig Häftlingen. Pyś erhielt die Nummer 379. Der junge Gymnasiast gehörte somit zu jenen Häftlingen, die am Aufbau des Lagers mitarbeiten mussten. Das bedeutete in den ersten Monaten nach der Ankunft zunächst Schwerstarbeit.[230]

Der ehemalige polnische Häftling Edward Pyś zeigt im Jahr 1995 an seinem ehemaligen Arbeitsplatz in der Diätküche des SS-Reviers auf jene Stelle, an der ein Häftling Selbstmord verübt hat, indem er „in den Draht“ gegangen ist. Das war das erste schockierende Erlebnis von Maria Stromberger in Auschwitz.

Für den angehenden Maturanten war die ungewohnte körperliche Arbeit sehr hart. Er wurde zuerst in den Kiesgruben eingesetzt. Dort musste er schwere Karren schieben, dann „auf dem Industriehof bei der Ausladung der Baumaterialien“ helfen. In der Folge musste er mehrere Wochen den Verputz der alten Kasernengebäude abschlagen und anschließend einen Graben ausheben.[231]

Doch er hatte bald Glück. Seinem alten Bekannten Stanisław „Staszek“ Barański verdankte er es damals, dass er als „Reiniger“ in das SS-Revier versetzt wurde und anschließend die gleiche Arbeit in der Diätküche zu verrichten hatte. Diese relativ angenehme Tätigkeit führte er bis zur Schließung des Lagers im Jänner 1945 aus. Sie eröffnete ihm viele Möglichkeiten, Lebensmittel und Medikamente zu „organisieren“, und erleichterte es ihm, fünf Jahre in Auschwitz zu überleben.[232]

Im SS-Revier war die Oberschwester Maria seine unmittelbare Vorgesetzte.

Einschneidende Erlebnisse

Das anfangs sehr unterkühlte Verhältnis zwischen Schwester Maria und den Funktionshäftlingen besserte sich von Tag zu Tag, das gegenseitige Vertrauen wuchs. Ausschlaggebend dafür war, dass sie in kürzester Zeit die Realität von Auschwitz kennenlernen musste. Einige dieser Momente sind

Dieses nach 1945 aufgenommene Foto zeigt das sogenannte „alte Krematorium" mit der Gaskammer. Das Gebäude lag direkt neben dem SS-Revier. Vor einer Mordaktion mussten die Häftlinge dort alle Fensterläden schließen: Zeugen waren unerwünscht.

in den Schilderungen von Häftlingen überliefert, aber auch von ihr selbst. Staszek Barański beispielsweise berichtet, dass er Stromberger darauf aufmerksam gemacht habe, dass im gegenüberliegenden sogenannten „alten" Krematorium Menschen vergast wurden. Im SS-Jargon sprach man von „Desinfektionen". Vom Gang des SS-Reviers aus konnte man direkt beobachten, wie vom Dach des halb in die Erde versenkten Baus aus Giftgas in die Schächte geschüttet wurde.[233]

Auch Edward Pyś brachte der „Österreicherin" – wie sie bald genannt wurde – die Lagerrealität nahe. Als eines Tages wieder in der Nähe des Reviers ein Schuss abgegeben wurde, der in der Diätstube gut zu hören war, reagierte er zuerst gar nicht, denn das war im Lager Alltag. Doch dann hörte er hinter sich ein dumpfes Geräusch und drehte sich um. Unmittelbar beim Fenster lag Schwester Maria: „Einen Augenblick bekam ich Angst. Aber ich registrierte sofort, dass die Fenster geschlossen und ganz waren, außerdem war auf dem weißen Kittel der Schwester keine Spur vom Blut zu sehen.

Also war sie nur in Ohnmacht gefallen. Ich schaute aus dem Fenster. Uns gegenüber, mit einem vom Draht der Umzäunung hochgehaltenen Arm, lag ein Häftling in einer Blutlache."[234]

Für Pyś war das eine schwierige Situation. Berühren durfte er als Häftling die Schwester nicht. Er lief also auf den Flur, um Hilfe zu holen. Die erste, die ihm begegnete, war Schwester Margarete, zu der Maria Stromberger wie zu den meisten ihr untergebenen Schwestern im Revier ein unterkühltes Verhältnis hatte. Als Pyś mit ihr zurück in die Küche kam, war Stromberger jedoch schon wieder zu sich gekommen. Ihre Ohnmacht erklärte sie mit einer Herzschwäche, man solle nicht zu viel Aufhebens um ihren Zustand machen, da eine kurze Ohnmacht öfters vorkomme.

In der Mittagspause suchte sie das Gespräch mit Edward Pyś. Sie wollte mehr wissen und stellte Fragen über jenen Zwischenfall, den sie vom Fenster aus gesehen hatte: Wer war der Häftling? Warum wurde er erschossen? Pyś klärte sie darüber auf, dass es sich um einen Selbstmord gehandelt habe und dass so etwas öfter vorkomme und fast zur „Tagesordnung" gehöre: „Ich erklärte ihr auch die Gründe. Lange schüttelte sie ungläubig den Kopf. Ich schlug ihr deshalb vor, sich das Leben der Häftlinge anzuschauen, und zwar nicht nur jener auf dem Revier, wo die Arbeit und Lebensbedingungen wesentlich besser sind als die der entschiedenen Mehrheit der Gefangenen."[235]

Dass Häftlinge in Selbstmordabsicht in den elektrisch geladenen Stacheldraht rannten und den Tod fanden, war nicht nur in Auschwitz sehr häufig der Fall, sondern auch in anderen Konzentrationslagern.[236]

Schon allein die Rückkehr der Gefangenen ins Lager zum Abendappell sei aufschlussreich, erklärte Pyś seiner Vorgesetzten. Häftlinge in guter Konstitution wie hier im Krankenbau gebe es dort nicht: „Sie werden eine Prozession von Skeletten sehen und an deren Ende die, die den mörderischen Arbeitstag nicht durchgehalten haben, die aber beim Appell auch aufgereiht auf der Erde liegen werden, damit die Zahl stimmt. Sie werden ein letztes Mal gezählt, dann bringen Kollegen sie ins Krematorium, das im Übrigen ohne Unterbrechung direkt neben unseren Krankenhausfenstern qualmt." Sie solle diese Szenen doch beobachten.

Noch am selben Abend hat Maria Stromberger genau das getan, was ihr Pyś geraten hatte: Sie hatte sich kundig gemacht. Bei ihrer Rückkehr war sie „irgendwie stumpf und traurig", sie sei auch „sehr verändert" gewesen.[237]

Hinzu kam ein weiteres Ereignis, das wegen seiner grauenhaften Barbarei Maria Stromberger völlig aus der Bahn werfen sollte. Der Häftling Eugeniusz Niedojadło zeigte ihr vom Fenster aus, was mit einem eben angekommenen „Judentransport" geschah: „Wir beobachteten, wie die SS-Bestien einen Säugling in einen Sack steckten und totschlugen. Ein anderes Kind wurde an den Beinchen hochgehoben und so auseinandergerissen. Bei dieser Szene fiel Maria Stromberger in Ohnmacht. Sie hatte schon vorher die Arbeitskolonnen der abgemagerten Gestalten von Häftlingen und Häftlingsfrauen gesehen, die wie Vieh zur Arbeit getrieben wurden. [...] Aber die Szene mit den Kindern war für sie nicht auszuhalten."[238]

In den folgenden Tagen meldete sich Maria Stromberger krank. Die Krankenschwester war tief erschüttert. Pyś berichtet: „Ich hatte Angst, dass sie mir wieder ohnmächtig wird. Diesmal fragte sie nichts mehr. Sie war wie erschlagen."[239] Nach dem Krieg bestätigte Maria Stromberger diesen Eindruck: „Die Eindrücke, die ich dort bekam, waren so schrecklich, dass es lange dauerte, bis ich mein seelisches Gleichgewicht wiedergefunden hatte."[240]

Im Prozess gegen den Lagerkommandanten Rudolf Höß berichtete sie 1947 über weitere Erlebnisse. So wurde sie eines Tages Zeugin, wie eine soeben mit einem Transport angekommene Gefangene samt ihren beiden Kindern vor der Gaskammer im Stammlager Auschwitz, wo sich auch das SS-Revier befand, auf ihren Tod wartete. Sie beschrieb einen Vorfall, den sie von einem Fenster in der Diätküche aus beobachtet hatte. Sie sah einen etwa sieben Jahre alten, blondhaarigen Buben in einem Matrosenanzug: „Er sah so hübsch aus. Er zog den Anzug aus und legte ihn sorgfältig zusammen. Inzwischen kam seine Mutter mit einem Kind an der Hand. Das vielleicht anderthalb Jahre alt war und auch schon ausgezogen war. Sie gab ihm das Kind in die Arme, damit sie sich auch ausziehen konnte. Und dann sind sie hineingegangen."[241]

Natürlich bekamen auch die Häftlinge solche Szenen mit. Für sie war es extrem gefährlich, Zeuge zu sein, wenn die SS Menschen tötete. Die Massentötungen liefen nach einem strengen Ritual ab. Der Chef der Politischen Abteilung, Maximilian Grabner, verlangte von den Häftlingen, die Fenster zu schließen und sie zu verdunkeln. Er verbot ihnen zudem, auf die Straße zu gehen. Bei Verstoß drohe die Todesstrafe: „Wir wußten, daß es kein Scherz war seitens des Grabner", berichtet Edward Pyś am 12. Juni 1964 als Zeuge im Frankfurter Auschwitz-Prozess und verwies auf ein Ereignis, das unter den Häftlingen im Revier für Entsetzen gesorgt hatte.[242]

Bei diesem Fall war Artur Radvanský direkt mit dabei. Es handelte sich um einen französischen Häftling im SS-Revier. Er und Radvanský beobachteten vom ersten Stock im SS-Revier aus, wie ein Kommando mit Häftlingen vorfuhr. Darunter war auch eine Frau mit einem kleinen Kind in den Armen. Das Kind hat wohl geschrien: „Und wir haben gesehen, dass ein SS-Mann das Kind bei den Füßen genommen und gegen die Wand geschleudert hat.“ Die Mutter wurde niedergetreten. Da sah der Rapportführer, dass jemand vom Fenster aus zugesehen hatte. Er rannte die Treppe hoch und entdeckte Radvanský: „‚Warst du oben beim Fenster?‘ ‚Nein, ich war im Bad.‘ Auf der Treppe saß noch der Franzose, er war ganz verwirrt.“[243]

Laut Edward Pyś war es der Chef der Politischen Abteilung selbst, der ins SS-Lazarett gestürmt war. Für den französischen Häftling war dies sein Todesurteil: „Er wurde von Grabner mitgenommen und verschwand. Er kam nie wieder.“[244]

Hermann Langbein wusste, was passiert war: „Am nächsten Tag war der Häftling nicht mehr in unserem Kommando, und die Totenmeldung war zu schreiben. In der Schreibstube wurde er als abzuschreiben, ‚abzusetzen‘, wie der Fachausdruck hieß, gemeldet.“[245]

Nie hätte sich Maria Stromberger vorstellen können, dass solche Zustände von Landsleuten zu verantworten sein und noch dazu direkt an und vor ihrem Arbeitsplatz möglich sein könnten. Sie hatte sich ursprünglich zwar vorgenommen, sich an das von ihr per Unterschrift akzeptierte Gebot, mit den Häftlingen nur dienstlich zu reden, zu halten. Doch angesichts der Wucht dieser Erlebnisse brauchte sie jemanden, mit dem sie sprechen konnte.

Mit dem häufig fanatisierten Personal, den SS-Männern und den ihr untergebenen anderen Krankenschwestern war ein offenes Gespräch auszuschließen. So begann ein immer intensiver werdender Kontakt zu den Häftlingen in ihrem Arbeitsbereich.

Umgekehrt war es nicht anders: Die offenkundige Fassungslosigkeit, mit der die Schwester auf die Verbrechen im Lager reagierte, bestärkte auch die Funktionshäftlinge im Revier. Das Vertrauen in diese Frau wuchs. Auf Maria Stromberger konnten sie zählen.

Nach dem Krieg beschrieb sie ihr Verhältnis zu den Gefangenen so: „Im SS-Revier war ein Kommando polnischer Gefangener beschäftigt. Mit diesen Männern nahm ich Kontakt auf. Es war eine schwere Sache, das Vertrauen dieser jungen, verbitterten Menschen zu gewinnen. Aber schließlich gelang es mir und ich muss sagen, dass ich bei ihnen Trost fand.“[246]

Die Bescheidenheit ist bemerkenswert: Sie fand bei den Häftlingen Trost, nicht etwa umgekehrt. Bis das geschilderte gegenseitige Vertrauen zu konkreten Handlungen führte, dauerte es nur einige Wochen.

Hilfe für die Häftlinge

Maria Stromberger war in eine furchtbare Situation geraten. Was konnte sie tun? Wie konnte sie agieren, ohne sich selbst in Gefahr zu bringen? Politik war ihr zeitlebens herzlich egal. Aber jetzt musste sie in einer gewissen Form politisch agieren, Bündnispartner suchen, Kooperationen schmieden. Sie wollte ja helfen. Und sie wurde gebraucht.

Es begann mit individueller Hilfe für einzelne ihr untergebene Häftlinge. „Bald freundete sie sich mit allen bei ihr arbeitenden Häftlingen an. Es war den Schwestern nicht erlaubt, in das Innere des eigentlichen Lagers zu gehen, Schwester Maria jedoch war dreimal im Frauenlager und dreimal im Männerlager. Es war 1942 eine Sensation im Lager, dass Schwester Maria ins Lagerspital ging und dem kranken Häftling Nr. 233, Eugeniusz Niedojadło, Arzneimittel, ein Fläschchen Rotwein und andere Lebensmittel brachte. Mitleid und Fürsorge einem Häftling gegenüber standen im krassen Gegensatz zu den Regeln des Lagers.“[247]

Maria Stromberger ließ vor allem ihrem engsten Mitarbeiter nicht nur in Bezug auf ihre Arbeitszeit viel Freiraum, sondern auch in Sachen Verpflegung. Typhuskranke SS-Männer im Revier bekamen täglich einen halben Liter Milch, die in der Diätküche von Edward Pyś aufgeteilt wurde. Die Ration der SS-Männer wurde – anfangs ohne Wissen der Krankenschwester – mit Wasser gestreckt. Edward gelang es so, beträchtliche Mengen zur Seite zu schaffen und sie dann vor allem an die kranken Kollegen weiterzugeben. Milch war bei den Gefangenen natürlich sehr begehrt. Er versteckte die Milch in einem Schrank oder gab sie gleich an einen anderen Häftling weiter.

Eines Tages hatten er und ein russischer Gefangener Pech, und es entwickelte sich eine lebensbedrohliche Situation für sie. Der SS-Mann Geiger entdeckte eine ganze Kanne Milch im Kasten des Pflegers. Geiger schlug dem russischen Häftling mehrmals ins Gesicht, worauf dieser zugab, die Kanne von Pyś bekommen zu haben. Geiger stürmte umgehend in die Diätküche. Pyś erinnert sich: „Triumphierend trat Geiger mit der Kanne in die Küche ein, wo ich bei der Arbeit war. Er ging los auf mich und schrie dabei.“ Geiger sprach von Sabotage, er werde Meldung an die Lagerleitung machen.[248]

Die Erfahrungen im Austrofaschismus, im Spanischen Bürgerkrieg sowie in französischen und deutschen Gefängnissen sowie Menschenkenntnis machten den Kommunisten Hermann Langbein in Auschwitz zu einer führenden Figur der Widerstandsbewegung.

Eugeniusz Niedojadło (rechts) schrieb nach 1945 seine Erinnerungen an Maria Stromberger nieder. Das unveröffentlichte Manuskript konnte für dieses Buch verwendet werden.

Schwester Maria, durch den Lärm aufgeschreckt, ging in die Diätküche. Dort wurde ihr der Vorfall berichtet. „Vor Empörung wurde sie rot. Ich dachte, sie ist wütend auf mich", schreibt Pyś. Doch er irrte sich: Maria Stromberger beschimpfte den SS-Mann: Sie selbst habe den Häftlingen die Kanne gegeben. Es seien verdorbene Milchreste, die geschlechts- und typhuskranke SS-Männer nicht ausgetrunken hätten. Geiger könne die Milch gerne selbst trinken, was dieser tunlichst unterließ.

Mit ihrem geistesgegenwärtigen und resoluten Auftritt konnte die Oberschwester das Schlimmste gerade noch verhindern. Murmelnd zog der SS-Mann davon. „Einige Tage hatte ich noch Angst", schrieb Pyś, ob der SS-Mann nicht doch noch Meldung mache: „Aber anscheinend fehlten ihm dann die Sicherheit und der Mut. Schwester Maria hatte mich gerettet." [249]

Ab diesem Zeitpunkt war das Vertrauen der Häftlinge in Maria Stromberger natürlich groß: „Damit war das Eis gebrochen", berichtet der Häftling Kłodziński: „Seit dem Vorfall begann Schwester Maria ganz bewusst, den Häftlingen zu helfen. Sie nahm die sogenannte Flecktyphuszulage der SS und gab sie weiter an die im Revier arbeitenden Häftlinge."

Diese Fleckfieberzulagen für erkrankte SSler bestand aus Schokolade, Obst, Sekt und dergleichen. Teile davon zweigte Schwester Maria regelmäßig ab und gab sie an die Häftlinge weiter. Sie verschaffte ihnen auch Medikamente. Sie vertraute dem Häftling Teddy Pietrzykowski sogar den Dachbodenschlüssel an, damit er oben ungestört Medikamente aussuchen konnte. Wenn Häftlinge beim Essensschmuggel ertappt wurden, deckte sie sie.

Die Information über solche Aktionen verbreitete sich unter den Häftlingen sehr schnell. Auch Hermann Langbein wurden auf die Frau aus seiner österreichischen Heimat aufmerksam. Er bekam auch an seinem Arbeitsplatz mit, wie Stromberger Häftlingen zusätzliche Verpflegung zukommen ließ: „Jetzt weiß ich auch, warum alle von unserem Kommando gut ausschauen. Sie holen täglich das Essen für die Kranken SS. Sie sind mit den Häftlingen, die in der SS-Küche arbeiten, bekannt und kriegen immer weit mehr, als dem Verpflegungsstand entspricht. Schwester Maria weiß davon. Das überschüssige Essen wird in den Keller gebracht und dort essen wir's dann."[250]

Bald ging Stromberger auch über rein humanitäre Hilfe hinaus und übermittelte wichtige Informationen an die ihr untergebenen Häftlinge. „Sie kümmerte sich wie eine Mutter um die Häftlinge in ihrer Abteilung."[251]

Edeks Rettung und die Folgen

Maria Stromberger war bereit, aktiv Hilfe zu leisten und auch – wie noch darzustellen sein wird – aktiv am Widerstand teilzunehmen. Politische Querelen aber, wie es sie auch unter den Häftlingen in Auschwitz gab, waren so gar nicht nach ihrem Geschmack. Ihr ging es aber vor allem darum, möglichst unmittelbar dort zu helfen, wo die Not am größten war. Und das gelang ihr zunehmend.

Ein quellenmäßig sehr genau dokumentiertes Beispiel ist ihre Hilfe bei der Erkrankung von Edek Pyś. Etwas vom Schlimmsten für einen Häftling war, wenn er schwer erkrankte. Allein schon die Einlieferung in das Häftlings-Krankenrevier bedeutete angesichts der ständigen Selektionen Lebensgefahr. Hinzu kam natürlich, dass der medizinischen Versorgung von Häftlingen kein großes Augenmerk geschenkt wurde.

Im Spätherbst 1942 „erwischte" es auch Edek. Zuerst fühlte er sich nur unwohl, dann aber ging es ihm immer schlechter. Er bekam hohes Fieber, litt unter Apathie, Appetitmangel, hatte heftige Kopfschmerzen und musste immer wieder erbrechen. Das Häftlingsrevier mied er, denn er ahnte, dass er Opfer der damals im Lager grassierenden Flecktyphusepidemie geworden war. Und die SS machte mit typhuskranken Häftlingen kurzen Prozess: „Typhus wurde damals eingedämmt, indem man die Kranken einfach vergaste", schreibt der Häftling Stanisław Kłodziński.[252]

Das bestätigt auch ein Blick in das Kalendarium des Lagers, wo allein im November 1942 – dem ersten Monat von Maria Stromberger im SS-Revier – mehrere Selektionen typhuskranker Häftlinge verzeichnet sind. Unter dem Datum 2. November ist vermerkt: „Der SS-Lagerarzt führt eine Selektion im Häftlingskrankenbau, Block 20, durch, wobei er 49 kranke Häftlinge aussucht, die am selben Tag mit Phenolspritzen getötet werden."[253]

Edward Pyś hatte miterleben müssen, dass auch einige seiner Freunde aus Rzeszów, die mit ihm im ersten Transport 1940 nach Auschwitz gekommen waren, bereits an der Krankheit verstorben oder – in einem Fall – im Krankenrevier einer „Selektion" zum Opfer gefallen waren.[254]

Im November waren solche Selektionen an der Tagesordnung. Im Kalendarium sind neben dem 2. November neun ähnliche Eintragungen für den 3., 14., 19., 20., 24., 25., 26., 27. und 30. November vermerkt. An all diesen Tagen wurden zwischen fünfzig und hundert Häftlinge aus dem Krankenbau in der Gaskammer oder mittels Phenolspritzen getötet. In den folgen-

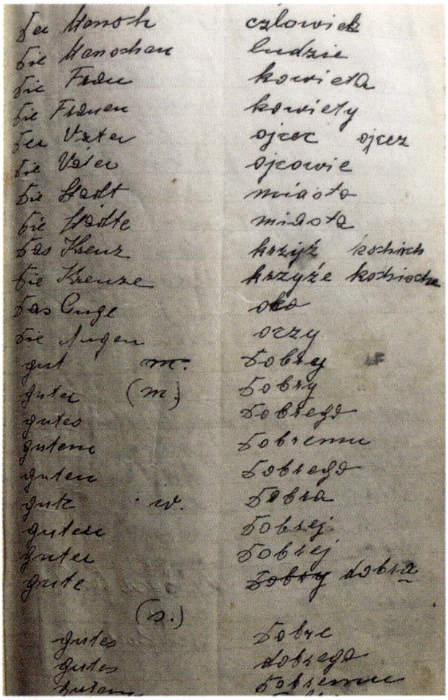

der Mensch — człowiek
die Menschen — ludzie
die Frau — kobieta
die Frauen — kobiety
der Vater — ojciec ojcze
die Väter — ojcowie
die Stadt — miasto
die Städte — miasta
das Kreuz — krzyż kschisch
die Kreuze — krzyże kschische
das Auge — oko
die Augen — oczy
gut m. — dobry
guter (m.) — dobry
gutes — dobrego
gutem — dobremu
guten — dobrego
gute w. — dobra
guter — dobrej
guter — dobrej
gute — dobrą dobra
(s.)
gutes — dobre
gutes — dobrego
gutem — dobremu

Als Zeichen von Wertschätzung für die Häftlinge ist es wohl zu verstehen, dass Maria Stromberger sich selbst etwas Polnisch beigebracht hat: In ihrem Nachlass finden sich viele undatierte deutsch-polnische Übungszettel.

den Monaten ging es ähnlich weiter.[255] Wenn es von vornherein klar war, dass ein Häftling an Typhus erkrankt war, wurde er häufig gar nicht mehr in den Krankenbau eingeliefert, sondern umgehend getötet. In einer Eintragung am 11. November 1942 heißt es im Kalendarium: „In der Leichenhalle des Stammlagers werden die Leichen von 96 Häftlingen eingeliefert. Die Flecktyphusepidemie grassiert weiterhin im Männer- und Frauenlager."[256]

Edward Pyś wusste also, was eine auf Typhus lautende Diagnose für ihn bedeutete. Er versuchte daher, die Krankheit, so gut es ging, zu verheimlichen. Doch das funktionierte nicht. Schwester Maria merkte sofort, dass mit ihm etwas nicht in Ordnung war, und fragte, was los sei. Sie untersuchte ihn umgehend, maß die Temperatur und wurde blass: Das Thermometer zeigte über 39 Grad an: „Sie sind schwerkrank. Ich fürchte, es ist Typhus, auch wenn ich es noch nicht sicher sagen kann. Sie müssen sich zum Krankenbau melden!"[257]

Maria Stromberger war zu diesem Zeitpunkt offensichtlich noch nicht klar, welche Folgen das für den Häftling gehabt hätte. Edward Pyś aber war das Schicksal seiner Freunde aus Rzeszów bewusst und er machte das der Krankenschwester klar. Sie suchte nach einem Ausweg aus dieser bedrohlichen Situation und brachte ihn in das im Keller des Reviers gelegene Bad für kranke SS-Männer. Dort standen vier Wannen, die mit Zwischenwänden voneinander getrennt waren. Jeder Waschraum hatte eine verschließbare Tür. In der mit Kissen gepolsterten Badewanne eines dieser Räume konnte sich Pyś niederlegen. Seine Freunde wussten um seine Situation.

Es war für alle Beteiligten sehr gefährlich, denn von Zeit zu Zeit kamen SS-Männer ins Bad. Einer klopfte sogar an die Tür. Pyś musste den Atem anhalten und den ständigen Brechreiz unterdrücken. Schwester Maria besuchte ihn mehrmals, brachte Essen und Medikamente. Am Abend holten ihn seine Kollegen ab. Er musste schließlich zum Appell, was ihm – diskret von ihnen gestützt – mühsam gelang. „[Ich nahm] alle meine geistigen und körperlichen Kräfte zusammen, damit niemand merkte, dass ich krank bin.“ Diese Prozedur wiederholte sich am nächsten Morgen.

Besserung allerdings wollte länger nicht eintreten: „Nach zwei oder drei Tagen erhob ich mich schon nicht mehr aus der Pritsche zur Arbeit. Ich war nur noch halb bei Bewusstsein. Ich wusste nicht, wo ich bin. Einmal schien es mir, als sei ich zu Hause, ein anderes Mal, als ersticke ich in der Gaskammer.“[258]

Seine Kollegen brachten ihn ins Krankenrevier, wo ihn ein französischer Häftlingsarzt behandelte. Edek hatte inzwischen über vierzig Grad Fieber und verlor das Bewusstsein. Doch er hatte Glück, denn in dieser Zeit fand keine Selektion statt. Nach zwei Tagen kam er wieder zu Bewusstsein, es ging ihm langsam besser und er konnte das Krankenrevier verlassen: „Als ich wieder zu meinem Arbeitsplatz kam, erschrak die Schwester über meinen Anblick. Ich sah sehr schlecht aus und außerdem war ich so schwach, dass schon das Heben der Teekanne für mich schwere Arbeit war. Und wieder kümmerte sich die liebe Schwester Maria um mich wie eine Mutter. Wenn niemand es sah, erledigte sie die schweren Arbeiten.“[259]

Der junge Mann erholte sich in der Folge schnell, hatte „doppelten Appetit“, wurde entsprechend verpflegt und betreut: „Ich war mir klar darüber, dass ich außergewöhnliches Glück hatte. Was sollten meine Kollegen machen, die nach einer gleichen Krankheit unter freiem Himmel arbeiten mussten, im Winter und ohne zusätzliches Essen? Dort hat sie niemand geschont. Sie wurden geschlagen und misshandelt. Unter solchen Bedingungen hielt niemand lange durch. Ich segnete also mein Schicksal in Gestalt dieser Frau.“[260]

Pyś war nicht der einzige Häftling, dem Maria Stromberger helfen konnte. Seine Kollegen im Revier berichten über ähnliche Ereignisse. Und auch außerhalb des SS-Reviers, wo es viel schwerer war, an Essen oder Medikamente zu gelangen, hat sie geholfen. So berichtet Cunha Hecht, die in der SS-Schneiderei arbeitete: „Schwester Maria hat uns immer etwas mitgebracht, wenn sie zu uns kam.“ Und ihre ebenfalls dort eingesetzte Kollegin Marta Mináriková-Fuchs ergänzt, dass es Stromberger immer so eingerichtet habe, dass bei ihren Besuchen in der Schneiderei möglichst keine SS-Männer anwesend waren. Sie habe dabei für Hoffnung gesorgt und von der Kriegslage und den militärischen Erfolgen der Alliierten berichtet. Sie sprach auch offen über alles, was sie bei SS-Männern, Ärzten und Offizieren gehört hatte. Dadurch waren die Häftlinge vorgewarnt, konnten Gefahren besser abschätzen, ihnen aus dem Weg gehen und rechtzeitig auf Veränderungen reagieren.[261]

Der Übergang von humanitärer Hilfe und persönlicher Verbundenheit zu aktivem Widerstand war fließend, wie die geschilderten Beispiele aus der SS-Schneiderei belegen. Stromberger hat diese Grenze schnell und sehr bewusst überschritten. Zuerst ahnte sie wohl nur, dass sich Widerstandszellen gebildet hatten, bald sollte es Gewissheit werden. „Nicht nur einmal waren uns diese Informationen sehr nützlich. Und nicht nur einmal hatte sie vonseiten ihrer Vorgesetzten Unannehmlichkeiten wegen ihres, wie man sagte, ‚zu mütterlichen' Verhaltens zu uns Häftlingen."[262]

Zersplitterter Widerstand

Auch unter den Bedingungen des Konzentrationslagers Auschwitz war es einigen Häftlingen – speziell den eher privilegierten Funktionshäftlingen – möglich, an Widerstand nicht nur zu denken, sondern ihn auch zu organisieren. Am besten gelang das den polnischen Häftlingen. Sie waren ja zuerst nach Auschwitz gekommen, hatten entsprechende Erfahrungen gesammelt und waren zudem die zahlenmäßig stärkste Häftlingsgruppe im Stammlager Auschwitz. Außerdem fiel es ihnen naturgemäß leichter, Kontakte nach außen zu knüpfen.[263]

Was vielfach unterschätzt wird, sind aber die Konflikte innerhalb der Häftlingsgruppen. Da gab es nationale Animositäten ebenso wie politische. Und „all das wurde durch den tagtäglichen Kampf ums Überleben, um ein Stück Brot, eine bessere Stelle, bessere Kleidung in den Lagern nur noch schlimmer."[264] Vor allem bei einem Teil der polnischen Häftlinge waren oft auch antisemitische Vorurteile vorhanden.[265] Der jüdische Häftling Norbert Lopper war ebenfalls mit Antisemitismus unter Häftlingen konfrontiert. Er habe in den ersten Wochen nach seiner Ankunft in Auschwitz mit schweren Schubkarren über Bretter fahren müssen: Das war sehr anstrengend, „hinter mir ist ein Pole gewesen, der hat mir von hinten immer eine gehaut, das war ein Antisemit, der hat alle gehaut. Ein Häftling!"[266]

Auch Hermann Langbein thematisiert diese Problematik: „Juden werden zwar in größter Zahl eingeliefert, aber sie sterben auch am schnellsten. In kein gutes Kommando dürfen Juden aufgenommen werden. Sie bilden die unterste Schicht. Die schlechteste Arbeit, das wenigste Essen, die meisten Prügel sind für sie da. So will's die SS. Und viele Häftlinge wollen's auch, weil es für sie einen gewissen Schutz bedeutet, wenn es eine Kategorie von Häftlingen gibt, die jedenfalls noch unter ihnen steht. Das Gesetz des Dschungels wird so dem Lager aufgezwungen.“[267]

Daher war auch der polnische Widerstand im Lager sehr differenziert und reichte von den Kräften, welche sich in der Tradition der Polnischen Republik sahen, über republikanisch-konservative Kräfte bis hin zu rechtsnationalistischen Gruppierungen und Anhängern des Staatsgründers Józef Piłsudski. Nicht wenigen war das Schicksal der polnischen Juden egal.[268] Am stärksten vertreten und am besten organisiert war die Linke – Sozialisten und Kommunisten. Alle diese Strömungen unter einen Hut zu bringen war praktisch unmöglich.

Wollte man erfolgreich sein, war eine Zusammenarbeit aller zum Widerstand bereiten Menschen und Gruppen notwendig – vor allem auch mit der einflussreichen Geheimen Polnischen Armee, die vom Offizier und Auschwitz-Häftling Witold Pilecki (1901–1948) gegründet und geführt wurde. Diese Kooperation funktionierte aber erst ab dem Frühjahr 1944 mit der Gründung des „Militärrates“. Geführt wurde er von vier Männern, unter ihnen Józef Cyrankiewicz und Hermann Langbein von der Kampfgruppe Auschwitz als Vertreter der Linken sowie zwei Mitgliedern der ZOW.[269]

Gründung der Kampfgruppe Auschwitz

Doch so weit war man im Jahr 1942 noch lange nicht. Ende des Jahres war eine österreichische Widerstandsgruppe entstanden. Ihre führenden Mitglieder waren Ernst Burger (1915–1944), Ludwig Vesely (1919–1944), Hermann Langbein und Rudolf Friemel (1907–1944). Ihnen gelang es, auf hochrangige SS-Offiziere wie den SS-Standortarzt Eduard Wirths beträchtlichen Einfluss zu gewinnen und zumindest die Situation für Funktionshäftlinge im Stammlager zu verbessern und die Willkür einiger SS-Männer etwas einzudämmen.

Das war eine schwierige Aufgabe, zumal wenn die Fronten klar waren: hier die SS, da die Häftlinge. Maria Stromberger war – nicht nur – in diesem

Der Wiener Ludwig Vesely war Mitbegründer der Kampfgruppe Auschwitz. Er sammelte schon im Austrofaschismus Erfahrungen im illegalen Kampf, wurde 1938 verhaftet und kam im Juni 1942 nach Auschwitz.

Zusammenhang ein Einzelfall und für die Häftlinge in ihrem Einflussbereich ein unglaubliches Glück.

Dort, wo sich die Häftlinge auch selbst helfen konnten, wurden sie aktiv. Die unter den Bedingungen von Auschwitz sehr geringen Möglichkeiten, die Überlebenschancen etwas zu verbessern, konnten nur durch das Zusammenwirken mehrerer mutiger Menschen verbessert werden. Einige Funktionshäftlinge nahmen sich genau das vor.

Hermann Langbein war einer von ihnen. Er konnte das machen, weil er entsprechende politische Erfahrungen hatte und im Lager in einer privilegierten Position war. Unter den österreichischen Häftlingen war er jedenfalls derjenige, der die meisten konspirativen Möglichkeiten hatte. Über Veranlassung von Dr. Wirths war er im Besitz eines Passierscheins, mit dem er sich ohne Begleitung durch einen Bewacher relativ frei bewegen und zum Beispiel von seinem Arbeitsplatz außerhalb des Häftlingslagers ins Lager hineingehen konnte. Nutzen konnte er diesen Passierschein nur, wenn Dr. Wirths in Auschwitz oder Monowitz war beziehungsweise wenn er sich auf Dienstreise befand.[270]

In den folgenden Monaten wurden vorsichtig Kontakte zu anderen Gruppen gesucht und gefunden. So gelang es, auch mit politisch geschulten Männern aus anderen Nationen in Kontakt zu treten. Was fehlte, war eine übergreifende Organisationsstruktur, damit man sich gegenseitig helfen und Aktionen absprechen konnte.

Wenige Monate später war es soweit: Die enge Verbindung zur zahlenmäßig größten Gruppe der Polen führte nach einem konspirativen Treffen der politisch links stehenden Kräfte in Block 4 des Stammlagers zur Bildung der „Kampfgruppe Auschwitz". Sie bestand hauptsächlich aus inhaftierten Partisanen, polnischen und österreichischen Spanienkämpfern, aber auch Kommunisten und Sozialisten anderer Länder.

Die Österreicher Ernst Burger (Deckname „Adam"), Ludwig Vesely, Hermann Langbein („Wiktor"), Alfred Klahr (1904–1944) und Josef Meisel (1911–1993) waren wichtige Mitglieder mit der notwendigen konspirativen Erfahrung. Eine entscheidende Rolle spielten Tadeusz Hołuj („Robert", 1916–1985) und der spätere polnische Ministerpräsident Józef Cyrankiewicz („Rot"), der enge Verbindungen zu den polnischen Widerstandsgruppen außerhalb des Lagers hatte.[271]

Eine wesentliche Aufgabe der Gruppe war es vorerst, auf das SS-Lagerpersonal einzuwirken und eine Minderung der Repression zu erreichen. Ziel des Widerstands in Auschwitz war es aber auch, der Außenwelt Nachrichten über die Vorgänge im Lager zu übermitteln und durch die dadurch erhoffte Bombardierung der Bahnstrecke die weitere Massenvernichtung vor allem der Juden zu erschweren. Hin und wieder wurde zu diesem Zweck auch versucht, einigen Häftlingen die Flucht aus dem Lager zu ermöglichen.

Und es gab durchaus respektable Erfolge zu verzeichnen, zumal die Kampfgruppe Auschwitz es geschickt ausnutzte, dass es zwischen der Politischen Abteilung und der Lagerleitung Differenzen gab, denn der von der „Lager-Gestapo" ausgeübte Terror und das Spitzelwesen wirkten sich kontraproduktiv auf den geordneten Ablauf im Lager aus.

Cyrankiewicz beispielsweise wurde am 24. Dezember 1943 zum damaligen Lagerkommandanten Arthur Liebehenschel (1901–1948) beordert und hatte in einem Vieraugengespräch Gelegenheit, dieses Problem – so wie es zuvor in der Leitung der Kampfgruppe Auschwitz besprochen worden war – anzusprechen. Ziel war die Beschneidung des Einflusses der Politischen Abteilung. Cyrankiewicz konnte natürlich nur im eigenen Namen sprechen, doch dem erst im Vormonat ernannten Kommandanten war klar, dass er die Meinung der meisten Häftlinge vertrat. Der Kommandant forderte sogar einen schriftlichen Bericht an, sicherte zu, dass Cyrankiewicz keinerlei Schaden daraus erwachsen würde, und reagierte noch am selben Tag: Die

Józef Cyrankiewicz war gemeinsam mit Hermann Langbein einer der führenden Männer des Widerstands in Auschwitz. Nach dem Krieg wurde er Ministerpräsident Polens und hielt 1947 die Eröffnungsrede in der Gedenkstätte Auschwitz.

Die einzige registrierte Hochzeit in Auschwitz wurde von Heinrich Himmler persönlich genehmigt: Der Häftling Rudolf Friemel durfte sich zu diesem Anlass sogar die Haare wachsen lassen, seine Frau Margarita Ferrer Rey brachte den gemeinsamen Sohn sowie einen Anzug mit.

erwähnten Spitzel durften ihre Unterkunft nicht verlassen. Drei Tage später holte ein Bote den Bericht bei Cyrankiewicz ab, eine Kopie landete bei der Widerstandsbewegung in Krakau.[272]

Der Kampfgruppe Auschwitz gelang es, in Einzelfällen erstaunliche Zustimmung bei gewagten Anfragen zu bekommen. Kurioses Detail: Rudolf Friemel konnte ganz offiziell am 18. März 1944 in Auschwitz im Beisein seiner Eltern die Spanierin Margarita Ferrer Rey (1916–1987) heiraten. Die beiden hatten schon während des Spanischen Bürgerkriegs geheiratet, das wurde aber vom Franco-Regime und den deutschen Behörden nicht anerkannt. Friemels Frau war mit dem gemeinsamen Kind während des Krieges nach Wien zu ihren Schwiegereltern gezogen. Hartnäckig versuchten sie und ihr Schwiegervater, eine Genehmigung für eine Hochzeit zu erhalten. Ihr Gesuch wurde schließlich von Heinrich Himmler persönlich genehmigt.[273]

Das war wohl auch der Grund dafür, warum die SS-Verwaltung im Lager dem Paar für dieses Ereignis einige Privilegien einräumte. Dem Häftling war im Vorfeld erlaubt worden, sich die Haare wachsen zu lassen. Bei der Trauungszeremonie durfte er Zivilkleider tragen, die ihm seine Braut ins Lager mitgebracht hatte. Sogar die Eltern konnten an diesem einzigartigen Ereignis teilnehmen und für die Hochzeitsnacht wurde im Block 24a der ganze erste Stock reserviert. Im Block 26, wo sich das Fotoatelier des Stammlagers befand, entstand ein Erinnerungsfoto der beiden mit ihrem Sohn, das so etwas wie Normalität suggeriert. Aufgenommen wurde es von Wilhelm Brasse, dem „Fotografen von Auschwitz".[274] Am nächsten Tage verließ Rey mit dem gemeinsamen Sohn und den Schwiegereltern das Lager wieder. Es war die einzige Hochzeit in der Geschichte des Standesamtes im Lager Auschwitz.[275]

Der oberösterreichische Schriftsteller Erich Hackl hat diesem Ereignis ein literarisches Denkmal gesetzt, ein Buch „über Hoffnung und Verzweiflung": „Die Hochzeit von Auschwitz".[276]

Stromberger wird angeworben

Dem Schreiber des Standortarztes war als Mitglied einer Widerstandsorganisation bewusst, was eine Frau wie Maria Stromberger für den Widerstand bedeuten konnte. Sie brauchten dringend Verbündete aus dem Personal. Und Stromberger drängte sich da als Einzige auf. Nachdem Hermann Langbein die Sache mit der Führungsriege der Kampfgruppe Auschwitz diskutiert hatte, beschloss diese, unmittelbaren Kontakt zur Krankenschwester zu suchen und vorsichtig, aber doch offen mit ihr zu reden, ob sie nicht auch zu weiterreichenden Widerstandshandlungen bereit wäre.

Den Auftrag dazu bekam der im SS-Revier arbeitende Häftling mit der Nummer 60.746, Władysław Zbigniew Raynoch (1910–1944). Von seinen engsten Freunden – und dazu gehörten Hermann Langbein und Edward „Edek" Pyś genauso wie im Verlauf der Zeit auch Maria Stromberger – wurde er „Zbyszek" gerufen.

Raynoch war Leitungsmitglied der Kampfgruppe Auschwitz. Er war von der Gestapo in Krakau, wo er als Bildhauer gearbeitet hatte, verhaftet worden und schließlich in Auschwitz gelandet. Bei seiner Ankunft machte er einen erbärmlichen Eindruck: „Schreckliche Armseligkeit! Haut und Knochen. Typischer ‚Muselmann'. Die Häftlingskleider hingen an ihm wie an einer Stange", schreibt Edward Pyś.[277] In so einer Verfassung in Auschwitz anzukommen glich einem Todesurteil. Doch Raynoch hatte das Glück, auf Stromberger zu treffen und von ihr „aufgepäppelt" zu werden. Das machte bei den Häftlingen großen Eindruck, wie Stanisław Kłodziński berichtet.[278] Und Edward Pyś bringt diese Phase schließlich auf den Punkt: „Er aß alles, Hauptsache viel."[279]

Aus diesen Gründen, so entschied man in der Leitung, sei Raynoch der ideale Verbindungsmann zwischen der Kampfgruppe und der Schwester, denn im Gegensatz zu Edward Pyś war er damals schon voll in den organisierten Widerstand eingebunden. Zuerst beredete Raynoch sein Vorhaben aber mit Pyś: „Hör mal, Edek. Du kennst Schwester Maria besser als ich, weil du ständig mit ihr zusammen bist. Was meinst du? Ob sie sich für konspirative Arbeit eignet?" Edek Pyś bejahte, Maria sei mutig, beherrscht und erzähle nicht so viel wie die anderen Schwestern. Aber ob sie dazu bereit sei, könne er natürlich nicht sagen, zumal sie sich in große Gefahr begeben würde. Ihr bisheriges Verhalten und ihre selbstlose Hilfe deuteten jedoch darauf hin. Raynoch bat Pyś, vorsichtig vorzufühlen.

In den nächsten Tagen fand sich dazu keine Gelegenheit, erst an einem Sonntag war es soweit, da die meisten SS-Männer entweder auswärts waren oder sehr spät aufstanden. Schließlich fragte Edek Pyś Stromberger ganz direkt, ob sie den Häftlingen auch helfen würde, wenn das mit großer Gefahr verbunden wäre: „Natürlich, Edward!", kam es nach kurzem Nachdenken eindeutig zurück: „Ich möchte euch wenigstens ein bisschen das Leid vergelten, das euch von meinem Volk angetan worden ist."[280]

Edward Pyś wurde von seinem Freund Zbigniew „Zbyszek“ Raynoch gezeichnet, nachdem er die Erlaubnis erhalten hatte, sich die Haare wachsen zu lassen.

Der Häftling Tadeusz „Teddy“ Pietrzykowski (1917–1991) bestritt zum Gaudium und Sonntagsvergnügen der SS-Wachmannschaften in Auschwitz 37 Boxkämpfe gegen Männer oft weit höherer Gewichtsklassen. Dadurch hatte er etliche Privilegien, die er genutzt hat, um Häftlingen zu helfen und die Widerstandsbewegung zu unterstützen.

Einige Tage später führte Zbyszek Raynoch dann im Beisein von Edek Pyś in der Küche das grundlegende Gespräch mit Schwester Maria. Er war beeindruckt von ihrer Persönlichkeit und Ruhe. Von da an hatte die Kampfgruppe Auschwitz eine aufopferungsbereite und selbstlose Botin innerhalb des Lagers, bald auch zwischen dem Lager und den Gruppen in der Umgebung sowie darüber hinaus.

Der Widerstand in Auschwitz hatte sich mehrere Ziele gesetzt. Einerseits wollten seine Mitglieder Aktionen setzen, um den anderen Häftlingen und sich selbst den Glauben an ein Leben nach Auschwitz aufrechtzuerhalten. Allein bekannt gewordene Fluchtunternehmen trugen dazu bei, aber auch schon gezielt verbreitete Informationen über den Kriegsverlauf und die sich abzeichnende Niederlage der Nazis.

Ein zweites wichtiges Handlungsfeld war die Dokumentation der Verbrechen. Sie sollte einerseits die Verfolgung der Täterinnen und Täter nach der Niederlage des Nationalsozialismus erleichtern, aber darüber hinaus auch die Alliierten alarmieren, damit sie durch gezielte Bombardements der Infrastruktur das Tempo der Massenmorde verlangsamten.

Schließlich war das dritte Ziel die Vorbereitung für den „Tag X", an dem mit Hilfe von Partisanen und der Widerstandsbewegung außerhalb des Lagers die Befreiung von Auschwitz durch einen Aufstand der Häftlinge unterstützt werden sollte.[281]

Zumindest Teilerfolge sollte es bis zur Befreiung des Lagers im Januar 1945 bei allen drei Zielsetzungen geben. Und Maria Stromberger nahm in den folgenden zwei Jahren eine wichtige Funktion bei der Erreichung der drei Ziele ein.

Schwester Maria im Widerstand

Nachdem sie verschiedene Aufträge als „Meldegängerin" im Lager selbst erledigt hatte, bekam sie den ersten größeren Auftrag. Er bestand darin, eine Korrespondenz aus dem Lager zu schmuggeln und einer Verbindungsperson zu übergeben. Diese „erste vorsichtige illegale Korrespondenz kam gut an, weitergegeben von Hand zu Hand bis zum Bestimmungsort". In dieser Kette war Schwester Maria als Teil der Belegschaft des SS-Lagers Auschwitz eines der wichtigsten Glieder, und „im Sinne der internationalen Häftlingsorganisation war sie jetzt ein Soldat in den vordersten Linien".[282]

In den erhalten gebliebenen Kassibern der polnischen Widerstandsbewegung außerhalb des Lagers scheint sie unter der Bezeichnung „Schwester" oder einfach als „S" auf.[283]

Stromberger übermittelte in der Folge immer wieder Meldungen an das Netz der Verbindungsleute, die diese dann an die Militärbezirksstäbe der Widerstandsbewegung in Krakau und im übrigen Schlesien weiterleiteten.

Im Lager war es vor allem Stanisław Kłodziński, auch er im Krankenbau beschäftigt, der das gewünschte Material bereitstellte: Medikamente, Kassiber, Negative von Fotografien sowie Listen von erschossenen oder in der Gaskammer ermordeten Häftlingen. Maria Stromberger traf sich öfters auf dem Bahnhof von Auschwitz, aber auch in Brzeszcze, Chrzanów, Königshütte und Bielsko-Biała, mit Frauen des Widerstands, um das Material zu übergeben.[284]

Sie transportierte aber innerhalb des Lagers neben den Berichten auch weiterhin dringend benötigte Medikamente. Diese hatte meist der Häftling Tadeusz „Teddy" Pietrzykowski (1917–1991) besorgt. Ihm vertraute Schwester Maria ebenfalls vollkommen. Deshalb hatte sie ihm auch den Schlüssel für das Medikamentenlager auf dem Dachboden anvertraut, damit er dort oben ungestört das Benötigte aussuchen und meist an Kłodziński zur Zwischenlagerung in einem Versteck und zur Weiterleitung übergeben konnte. Pietrzykowski war bekannt als der „Boxer von Auschwitz". Zum Gaudium der SS-Wachmannschaften bestritt er im Lager 37 Boxkämpfe gegen Männer oft weit höherer Gewichtsklassen als Sonntagsvergnügen für das Personal, das jeweils Sportwetten organisierte. Pietrzykowski hatte daher auch etliche Privilegien und war somit ein weiterer idealer Helfer für die Widerstandsbewegung.[285]

Die Kampfgruppe Auschwitz war bemüht, die Zustände im Lager einer breiten Öffentlichkeit und vor allem den Alliierten zu übermitteln. Und sie war damit zumindest ansatzweise erfolgreich, denn sowohl die BBC als auch Radio Moskau berichteten. Immer mehr Berichte, Instruktionen, Ausbruchspläne, Statistiken über die Sterblichkeit, aber auch private Briefe an die Familien der Häftlinge wurden hinausgeschmuggelt.

In London hat bei der BBC zumindest eine weitere Person mit Österreich- und Vorarlberg-Bezug für die Verbreitung der brisanten Informationen gesorgt. Die als Hilde Meisel geborene Sozialistin Hilde Monte-Olday hatte sich zuerst durch eine Scheinheirat eine Aufenthaltsgenehmigung in England gesichert und war dann im Widerstand gegen die Nazis aktiv.

Erschüttert berichtete sie im BBC-Programm auch über die Massenvernichtung der Juden im besetzten Polen. Ihr Kampf nahm in Feldkirch ein tragisches Ende: Im Auftrag des amerikanischen Geheimdienstes OSS und österreichischer Sozialisten im besetzten Frankreich überquerte sie mehrfach illegal die Grenze. Nach einem Treffen mit Gesinnungsgenossen in Vorarlberg wurde sie auf dem Rückweg am 17. April 1945 nur wenige Tage vor dem Ende der Nazi-Herrschaft und des Krieges bei Feldkirch von der Grenzwache angehalten und bei einem Fluchtversuch erschossen. Österreichische Sozialisten setzten auf ihr Grab am evangelischen Friedhof in Feldkirch den im Frühjahr 2021 renovierten Stein mit der Inschrift: „Hier ruht unsere unvergessliche Genossin. Geb. 31.7.1914 in Wien. Gest. 17.4.1945 in Feldkirch.“[286]

Von ihr ist ein berührendes Gedicht überliefert: „Sprecht nicht von Mut“. Es beschreibt sowohl ihre Tätigkeit als auch jene von Maria Stromberger treffend:

„Sprecht nicht von Mut,
o sprecht mir nicht von Helden
und Heldentum!
Ich weiß, es gibt auch Helden,
und ihnen gebührt der Ruhm.
Aber bei mir war es anders.
Feiert mich darum nicht so sehr –
das Leben ist manchmal so drückend,
so beängstigend schwer,
dass man mehr Mut braucht, zu leben,
als für einen großen Zweck
sich selbst hinzugeben –
und ist dann über alles hinweg.
So lernt man den Tod verachten,
und das zu lernen, ist gut.
Doch die es dazu brachten,
beweisen erst ihren Mut,
wenn sie dennoch weiterleben,
Jahre – jahrzehntelang.
Feiert den nicht als Helden,
der nicht das Leben bezwang.“[287]

Hilde Monte-Olday, geborene Meisel, wuchs in einer bürgerlichen jüdischen Familie auf. Die sozialistische Publizistin arbeitete in London für die BBC und unternahm immer wieder Kuriertätigkeiten ins „Reich". Beim Versuch, bei einem illegalen Grenzübertritt an der Grenze in Feldkirch-Tisis wurde sie am 17. April 1945 angeschossen und erlag kurze Zeit später ihren Verletzungen.

Auch Maria Stromberger wollte nach dem Krieg nicht als „Heldin" gefeiert werden, obwohl sie zu einer der wichtigsten Helferinnen der Häftlinge in Auschwitz geworden war: „Durch die Hände von Schwester Maria ging unter anderem die geheime Post des kämpfenden KZ-Lagers Auschwitz. Sie konnte die polnische Sprache nicht, aber sie lernte die Parolen auswendig und behielt sie in Erinnerung." Auf dem gleichen Weg hat sie all das auch in das Lager gebracht, sodass – zumindest ihr vertraute – Häftlinge auch Nachrichten von ihren Familien erhalten konnten. Dass sie auch „Waffen, Sprengstoff, Plastik, Zünder für den Fall eines bewaffneten Aufstandes ins Lager" gebracht hat, ist mehrfach belegt.[288]

Maria Stromberger hatte aber auch eine andere – für die gläubige Katholikin sicher nicht einfache – Aufgabe: Sie besorgte Gift für besonders gefährdete Häftlinge, die im Falle einer Verhaftung der sichere Tod erwartete, so dass sie sich selbst töten konnten, sollten sie in eine solche Situation geraten. So liefen sie nicht Gefahr, unter der Folter Kollegen zu verraten oder sonstige Geheimnisse preiszugeben.[289] Einer der Häftlinge im Revier und ein enger Vertrauter Strombergers, Zbigniew Raynoch, sollte nach einem missglückten Ausbruchsversuch am 27. Oktober 1944 durch die Einnahme einer Zyankalikapsel sterben. Doch dazu später.

Im monumentalen Standardwerk zur Geschichte des Lagers, dem schon mehrfach zitierten und über tausend Seiten starken „Kalendarium der Ereignisse im Konzentrationslager Auschwitz-Birkenau 1939–1945", wird Maria Stromberger als „Meldegängerin der Widerstandsorganisation im

Lager" bezeichnet.[290] Sie war aber mehr als das, denn sie hat – wie schon erwähnt und wie etliche Zeugen berichten – nicht nur innerhalb des Lagers Informationen weitergeleitet, sondern diese auch aus dem Lager hinaus und ins Lager hinein geschmuggelt sowie Waffen und Sprengstoff ins Lager gebracht.

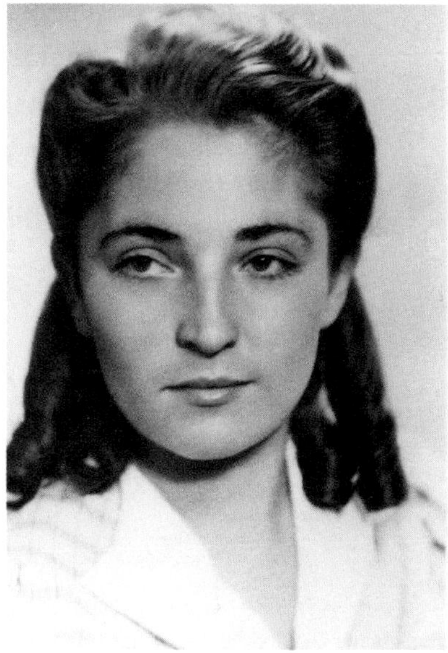

Helena Datoń-Szpak arbeitete als polnische Zivilarbeiterin in der SS-Kantine des Stammlagers. Sie war Mitglied der Widerstandsbewegung und arbeitete eng mit Maria Stromberger zusammen.

Ihre wichtigste Kontaktperson war Helena Datoń-Szpak (1922–2014), eine zwanzigjährige junge Frau, die als Zivilarbeiterin in der SS-Kantine beschäftigt war. Die SS-Kantine war ursprünglich im selben Gebäude wie das SS-Revier untergebracht und somit etwas außerhalb des eigentlichen Lagers, wurde im Sommer 1943 aber in ein anderes Gebäude verlegt, da die Räume für die Apotheke benötigt wurden. Datoń-Szpak wohnte in Chrzanów, etwa auf der halben Strecke zwischen Auschwitz und Krakau, und arbeitete im Widerstand unter dem Pseudonym „Lech". Von der souverän und doch bescheiden auftretenden schwarzhaarigen Österreicherin war die junge Frau stark beeindruckt und mochte sie sofort. Das war wichtig, denn die Zusammenarbeit der beiden sollte bis Ende Dezember 1944 ohne jede Schwierigkeit funktionieren.[291]

Vertrauen war in vielfacher Hinsicht notwendig, denn es waren auch wertvolle Sachgegenstände und Geld im Spiel. Petra Betzien berichtet beispielsweise davon, dass Stromberger an Datoń – wie sie vor ihrer Heirat im Jahr 1946 mit Stanisław Szpak hieß – „einige Wertgegenstände übergeben hat, damit sie sie zu Geld macht". Vom Erlös sollte sie Lebensmittel und andere Notwendigkeiten besorgen und an jene verteilen, die es am dringendsten benötigten. „Sie teilte mir bei ihrer Abreise mit", so Stromberger 1947 in einem Brief an Edek Pyś, „dass davon noch ein beträchtlicher Rest

Inhaber dieses Ausweises ist berechtigt, das Männerlager I- F.L.- F.L. Budy, Harmense, Raisko und Babitz zu betreten.

SS-Hauptsturmführer
und Adjutant

Stromberger hatte relativ viele Möglichkeiten zum Widerstand, weil sie innerhalb des Lagers Freiheiten hatte. In ihrem Ausweis war das genau vermerkt: Sie konnte sowohl das Männer- als auch das Frauenlager („F.L.") betreten sowie die Nebenlager Raisko, Budy, Babitz und Harmense.

vorhanden sei und sie es für mich aufbewahren würde(,) bis ich darüber verfügen würde. Diese Zeit ist gekommen. Bitte fahren Sie nach Breszcze, zeigen Sie diesen Brief und die Sache ist in Ordnung." Pyś solle ja „nicht bockig" sein und das Geld nicht nehmen. Damit würde er sie enttäuschen. Und sie wäre gekränkt, wenn er ihre Hilfe nicht annähme.[292]

Ein großer Vorteil von Maria Stromberger bei ihrer Widerstandstätigkeit bestand wohl auch in ihrer Schwesterntracht, in ihren Möglichkeiten, sich im Lager zu bewegen, und in der Tatsache, dass im Revier zwar bekannt war, dass sie Häftlinge menschlich behandelte, aber sich offensichtlich niemand vorstellen konnte, dass sie schon deutlich weiter gegangen war. Nicht ganz gendergerecht bringt das Stanisław Kłodziński auf den Punkt: „Sie war der beste Verbindungsmann für die Zustellung der sog. ‚großen Post', des sog. ‚Warenweges'. Über sie liefen die Sendungen der Lagerbücher, Pläne, Register von größeren Ausmaßen. Solche Sendungen konnte eine Schwester in Tracht besser erledigen als ein anderer gewöhnlicher Verbindungsmann."[293]

So gut es ging, schirmte Stromberger die Häftlinge vor potenziellen Gefahren ab, schaute, dass sie nicht in die Nähe von besonders bösartigen SS-Männern oder anderweitig in Gefahr gerieten. „Wenn sie erfuhr, dass ein erkrankter SS-Mann ein Sadist war, dann achtete sie besonders auf ihn und bei der geringsten Übertretung, zum Beispiel wenn der betreffende SS-Mann geraucht oder in der Nacht das SS-Revier verlassen hatte, so entließ sie ihn sofort aus dem Lazarett."[294]

Ihre Einschätzung bei der freiwilligen Meldung in den Osten jedenfalls hatte sich bestätigt: Ihrer Schwester Karoline Greber in Bregenz hatte sie ja vor ihrer Versetzung in den Osten geschrieben, sie wolle sehen, was sie „Gutes“ tun könne. Hier gab es viele Möglichkeiten dazu, und die wurden von ihr auch genutzt. Das betraf auch scheinbare „Kleinigkeiten“, die für die Betroffenen aber eine enorme Erleichterung darstellten.

Für die Häftlinge in ihrem Einflussbereich war es beispielsweise eine große Entlastung, meist nicht zum Abendappell erscheinen zu müssen. Dieser konnte nämlich nicht selten sehr lange dauern und über mehrere Stunden gehen: „Schwester Maria hatte gesagt, dass sie uns zur Arbeit benötigen würde, allein könne sie es nicht schaffen. Deshalb blieben wir zwei, drei Stunden länger bei der Arbeit, je nachdem, wie lange der Appell war.“[295]

Etliche Male wiesen die Häftlinge im SS-Revier ihre Vorgesetzte auf die Gefahren ihrer für alle erkennbaren Hilfe hin. Sie machten ihr auch klar, dass sie nach außen hin eine emotionale Distanz zu ihnen wahren solle. Eine zu offensichtliche Sympathie oder gar Hilfe für ihre Untergebenen im Revier sei „unvernünftig und gefährlich“: „Und nicht nur einmal hatte sie von Seiten ihrer Vorgesetzten Unannehmlichkeiten wegen ihres, wie man sagte, zu ‚mütterlichen‘ Verhaltens zu uns Häftlingen.“[296]

Hermann Langbein berichtet von einer Episode, die den Charakter der Schwester sehr gut beschreibt. Edward Pyś hatte ihr vorgeschlagen, sie solle ihn in Gegenwart von SS-Männern zum Schein maßregeln, weil ihr Wohlwollen gegenüber den Häftlingen allzu offensichtlich sei. Sie lehnte ab: Sie werde nicht einmal zum Schein etwas tun, was ihrer Überzeugung widerspreche.[297]

1943 – das lange Warten auf das Ende

War die Aussicht auf ein Ende der NS-Herrschaft für die Häftlinge in den ersten Kriegsjahren nur sehr gering, schimmerte – nach dem fehlgeschlagenen „Blitzkrieg" gegen die Sowjetunion und dem Scheitern der Wehrmacht bei der Einnahme von Leningrad – doch langsam so etwas wie Hoffnung am Horizont. Vor allem bei den meist besser informierten Funktionshäftlingen kam Optimismus auf. Ab Anfang 1943 begann sich das dann allmählich in Zuversicht zu verwandeln.

Maria Stromberger spürte davon Anfang 1943 zunächst noch nichts, zu dominant waren die Erlebnisse in den Wochen zuvor gewesen. Zudem begann auch das Jahr 1943 so, wie das Jahr 1942 geendet hatte: mit schockierenden Erlebnissen. Es war ein eisig kalter Tag, an dem sie ein Ereignis miterleben musste, das sie erneut tief erschütterte. Sie hörte hinter sich ein „schreckliches Geheul": „Ich stand wie erstarrt, und in diesem Moment fuhren an mir drei riesige Lastkraftwagen vollbeladen mit nackten Männern vorbei, die vor Fieber zitterten und die ihre mageren Hände nach mir ausstreckten – ich stand ja im Kleid einer Krankenschwester am Weg –, aber helfen konnte ich ihnen nicht. Sie fuhren zum Krematorium in Birkenau." Und bitter merkt sie an: „Sie waren schon frei."[298]

Maria Stromberger schilderte dieses und andere Ereignisse ausführlich im Prozess gegen den Kommandanten von Auschwitz, Rudolf Höß. In den polnischen Zeitungen nahmen ihre Aussagen breiten Raum ein und machten großen Eindruck.[299]

Nach den Erlebnissen in ihren ersten drei Monaten in Auschwitz hatte sie sich im Jänner 1943 bereits bewusst auf die Seite der Häftlinge gestellt und war bereit, aktiv am Widerstand teilzunehmen. „Ich fühlte mich mitschuldig. Aus aller Kraft wollte ich den Häftlingen helfen, aber das blieb ein Wunschtraum. Niemand vermochte irgendetwas zu unternehmen, um die Maschinerie des Todes aufzuhalten."[300] Hier unterschätzte sie die Wirksamkeit ihres Engagements. Durch sie und ihre Hilfe hatte nicht nur der Widerstand eine effiziente und kaum ersetzbare Unterstützung erhalten, auch für die Moral der Häftlinge waren sie und ihr Verhalten ihnen gegenüber von Bedeutung. Wie mehrfach belegt, war die Oberschwester im SS-Revier auch bei Häftlingen bekannt, die sie persönlich nie kennenlernten.

Bei ihr aber trat zunächst der umgekehrte Effekt ein. Die Vorkommnisse deprimierten sie, zumal sie in kürzester Zeit eine unglaubliche Fülle an

Der Chef der Lager-Gestapo Maximilian Grabner war Hauptverantwortlicher für die „Sirene von Auschwitz“ – die Schreie gefolterter Häftlinge. Hier ist er zu sehen bei einem Verhör durch die Staatspolizei am 15. August 1945 in Wien. Grabner wurde in Krakau vor Gericht gestellt und im Jänner 1948 gehenkt.

schrecklichen Erfahrungen verarbeiten musste. Eines Tages hörte Stromberger in der dem Untersturmführer Maximilian Grabner unterstehenden Politischen Abteilung das laute Schreien eines beim Verhör misshandelten Häftlings. Es war im selben Gebäude, und sie wurde nach eigener Aussage „halb ohnmächtig", als sie den schwer gefolterten Gefangenen dann auf dem Flur sah. Er war blutüberströmt und wurde von SS-Männern in den Bunker geschleift. Es handelte sich um einen polnischen Häftling, den man bei einem Fluchtversuch gefasst hatte. Als die jungen SS-Männer die erbleichte Frau sahen, lachten sie: „Schwester, sie werden noch so manches Mal die Auschwitzer Sirene hören!"[301]

Für sie war das alles nur eine weitere Bestätigung ihres Entschlusses. Fortan nahm ihre Widerstandstätigkeit immer breiteren Raum ein. Maria Stromberger vertraute den Häftlingen im Revier, die Häftlinge dort wiederum vertrauten ihr. Obwohl sie durch ihre Schwesterntracht nicht auffiel und wesentlich weniger als andere Gefahr lief, kontrolliert zu werden, war sie vorsichtig und ließ sich einiges einfallen, um die Schmuggelware zu verstecken: Sie verbarg die Kassiber unter dem Hosengurt oder klebte sie sich mit Leukoplast an die Waden. Der Häftling Stanisław Kłodziński nennt auch konkrete Namen von Häftlingen, für die Stromberger persönliche Briefe und anderes transportiert hat: Edek Pyś, Ignacy Golik, Tadeusz Szewczyk, Ludwik Bas, Zbigniew Raynoch, Hermann Langbein, Karl Lill und Tadeusz Jurkowski. Als er sie besser kennengelernt habe, habe er „sie wie eine Mutter" zu lieben begonnen: „Sie ersetzte sie mir im Übrigen hier im Lager und sicher hätte auch meine Mutter unter diesen Bedingungen für mich nicht mehr getan." Das habe für alle Häftlinge gegolten.[302]

Stromberger in Gefahr

Maria Stromberger half, wo sie helfen konnte. „Egal, ob es darum ging, Lebensmittel und Arznei zu bekommen oder Tätigkeiten zu decken, die klar gegen die Vorschriften im Lager verstießen", schreibt Edward Pyś: „Mehrmals brachte sie auf eigene Faust für unsere kranken Kollegen Essen und Arznei ins Häftlingskrankenrevier." So etwas konnte auf Dauer nicht gutgehen, denn die Häftlinge befürchteten, dass die Krankenschwester in den ersten Monaten in Auschwitz noch nicht genügend Erfahrung hatte, um die Gefahren richtig einschätzen zu können. Das hätte „leicht tragisch für sie enden" können, meint Pyś und fügt hinzu: „Übrigens nicht nur für sie."[303]

Standortarzt Dr. Eduard Wirths (Mitte) bei einer Feier mit dem Lagerkommandanten Rudolf Höß. Wirths hatte in Auschwitz sein eigenes „Reich", weil er direkt dem Hauptamt der SS in Berlin unterstand, und hielt seine schützende Hand über Schwester Maria.

Ihr Verhalten war denn auch längst aufgefallen. Vielen SS-Männern missfiel diese menschliche Art und Weise, wie die Oberschwester im SS-Revier mit den Häftlingen verkehrte, und sie beobachteten sie mit kritischen Augen. Die offenkundige Betroffenheit von Schwester Maria, wenn Menschen misshandelt wurden oder sich andere schreckliche Szenen abspielten, schürte das Misstrauen ihr gegenüber. Immer wieder gab es bei Standortarzt Dr. Wirths Beschwerden. Sie lebte jetzt in einer Welt, in der allein schon die menschliche Behandlung von Häftlingen gefährlich war.

„Zweimal drohte ihr tödliche Gefahr", schreibt der Häftling Kazimierz Albin in seinen Erinnerungen. Er war gemeinsam mit seinem Bruder und den polnischen Häftlingen im SS-Revier mit dem ersten Transport nach Auschwitz gekommen und hatte daher die niedrige Häftlingsnummer 118 erhalten. Albin gehörte zu den Vertrauten von Stromberger. Ende Februar 1943 gelang ihm die Flucht aus dem Lager.[304]

Besonders der SS-Unterscharführer Alfred Kaulfuß – ein Sudetendeutscher – misstraute Schwester Maria und kontrollierte ihre Tätigkeit ständig. Im Januar 1943 wurde sie zum ersten Mal von ihm beim Standortarzt Dr. Wirths denunziert und von diesem vorgeladen. Mit anwesend bei diesem Gespräch war auch SS-SDG Friedrich Ontl als zuständiger „Spieß“ der Dienststelle. Sie sei weder Mitglied der SS noch Aufseherin und auch nicht bereit, Häftlinge zu schlagen, entgegnete sie mutig. Sie bat daher um Versetzung, wusste aber gleichzeitig um ihre Bedeutung als Fachkraft in der Abteilung. Wirths wollte auf seine angesichts der grassierenden Epidemie dringend benötigte Mitarbeiterin daher auch nicht verzichten. Sie hatte als Oberaufseherin beste Arbeit geleistet und sich auch als Führungsperson bewährt. Immerhin unterstand ihr mehr als ein halbes Dutzend Krankenschwestern. Die Versetzung wurde daher abgelehnt, und es blieb bei einer Verwarnung.

Hermann Langbein berichtet sogar, dass Wirths Schwester Maria freundschaftlich „auf die Schulter geklopft“ und ihr versprochen habe, sie zu schützen: „Bleiben Sie hier und ich werde Sie gegen alle weiteren Verleumdungen schützen“, zitiert Hermann Langbein das Gespräch.[305]

Doch Kaulfuß ließ nicht locker. Wenig später kam der SS-Unterscharführer in die Diätküche und wollte ein Glas Milch, doch es war keine da. Daraufhin wurde der SS-Mann wütend und schimpfte: „Offensichtlich haben die Häftlinge die Milch getrunken. Das ist eine schöne Wirtschaft!“ Das führte zur nächsten Beschwerde. Die Situation wurde für Maria Stromberger nun zur ernsten Bedrohung.[306]

Sie musste sich etwas einfallen lassen und entschloss sich, in die Offensive zu gehen. Die Oberschwester beschwerte sich nun ihrerseits bei Dr. Wirths und bat darum, sie im Zimmer des Standortarztes mit Kaulfuß zu konfrontieren. Dort solle er ihr seine Vorwürfe ins Gesicht sagen. Sie hatte nämlich einen Trumpf im Ärmel: Von zwei Häftlingen hatte sie erfahren, dass Kaulfuß in betrunkenem Zustand ein Bild von Heinrich Himmler zerrissen hatte. Damit konfrontierte sie ihn nun in Anwesenheit von Wirths. „Dieser Mensch wurde vor Entsetzen blass, als ich ihm in Gegenwart von Wirths vorwarf: ‚Wenn ein SS-Mann [...] eine Fotografie seines Führers in Stücke reißt, hat er kein Recht, eine Schwester zu verdächtigen, die nur ihre Pflicht erfüllt.‘ [...] Er wagte nie mehr, gegen mich vorzugehen.“[307]

Ab diesem Zeitpunkt hatte Stromberger denn auch wirklich keine Probleme mehr mit Kaulfuß. Das Misstrauen etlicher anderer SS-Männer aber blieb. Ihre Situation in Auschwitz war bis zu ihrer Abberufung nach Berlin Anfang Jänner 1945 prekär.

Bildliche Darstellung für die SS-Männer, wie man Häftlinge richtig (unten) bewachen soll, oben ein Beispiel, das mit „Falsch“ beschrieben ist.

Stimmungswechsel nach Stalingrad

Der weiter oben kurz beschriebene Stimmungswandel unter den Menschen im ganzen Deutschen Reich blieb der NS-Führung nicht verborgen. In den ersten Kriegsjahren hatte der SS-Inlandsgeheimdienst, was das Kriegsgeschehen anbelangt, nur selten über fehlende Zuversicht in der Bevölkerung berichtet.

Das alles machte die Lage für Stromberger allerdings nicht einfacher. Etwa zur gleichen Zeit spitzte sich die Tragödie in Stalingrad zu. Am 31. Jänner 1943 hatte der am Tag zuvor zum Generalfeldmarschall beförderte Friedrich Paulus kapituliert. Etwa 150.000 deutsche Soldaten waren in den Kämpfen um die Stadt mit dem symbolträchtigen Namen gefallen oder der Kälte und dem Hunger erlegen. Rund 91.000 Mann gerieten in Gefangenschaft. Die sowjetische Seite hatte, vor allem auch unter der Zivilbevölkerung, vermutlich wesentlich höhere Verluste zu verzeichnen – aber die Schlacht gewonnen.

Obwohl die deutsche Seite versuchte, diese Niederlage in ein Heldenepos zu verwandeln, und Reichspropagandaminister Joseph Goebbels am 18. Februar 1943 im Berliner Sportpalast den „totalen Krieg“ ausgerufen hatte, kamen auch bei überzeugten Nationalsozialisten Zweifel am deutschen Endsieg auf.[308] Denn die Ostfront verschob sich in der Folge immer weiter nach Westen. Oder, wie es der Häftling Norbert Lopper salopp formuliert: „Nicht nur die Stimmung der Deutschen befand sich seither auf dem Rückzug.“[309]

Eine Niederlage im gesamten Krieg war nach dieser Schlappe zunehmend eine realistische Möglichkeit – und sie wurde von Monat zu Monat wahrscheinlicher.

Das spiegelte sich auch in den geheimen Stimmungsberichten wider, die den NS-Machthabern regelmäßig übermittelt wurden. Dabei handelte es sich um die sogenannten „Meldungen aus dem Reich“. Das waren geheime innenpolitische Lageberichte über die Stimmung in der Bevölkerung, der nur einem ganz kleinen Kreis hoher NS-Funktionäre und führenden Beamten zugänglich gemacht wurde. Stalingrad – das war auch vielen überzeugten Nationalsozialisten klar – war völlig unabhängig von der militärischen Bedeutung dieser Schlacht, psychologisch so etwas wie „der Anfang vom Ende“.[310]

Für die Häftlinge in Auschwitz war die Niederlage der Deutschen in Stalingrad natürlich auch eine gute Botschaft. Sie nährte die Hoffnung auf

„Normalität" für das SS-Personal: Sonntagsausflug von Dr. Wirths mit seiner Frau und den Kindern auf die Solahütte dreißig Kilometer südlich von Auschwitz.

ein Ende des NS-Regimes und somit ihrer Gefangenschaft. Da auch nicht wenige SS-Männer verunsichert waren, eröffnete sich zudem ein neues Spielfeld: Wer mit Männern wie Cyrankiewicz oder Langbein kooperierte, hatte für die „Zeit danach" zumindest bessere Karten. Denn dass dieser historisch einmalige Massenmord für das Lagerpersonal Konsequenzen haben würde, stand für denkende Menschen außer Frage.

Dieser Stimmungswechsel betraf auch die SS-Mannschaft in Auschwitz, zumal der Arbeitskräftemangel Auswirkungen auf die Vorgaben an die Lagerleitung nach sich zog. Die gewaltige Sterberate unter den arbeitsfähigen Häftlingen im Lager war den NS-Machthabern in Berlin ein Dorn im Auge – zu dringend brauchte man angesichts der Verluste an der Front die Arbeitskräfte. Die Verantwortlichen mussten sich rechtfertigen. Das spielte der Widerstandsbewegung in die Hände.

Stalingrad brachte aber auch zusätzliche Gefahren. Einerseits sollten Zeugen des Massenmordes im KZ möglichst schnell beseitigt werden, andererseits machte die mögliche Niederlage und somit das Ende des NS-

Systems fanatische Nazis teilweise noch unberechenbarer und gefährlicher als zuvor.

Im Verlauf des Jahres 1943 intensivierte der Widerstand in Auschwitz daher die Bemühungen, das Ausland über den Massenmord im Lager zu informieren. Ziel war es, dadurch die Bombardierung der Bahnstrecke und der Gaskammern zu erreichen, um zumindest etwas Sand in die Tötungsmaschinerie zu streuen.

Auschwitz bombardieren?

Englands Premier Winston Churchill wurde nachweislich schon im Jahr 1941 über den Massenmord informiert. Er erhielt täglich Kurzberichte über dechiffrierte deutsche Funksprüche, die nach dem Überfall auf die Sowjetunion im Juni 1941 auch Hinweise auf den Mord an den Juden zum Inhalt hatten. Im selben Jahr erhielt auch Papst Pius XII. erste Informationen, die sich im Mai 1942 deutlich verdichteten.

Im Jänner 1942 war der Häftling Jan Karski (1914–2000) geflohen. Der polnische Offizier beschrieb in einem Bericht die Existenz deutscher Vernichtungslager auf dem Gebiet Polens. Bis zum Herbst 1942 gab es weitere Hinweise über Massenmorde an Juden.[311]

Auch aus der Schweiz gelangten entsprechende Informationen an die britische und die US-Regierung. Im April 1944 schickte die Schweiz sogar ganz offiziell einen Bericht in die USA. Er basierte auf Informationen, die der polnische Arzt Jerzy Tabeau (1918–2002) nach seiner Flucht aus Auschwitz geschrieben hatte und die im November 1944 sogar – in anonymisierter Form – in den USA als „Bericht eines polnischen Majors“ veröffentlicht wurden. Im selben Jahr berichteten auch weitere Männer, denen die Flucht gelungen war, über den Massenmord.[312]

Der ehemalige Offizier und Gründer der Geheimen Polnische Armee Witold Pilecki[313] hatte sich freiwillig nach Auschwitz begeben, um sich ein Bild zu machen. Im April 1943 hatte er fliehen können und einen detaillierten Bericht über die Zustände im Lager verfasst. Auch Rudolf Vrba (1924–2006) und Alfréd Wetzler (1918–1988) flohen im April 1944 und berichteten über die Vorbereitungen zur Ermordung der Jüdinnen und Juden aus Ungarn: „Der Vrba-Wetzler-Bericht fand seinen Weg nach London und Washington und in den Vatikan, wo er als authentisch anerkannt wurde. Die Alliierten wurden über die ‚Endlösung der Judenfrage‘ in Kenntnis gesetzt, sie bekamen eine Vorstellung davon und mussten nun ihr Gewissen sprechen lassen", schreibt Beate Klarsfeld im Vorwort der Erinnerungen von Rudolf Vrba.[314]

Wir wissen, wie die Geschichte ausgegangen ist: Die Alliierten verfolgten – aus welchen Gründen auch immer – vordringlich andere Kriegsziele, als durch Bombardements die Massenmorde in Auschwitz zu erschweren.

Daran änderte auch die Tatsache nichts, dass mit Jan Karski ein weiterer Auschwitz-Flüchtling im Juli 1943 sogar mit US-Präsident Roosevelt zusammentraf. Seinem Bericht wurde – wie das Zitat des Präsidenten zeigt – durchaus geglaubt. Doch das Ziel, die Westalliierten zum Eingreifen in Auschwitz zu bewegen, wurde auch diesmal verfehlt.[315]

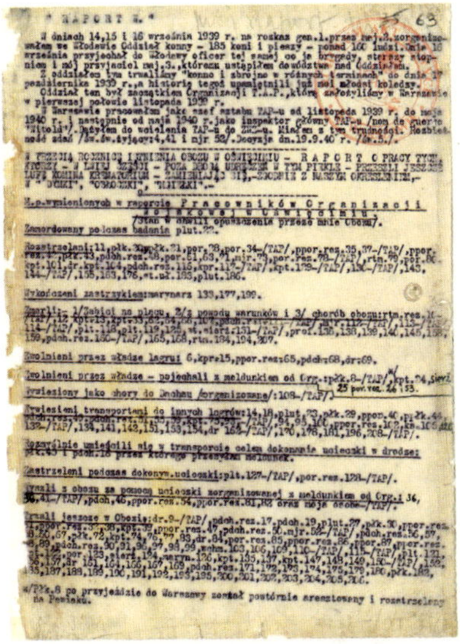

" RAPORT W. "

W dniach 14,15 i 16 września 1939 r. na rozkaz gen. [illegible] zorganizowałem we Włodawie Oddział konny – 185 koni i pieszy – ponad 100 ludzi. Dnia 16 września przyjechał do Włodawy oficer tej samej co ja brygady, starszy stopniem i mój przyjaciel mj. [illegible], któremu ustąpiłem dowództwa nad Oddziałem.

Z oddziałem tym trwaliśmy "konno i zbrojno w różnych terminach" do dnia 17 października 1939 r., a historię tegoż upamiętnili już moi młodsi koledzy.

Oddział ten był zaczątkiem Organizacji T.A.P., którą założyliśmy w Warszawie w pierwszej połowie listopada 1939 r.

W Warszawie pracowałem jako szef sztabu TAP-u od listopada 1939 r. do maja 1940 r. i następnie od maja 1940 r. jako inspektor główny TAP-u /nom de guerre "Witold"/. Dążyłem do wcielenia TAP-u do ZWZ-u. Miałem z tym trudności. Rozbieżność zdań /[illegible] 4,41 i mjr 52/. Decyzja dn. 19.9.40 r. /[illegible]/.

W TRZECIĄ ROCZNICĘ ISTNIENIA OBOZU W OŚWIĘCIMIU – RAPORT O PRACY TYCH, KTÓRZY – W LICZBIE [illegible] – POZA [illegible] W TYM PIEKLE – PRZESZLI JESZCZE [illegible] – ZAMIENIAJĄC SIĘ, – ZGODNIE Z NASZYM OKREŚLENIEM, – W "DYMKI", "OBŁOCZKI", "[illegible]". –

N.p. wymienionych w raporcie Pracowników Organizacji Wojskowej w Oświęcimiu,
/Stan w chwili opuszczenia przeze mnie Obozu/.

Zamordowany podczas badania plut. 22.

Rozstrzelani: 11, płk. [illegible] ppłk. 21, por. 28, por. 34 –/TAP/, ppor. rez. 35, 37 –/TAP/, ppor. rez. [illegible], ppłk. 43, pdch. rez. 48, por. 61, 63, 71, mjr. 73, por. rez. 78 –/TAP/, rtm. 79, por. [illegible], kpt. 101, dr. kpt. 104, pdch. rez. 116, kpr. 117 –/TAP/, kpt. 129 –/TAP/, 130 –/TAP/, 143, 144 –/TAP/, 155, 163, 176, st. uł. 183, plut. 186.

Wykończeni zastrzykiem: marynarz 133, 177, 199.

Zmarli: – 1/ Zabici na placu, 2/ z powodu warunków i 3/ chorób obozu: rtm. rez. [illegible] [illegible], 114 –/TAP/, plt. 118, plt. 119, 125, st. sierż. 131 –/TAP/, prof. 136, 138, 139, 140, 145, [illegible], 159, pdch. rez. 160 –/TAP/, 165, 168, rtm. 184, 194, 207.

Zwolnieni przez władze lagru: 6, kpr. 15, ppor. rez. 65, pdch. 68, dr. 69.

Zwolnieni przez władze – pojechali z meldunkiem od Org.: ppłk. 8 –/TAP/ x/, kpt. 24, sierż. 25 por. rez. 26, 153.

Wywieziony jako chory do Dachau /zorganizowane/: 108 –/TAP/.

Wywiezieni transportami do innych lagrów: 14, 18, plut. 23, ppłk. 29, ppor. 40, ppłk. 44, [illegible] 139 –/TAP/, 134, 141, 142, 151, 153, 154, dr 162 –/TAP/, 170, 178, 181, 196, 208 –/TAP/.

Rozmyślnie umieścili się w transporcie celem dokonania ucieczki w drodze: [illegible] i pdch. 18 przez którego przesyłam meldunek.

Zastrzeleni podczas dokonyw. ucieczki: plt. 127 –/TAP/, por. rez. 128 –/TAP/.

Zwiali z obozu za pomocą ucieczki zorganizowanej z meldunkiem od Org.: 36, 41 –/TAP/, pdch. 46, ppor. rez. 54, ppor. rez. 81, 82 oraz moja osoba –/TAP/.

Zostali jeszcze w Obozie: dr. 9 –/TAP/, pdch. rez. 17, pdch. 19, plut. 27, ppłk. 30, ppor. rez. [illegible], 38, kpt. 39, ppor. rez. 47, pdch. rez. 50, mjr. 52 –/TAP/, pdch. rez. 56, 57, [illegible], 67, ppłk. 72, kpt. 74, 76, 77, 83, dr. 84, por. rez. 85, ppor. rez. 86, ppor. 87, ppor. rez. [illegible], pdch. rez. 90, 91, 96, 97, 98, 99, [illegible] 103, 106, 109, 110 –/TAP/, 115 –/TAP/, plt. 121, [illegible], por. 123, sierż. 124, maryn. 126, kpt. 135, 137, kpt. 147, 148, 149, 150 –/TAP/, 158, [illegible], 157, dr 161, 164, 166, 167, 169, pdch. rez. 171, 172, 173, 174, 175, 179, 180, ppłk. 182, [illegible], 187, 188, 189, 190, 191, 192, 193, 195, 200, 201, 202, 203, 204, 205, 206.

x/ Płk. 8 po przyjeździe do Warszawy został powtórnie aresztowany i rozstrzelany na Pawiaku.

Nach einer abenteuerlichen Flucht aus Auschwitz schickte der polnische Offizier Witold Pilecki einen Bericht, um die Alliierten auf den Völkermord im Vernichtungslager hinzuweisen. Durch gezielte Bombardements auf die Infrastruktur sollte der Massenmord erschwert werden. Doch seine Initiative blieb weitgehend folgenlos.

Überlegungen, Vernichtungslager wie Auschwitz und Treblinka zu bombardieren, hatte es allerdings sowohl im amerikanischen Foreign Office als auch im britischen Luftfahrtministerium durchaus gegeben. Sie hatten aber offenkundig keine Priorität, wie eine ungeheuerliche Aussage des Leiters der Süd-Abteilung im britischen Foreign Office deutlich macht: „Meiner Meinung nach wird übermäßig viel Zeit dieses Amtes auf die Beschäftigung mit jenen lamentierenden Juden verschwendet."[316]

Die Widerstandsbewegung aber versuchte unverdrossen, die Weltöffentlichkeit aufzurütteln. Hätten die Alliierten hunderttausende Jüdinnen und Juden vor der Vernichtung retten können, wenn sie die Bahnstrecken zu den Vernichtungslagern oder die Gaskammern bombardiert hätten? Diese Frage ist bis heute nicht abschließend beantwortet und Gegenstand heftiger Diskussionen.

Zurück zu den Häftlingen, die Widerstand geleistet haben und dadurch natürlich in höchster Gefahr waren. Für sie war das oft blindwütige Agieren der Politischen Abteilung mit willkürlichen Verhaftungen, Folterungen und Morden ein weiterer Gefahrenherd. Selbst so hochqualifizierte und in ihrer Abteilung nur schwer zu ersetzende Funktionshäftlinge wie Hermann Langbein waren vor der sogenannten „Lager-Gestapo" nicht sicher.

Ende August 1943 wurde Langbein denn auch verhaftet und in den „Bunker" im berüchtigten Block 11 eingeliefert. Im Verhör sollte er zugeben, einer „Geheimorganisation" im Lager anzugehören und jüdischen Häftlingen zu helfen. Er war offensichtlich denunziert worden. Beweise lagen zwar keine vor, doch aus dem „Bunker" kam man selten lebend zurück. Langbein hatte Glück: Der Leiter der Politischen Abteilung wurde ersetzt und sein Nachfolger ließ Langbein nach einem kurzen Verhör frei.[317]

Weihnachten im KZ

Unter diesen Umständen und Gefahren waren positive Erlebnisse für die Häftlinge ebenso selten wie wichtig. Mit einem solchen positiven Erlebnis endete das Jahr 1943 für die Häftlinge im SS-Revier: einer friedlichen Weihnachtsfeier inklusive eines wahren Festmahles.[318]

Speziell für polnische Häftlinge sei „Weihnachten womöglich ein noch bedeutsameres Fest als für uns" gewesen, schreibt Hermann Langbein.[319] So gibt es beispielsweise Berichte, dass im Stabsgebäude untergebrachte polnische weibliche Häftlinge am 24. Dezember Kerzen auf einen Fichtenzweig, der heimlich beschafft worden war, gesteckt hatten und Weihnachtslieder sangen. Solche kleinen Feiern fanden in mehreren Blöcken und Baracken statt, weiß die polnische Historikerin und Chronistin des Lagers Danuta Czech: „Sie halten die Häftlinge aufrecht und nähren ihre Hoffnung, das Lager zu überleben."[320]

Die Feier im SS-Revier aber ging weit über das hinaus und war nur dadurch möglich, dass sich die dortigen Funktionshäftlinge relativ frei bewegen konnten und viele Möglichkeiten hatten, etwas zu „organisieren".[321] „So haben sie in unserem Kommando schon seit Monaten für diese Feiertage organisiert. Von überall wurden die Sachen hergeschleppt", berichtet Hermann Langbein über dieses Ereignis.[322]

Das war trotz aller relativen Freiheiten im SS-Revier gefährlich, denn es konnte jederzeit passieren, dass ein Häftling kontrolliert wurde. Doch ande-

Artur Radvanský kurz nach seiner Hochzeit im Jahr 1947. Er überlebte als Einziger aus seiner Großfamilie die NS-Herrschaft. Im Lager arbeitete er als „Diener" des Standortarztes im SS-Revier und hatte daher engen Kontakt zu Maria Stromberger.

rerseits gab es auch viele Möglichkeiten, denn ständig mussten Päckchen mit Blutproben oder Schachteln für die Apotheke und anderes mehr nach außen getragen und von außen geholt werden. Zudem gab es am Dachboden einen großen Raum, der als Lager für unzählige Behälter, Büchsen, Flaschen und Kisten diente. Dort war es leicht, die Vorräte für die Feier aufzubewahren. Schließlich war der 24. Dezember ein Tag, an dem kaum SS-Männer anwesend waren. Sie amüsierten sich entweder in Kattowitz oder waren auf Heimaturlaub.

Zugang zum Dachboden hatten nur drei Personen: der Spieß – also SS-SDG Friedrich Ontl –, Maria Stromberger und Edward Pyś. Stromberger gab den Schlüssel aber fallweise auch weiter.[323]

Die Häftlinge des SS-Reviers und die Schreiber trafen sich in einem kleinen leeren Raum neben dem erwähnten großen Lager am Dachboden. Der stand damals noch leer. Hermann Langbein berichtet: „Schwester Maria ist auch dabei. Sie gehört zu uns. Tisch und Sessel sind aus Kisten und Latten improvisiert und schön gedeckt, Brote, mit allen erdenklichen Herrlichkei-

Während die Häftlinge im SS-Revier heimlich Weihnachten feierten, veranstaltete die SS in Auschwitz eine germanische „Julfeier“. Damit wollte man an prähistorische Feiern zum „wiederkehrenden Licht“ anknüpfen und den Einfluss des Christentums zurückdrängen.

ten belegt, gibt's, Wein, schließlich Champagner. Alles aus Kanada. Jeder geht zu jedem, stößt an und wünscht frohe Feiertage. Soviel habe ich schon Polnisch gelernt, um sie in ihrer Muttersprache zu beglückwünschen. Ich weiß, wie sie das freut."[324]

Die Bezeichnung „Kanada" wurde von Häftlingen für die Effektenkammer verwendet. Dort wurden die Wertgegenstände und die gesamte Habe der registrierten Gefangenen aufbewahrt. „Kanada" galt in Polen als unermesslich reiches Land, war ein Synonym für Hoffnung und wurde rasch auch von nichtpolnischen Häftlingen verwendet.[325]

Es war eine multireligiöse Weihnachtsfeier, die auch für Atheisten zugänglich war. Artur Radvanský erinnert sich: „Ich war auch dabei, obwohl ich Jude bin. Es waren drei oder vier Juden dabei. Wir waren alle dabei." Zu „allen" gehörten auch Kommunisten wie Langbein, Lill oder Cyrankiewicz. Insgesamt nahmen 17 Häftlinge und Maria Stromberger teil.[326]

Aber man musste natürlich vorsichtig sein. Die jüdischen Häftlinge im Revier erklärten sich bereit aufzupassen. „Wir haben uns abgewechselt, um zu schmieren", drückt es Radvanský aus: Im Gang und auf der Stiege zum Dachboden standen abwechselnd zwei Häftlinge als Wache.[327] Das sollte einen gewissen Schutz bieten. „Natürlich kamen wir nicht um unseren Anteil am Festmahl. Schwester Maria dachte an alle."[328]

Die Häftlinge hatten sich für alle Fälle auch eine Ausrede zurechtgelegt und entsprechende Vorbereitungen getroffen: Kisten mit Medikamenten und Verbandszeug standen bereit. Sie wollten im Notfall so tun, als müssten sie den Dachboden aufräumen. Doch die Feier verlief ohne Zwischenfall.

Noch einmal Hermann Langbein: „Scherzen, lachen, essen und trinken! Hie und da werden einem die Augen sehnsüchtig ernst. Dann ist unsere Zeit um, wir packen zusammen. Es hat so viel zu essen gegeben, dass noch vieles übrig geblieben ist. Schade, dass man nur so wenig verstohlen ins Lager mitnehmen kann: bei der Blockführerstube gibt's Kontrolle. Abends, beim Einrücken, sehen wir auf dem gefrorenen Boden der Lagerstraße gestocktes Blut. Auschwitz: Blut und Champagner, Gaskammer und Kanada."[329]

Während Edward Pyś nur eine Weihnachtsfeier in Erinnerung ist, berichten Artur Radvanský und Stanisław Kłodziński von einer zweiten mit Maria Stromberger. Diese habe im Heizungskeller stattgefunden, weil der Raum im Dachboden im folgenden Jahr als Magazin verwendet wurde. Dort verwahrten die SS-Leute alkoholische Getränke, Zigaretten usw. Der Schlüssel wurde vom Stabsscharführer aufbewahrt.[330]

1944 – die Lage spitzt sich zu

Das Jahr 1944 sollte in der Geschichte des Lagers jenes werden, in dem mit Abstand am meisten Menschen ermordet wurden, andererseits aber auch jenes, in dem der Widerstand im Lager enorm aktiv war und seine Strukturen stabilisieren konnte.

Maria Stromberger war innerhalb dieser Strukturen ein wichtiger Teil. Sie handelte aber auch aus eigenem Antrieb und ohne Auftrag, wenn es um Hilfe für die Häftlinge in ihrem Revier – und in anderen Bereichen wie etwa dem Frauenlager – ging.

Dazu gehörte das Verteilen von Medikamenten und Lebensmitteln, aber auch das Schmuggeln von privaten Briefen aus dem Lager. Sie sorgte dann dafür, dass die Post an die gewünschte Adresse kam. In Einzelfällen sind diese Briefe sogar erhalten geblieben. Etwa ein Schreiben von Edward Pyś an seine Eltern vom 20. Februar 1944: „Jetzt bin ich physisch gesund wie ein Pferd. Die Nerven sind etwas schlecht beisammen, aber sie sind bei niemandem hier in Ordnung." Weiters berichtete er, dass er an einen anderen Ort überstellt werden sollte. Wenn das geschähe, würden sie von Schwester Maria informiert. Dort werde es ihm nicht mehr so gut gehen wie im SS-Revier, daher wäre er in diesem Fall für Essenspakete dankbar.[331]

Diese Kontaktmöglichkeiten waren für die Betroffenen natürlich extrem wichtig und hielten die Hoffnung auf ein Leben nach dem Krieg aufrecht. An der gut geölten Mordmaschinerie aber änderte sich dadurch nichts – auch nicht durch den Versuch der Widerstandsbewegung, etwas Sand ins Getriebe zu streuen.

Dazu gehörte der Versuch, die Funktion der Gaskammern zu beeinträchtigen und wenn möglich diese sogar zu sprengen. Anfang 1944 schmuggelte Edward Pyś von seinem Arbeitsplatz im Stammlager Plastiksprengstoff, den er auf Umwegen von polnischen Partisanen erhalten hatte, ins Nebenlager Birkenau. In der Folge erhielt er mehrmals ähnliche Aufträge. Als Funktionshäftling hatte er wesentlich mehr Bewegungsfreiheit als andere, weil er beispielsweise im röntgenologischen Laboratorium ein und aus gehen konnte und die Röntgenplatten zwischen SS-Revier und Laboratorium hin- und herzutransportieren hatte. Solche Pakete konnten von den SS-Männern nicht geöffnet werden, da sonst die Klischees unbrauchbar gemacht worden wären.

Unter diesen Partisanen befanden sich auch geflüchtete Häftlinge aus Auschwitz. Sie hatten – auch dank Maria Stromberger – engen Kontakt zum Widerstand im Lager.

Einmal allerdings wollte ein SS-Mann mit ihm in die Dunkelkammer, um den Inhalt zu kontrollieren – er verzichtete dann aber in letzter Minute doch, um sich den Weg dorthin zu ersparen. Edek Pyś hatte wieder einmal Glück gehabt. In diesen Schachteln befand sich nämlich Sprengstoff, der für den „Tag X" ins Lager gebracht worden war.[332]

Vorbereitung auf den „Tag X"

Im März 1944 war die Wehrmacht in Ungarn einmarschiert, um einem Frontenwechsel der ungarischen Regierung zuvorzukommen. Auf die jüdische Bevölkerung hatte das fatale Auswirkungen. Dabei waren die Alliierten dank der Widerstandsbewegung schon längst im Besitz valider Informationen über das, was in Auschwitz vor sich ging.

US-Präsident Roosevelt erklärte daher bereits am 24. März öffentlich, dass nun „Hunderttausende von Juden" in Lebensgefahr seien: „Es wäre eine große Tragödie, wenn diese unschuldigen Menschen, die bereits zehn Jahre des Wütens Hitlers überlebt haben, gerade am Vorabend des Triumphes über die Barbarei, welche ihre Verfolgung symbolisiert, umkommen würden."[333]

Doch die Tragödie wurde nicht verhindert. Zwischen dem 15. Mai und dem 8. Juli 1944 wurden nicht weniger als 437.000 Jüdinnen und Juden aus

Ungarn deportiert und größtenteils in Auschwitz-Birkenau ermordet. Die Diskussion darüber, ob und in welchem Ausmaß diese Tragödie verhindert hätte werden können, dauert bis heute an.

Die SS wollte für diese Mordaktion noch größere Geheimhaltungsmaßnahmen treffen als sonst üblich. Das betraf auch die Sanitätsabteilung im SS-Krankenrevier und die Schwestern. Das Personal wurde bei dieser Sitzung von Dr. Wirths auf die in schriftlicher Form vorliegenden verschärften Regeln hingewiesen. Jeder musste das drei Punkte umfassende Papier unterschreiben.

Der erste Abschnitt betraf die Schweigepflicht, sonst drohe die Todesstrafe. Der zweite beinhaltete das Verbot, sich an jüdischem Besitz zu vergreifen, denn dieser sei Staatsbesitz. Eine solche Erklärung hatte Maria Stromberger schon bei ihrer Ankunft unterschrieben.

Doch der dritte Abschnitt war neu: „Ich verpflichte mich, bei dieser Aktion mitzuarbeiten mit allen Kräften und Mitteln, über die ich verfüge." Das mussten alle unterschrieben, für Maria Stromberger aber kam das nicht infrage. Sie wartete, bis alle weg waren und erklärte dem leitenden Arzt, dass sie den dritten Punkt nicht unterschreiben könne: „In normalen Zeiten verlöre ich mein Diplom und mein Recht, den Beruf auszuüben, wenn ich durch mangelnde Aufmerksamkeit auch nur das Leben eines einzigen Patienten verloren hätte. Bitte geben Sie mir einen Rat, was ich in diesem Fall tun muss."

Darauf sagte ihr Dr. Wirths: „Streichen Sie den fraglichen Abschnitt durch." Maria Stromberger setzte die Unterschrift nur unter die ersten beiden Punkt und strich den dritten mit einem roten Stift durch. Das war außergewöhnlich und ist ein weiterer Beleg für die große Wertschätzung, die ihr vom Standortarzt entgegengebracht wurde.[334]

Das war zudem ein außergewöhnliches Zugeständnis. Die Erklärung musste nämlich von allen unterschrieben werden, somit auch von den zivilen Arbeitskräften. Stromberger kannte in der Zentralbauleitung eine Kollegin, die es ihr nachmachen wollte. Der dortige Chef der Personalabteilung aber stellte sie vor die Alternative: „Entweder unterschreiben Sie, oder es erwartet Sie das Konzentrationslager." Maria Stromberger merkt an: „Und da hat sie unterschrieben, weil sie sich fürchtete. Und solche gab es viele."[335]

Die Bedingungen für den Widerstand wurden angesichts verstärkter Vorsichtsmaßnahmen der SS und deren zunehmender Nervosität immer schwieriger. Die Kampfgruppe Auschwitz selbst und die polnische Widerstandsbewegung außerhalb versuchten, das Ärgste zu verhindern.

Inzwischen ging allerdings das Morden ungehindert weiter und die Führung der Kampfgruppe Auschwitz bereitete sich auf eine Auseinandersetzung mit der SS vor. Dazu sollten einige erfahrene Häftlinge fliehen und sich mit den Partisanen für eine bewaffnete Auseinandersetzung rüsten. Alles war vorbereitet. Doch dann riss jener Kontakt, den die Widerstandsbewegung in Auschwitz mit der Außenwelt hatte, plötzlich ab. In dieser Situation versuchten die führenden Männer im Lager fieberhaft nach einem Ausweg, bis man schließlich beschloss, Schwester Maria noch stärker einzubinden, als es bis dahin schon der Fall war.

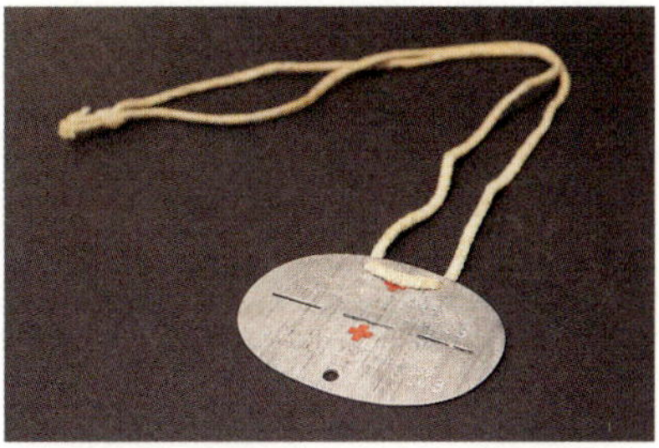

Diese Marke mit einem Roten Kreuz aus dem Nachlass von Maria Stromberger wies sie als Mitglied der „Freiwilligen Krankenpflege" der Wehrmacht aus. Zu lesen ist auch der Vermerk „Wehrkreis XVIII", zu dem ein großer Teil der „Ostmark" und das heutige Slowenien gehörten.

Sie hatte innerhalb des Lagerkomplexes zwar keine völlige Bewegungsfreiheit – so war es ihr beispielsweise nicht gestattet, ins Häftlingslager zu gehen –, konnte aber doch bei Kurzurlauben Auschwitz verlassen.

In den letzten Monaten vor der Liquidierung des Lagers bereitete sich die Widerstandsbewegung darauf vor, dass die SS versuchen wird, möglichst viele Insassen vor dem Eintreffen der sowjetischen Truppen zu töten. Diese Gefahr war real, denn Berichte über die Liquidierung von Majdanek, des nach Auschwitz zweitgrößten Vernichtungslagers, waren alarmierend: Dort gelang es der SS, noch kurz vor der Auflassung des Lagers fast alle „nichtarischen" Häftlinge zu ermorden.[336]

Zentrale Bedeutung für die Kampfgruppe Auschwitz hatte die Kontaktaufnahme zu den Alliierten. Eines der selbstgesteckten Ziele war ja, eine breitere Öffentlichkeit über den in Auschwitz stattfindenden Genozid zu informieren. Dazu wurden zahlreiche Kanäle benutzt. In vielen Fällen spielte Maria Stromberger eine wichtige Rolle, indem sie Material aus dem Lager schmuggelte und an die vorgesehene Adresse überbrachte. Wie schon erwähnt, arbeitete sie dabei seit 1942 meist eng mit Helena Datoń-Szpak aus der SS-Kantine zusammen.

Datoń-Szpak wohnte in Chrzanów und arbeitete im Widerstand unter dem Pseudonym „Lech". Sie konnte im Lager unauffällig mit Stromberger in Kontakt treten, weil diese zum Einkaufen in die Kantine kam. Die junge Polin war beeindruckt von der deutschen Krankenschwester: „Sie sah vertrauenerweckend aus, ihre Ruhe und Beherrschung übertrug sich auf andere, daher rührten wohl die Popularität und der Respekt, mit dem man sie umgab. Die illegalen Sendungen, die sie mir übergab, waren immer in Verpackungen, die nicht auffielen, in Streichholzschachteln oder zwischen Lebensmittelkarten. Ich habe immer mit Bewunderung und Hochachtung zu ihr aufgeschaut. Die Erinnerung an sie weckt in mir immer das Gefühl von einer Welle von Gutem, die sie umgab, und vom Glauben an die Menschheit."[337]

Die geschmuggelten Informationen wurden von Krakau aus weitergeleitet und kamen auch an, wie inzwischen zweifelsfrei belegt ist. Mit einer sofortigen Bombardierung der Bahnstrecke oder der Gaskammern im Sommer und sogar noch im Frühherbst 1944 hätten wohl noch Hunderttausende gerettet werden können.

Speziell im Oktober gab es eine ganze Reihe höchst brisanter Einsätze der Krankenschwester aus Österreich. In den erhalten gebliebenen Aufzeichnungen der Widerstandsbewegung in Krakau lautet am 9. Oktober 1944 die Kurzinformation: „Große Sendungen von Krakau unterwegs mit der Schwester." Nur eine Woche später ist die Rede von einer weiteren geglückten Aktion: „Presse und Plastilin (gemeint ist wohl Plastiksprengstoff; d. Verf.) erhielten wir am Samstag", „Schickt weiter über die Schwester Presse, Glukose, Opium ...". Und nur weitere vier Tage später mit Datum 20. Oktober ist zu lesen: „Die Schwester kommt am Samstag nach Chrzanów mit einem Paket nach Krakau." Chrzanów, der Wohnort von Datoń-Szpak, liegt etwa zwanzig Kilometer nordöstlich von Auschwitz und somit auf der Strecke nach Krakau.

Auch die Verbindung von Auschwitz nach Österreich funktionierte. Hermann Langbein war dank Maria Stromberger in der Lage, persönliche Post an seinen Bruder Otto und seine Tante zu schicken. Damit war er nicht allein: „Für viele aus unserem Kommando beförderte und empfing sie Post, auch für mich. Als ich ihr das erste Mal einen Brief an die Meinen in Wien übergab, ließ ich ihn offen. Vor meinen Augen klebte sie ihn ungelesen zu."[338]

Als Hermann Langbein vom bevorstehenden Urlaub Marias erfuhr, bat er sie, auch diesmal seinen Bruder und seine Tante in Wien zu besuchen und

Hermann Langbein nutzte als Schreiber des Standortarztes den vorhandenen Spielraum, um Widerstandsaktivitäten zu organisieren. Über Maria Stromberger gelang es ihm sogar, mit dem Widerstand in Wien in Kontakt zu treten. Dieses Porträt stammt von seinem Freund „Zbyszek" Raynoch.

Die Kleiderbürste unten brachte Maria Stromberger von Auschwitz nach Wien. Im Hohlraum versteckt waren Informationen von Hermann Langbein an seinen Bruder Otto. Der machte daraus ein Flugblatt über die Zustände in Auschwitz.

geheime Schriftstücke über die Vorgänge in Auschwitz zu übergeben: „Und sie hat zugesagt. Ich habe über Freunde im Lager eine Kleiderbürste organisiert. Von der Kleiderbürste wurde der Holzrücken abgenommen und ausgehöhlt. In diese Höhlung hinein gab ich die Dokumente, und dann wurde die Kleiderbürste von innen zugeschraubt, auf der Borstenseite, so daß die Schraubenköpfe nicht mehr sichtbar waren, wenn sie eingeschraubt waren. Frau Stromberger wußte aber, daß in der Bürste Material versteckt war."[339]

Sie hat auch diese Gefahr auf sich genommen, die Bürste samt Inhalt transportiert und in Wien abgegeben. Langbein ging auf diesen Bericht auch beim Auschwitz-Prozess in Frankfurt im Jahre 1963 ein. Er hatte als Schreiber des Standortarztes die Möglichkeit, sehr präzise Zahlen über die Todesrate in Auschwitz zusammenzustellen. Dazu machte er zusätzliche Durchschläge zu jenen geheimen Monatsberichten, die ihm der Standortarzt diktiert hatte und die an die SS-Zentralstelle in Oranienburg bei Berlin geschickt wurden. Sein Bruder hat dann die Fakten und Daten daraus in einem Flugblatt zusammengestellt, das von einer illegalen kommunistischen Gruppe in Wien verbreitet wurde. Darin waren allerdings die Zahlen jener Häftlinge nicht enthalten, die sofort nach ihrer Ankunft in Auschwitz als arbeitsunfähig selektiert und in den Gaskammern ermordet wurden, denn diese wurden ja von der SS gar nicht registriert.[340]

So beruhten jene Flugblätter, die von der Widerstandsbewegung in Wien verteilt wurden, auf dem Material, das Maria Stromberger von Hermann Langbein in Auschwitz übergeben worden war. Die Post, die sie nach Wien brachte, beinhaltete folgende Zahlen zur Sterberate der Häftlinge:[341]

1. Vierteljahr 1942	13,8 % monatlich
2. Vierteljahr 1942	14,8 % monatlich
3. Vierteljahr 1942	20,5 % monatlich
4. Vierteljahr 1942	20,4 % monatlich

Im Jahr 1943 betrug die monatliche Sterblichkeit in allen Lagern des Konzentrationslagers Auschwitz:

Jänner 19,1 %
Februar 25,5 %
März 15,4 %
April 10,3 %

Mai 5,2 %
Juni 5,6 %
Juli 3,5 %
August 3,5 %
September 3,9 %
Oktober 2,3 %
November 3,7 %
Dezember 8,3 %

Die Zahlen für die ersten Monate des Jahres 1944 lauteten:

Jänner 13,2 %
Februar 6,1%
März ca. 10 %

Der Schmuggel dieser Informationen nach Wien wäre fast noch gescheitert, denn in der ersten Jahreshälfte 1944 litt Maria Stromberger zunehmend unter der großen psychischen Belastung, der sie in Auschwitz ausgesetzt war. Sie hatte zum Schein ein Urlaubsgesuch eingereicht, in Wirklichkeit aber den Plan gefasst, von Bregenz aus über den Alten Rhein in die Schweiz zu fliehen. Doch sie wollte sich zumindest von ihrem engsten Mitarbeiter Edek Pyś verabschieden und erzählte ihm ganz offen von ihren Absichten. Edek Pyś hatte zwar Verständnis für ihr Vorhaben, wusste aber auch, was das für die Widerstandsbewegung bedeutete: den Verlust einer zentralen Verbindungsperson nach außen.

Er hatte daher die Leitung der Kampfgruppe informiert, und die wiederum beauftragte Zbigniew Raynoch, mit Stromberger zu reden. Raynoch wurde wohl deshalb wieder ausgewählt, weil er schon bei der Anwerbung Marias eine zentrale Rolle gespielt hatte. Er bat Maria Stromberger, von ihrem Plan abzulassen, schilderte ihr die Auswirkungen, wenn sie nicht mehr in Auschwitz wäre, und machte ihr klar, dass sie für die Häftlinge im Lager als Kurierin unentbehrlich sei. Sie ließ sich überzeugen und versprach: „Ich komme zu euch zurück!“[342]

Sie hatte bei diesen Gesprächen offensichtlich neuen Mut gefasst, denn sie nutzte – wie bereits erwähnt – die Fahrt nachhause für einen Abstecher nach Wien, um dort das brisante Material von Hermann Langbein abzuliefern.

Man entschloss sich aber auch, die Zweifel über die wirklichen Vorgänge in Auschwitz durch andere Belege zu zerstreuen – etwa mithilfe von Fotografien.[343] Und auch hier war Maria Stromberger eine wichtige Kurierin.

Das wird aus den Kassibern der Widerstandsbewegung deutlich: Man wollte Fotos von Gaskammern, von Leichen usw. an die Alliierten übermitteln. Einem polnischen Zivilarbeiter war es gelungen, einen Fotoapparat ins Lager zu schmuggeln. Dieser wurde in einem Essenskübel mit doppeltem Boden ins Sonderkommando gebracht, wo vom Dach eines Krematoriums aus Aufnahmen gemacht wurden. In den wenigen erhalten gebliebenen schriftlichen Aufzeichnungen der Widerstandsbewegung in Krakau wird deutlich: „Denkt daran – Sonntag Treffen mit Schwester. Man kann ihr die Post geben. Sie wird euch ein Paket für Krakau und Briefe an Euch aushändigen. Bei der Post nach Krakau ist ein Paket (zwei) mit nicht entwickelten Fotos. Nicht öffnen, sie werden sonst belichtet. Bei Gefahr öffnen und belichten. Material ist sehr wertvoll."[344]

Diesen Film hat schlussendlich Maria Strombergers Kontaktfrau Helene Datoń in einer Zahnpastatube versteckt aus dem Lager geschmuggelt. Von Krakau aus wurden sie an die Alliierten geschickt und veröffentlicht: „Die Fotos sind weltbekannt geworden."[345]

Eine groß angelegte Bombardierung der Gaskammern und der Bahnstrecke konnten all diese Bemühungen der Widerstandsbewegung allerdings nicht erreichen. Die alliierten Militärs konzentrierten sich bei ihren strategischen Überlegungen nicht darauf, wie der Massenmord zu stoppen sei, sondern versuchten, bei insgesamt fünf Bombenangriffen ab Herbst 1944 die riesigen Produktionsstätten im Lagerkomplex Auschwitz zu treffen.[346] Und die Rote Armee verharrte sehr lange vor Warschau.

Die große Wirkung dieser Informationen war somit ausgeblieben. Bei einem Flugblatt war das noch nachvollziehbar, bei den weiter oben geschilderten verifizierbaren Informationen an die Alliierten allerdings weniger. Doch die Leitung der Widerstandsorganisation musste zur Kenntnis nehmen, dass die Nachrichten über die Vernichtung zwar ihre Ziele im In- und Ausland erreichten, aber teilweise ignoriert und zum anderen Teil als übertrieben angesehen oder gar nicht geglaubt wurden. Da die Berichte über die Todesraten wenig bewirkt hatten, beschloss man daher, den Druck auf die SS-Männer im Lager zu erhöhen.

Schon seit dem Frühjahr 1944 gab es eine funktionierende Funkverbindung über Krakau nach London. Über diesen Weg wurde eine ganze

Reihe von Namen wichtiger SS-Leute hinausgesendet – mit Geburtsdatum und Geburtsort. Die Frage, woher die Briten diese Informationen hatten, beschäftigte natürlich die Verantwortlichen in Berlin, vor allem aber die Betroffenen in Auschwitz.

Die Zahl der möglichen Informanten war zwar nicht riesig, aber doch beträchtlich. Mehrere Funktionshäftlinge in Auschwitz hatten Zugang zu den Daten aus den Gesundheitsakten der SS-Männer – auch jene im SS-Revier. Dort war eine truppenärztliche Betreuungsstelle, in der für jeden SS-Mann ein Gesundheitsakt angelegt war. Es gab jedoch auch andere Stellen der SS-Verwaltung in Auschwitz, aber auch in Berlin, die über entsprechende Daten verfügten.[347]

Die Übermittlung der Namen an die BBC erzielte den gewünschten Effekt: Radio London berichtete darüber. Da auch viele SS-Männer den „Feindsender" hörten, brach unter den Betroffenen spürbare Nervosität aus. Langbein berichtete im Frankfurter Auschwitz-Prozess darüber: Demnach hörte er, wie betrunkene SS-Männer, „damals wurde vielleicht noch mehr getrunken als vorher", über die Folgen dieser Berichte – „also mit sehr ordinären Worten – zu den Funktionshäftlingen gesprochen haben: ‚‚Wir gehen alle drauf, aber ihr kommt mit uns.' So als freundschaftlich-kameradschaftliche Schlußformel eines Bekenntnisses. Das Gefühl, daß sie büßen werden müssen für ihre Taten, war damals bei der SS verbreitet, nach meiner Auffassung und Beobachtung."[348]

Flucht aus Auschwitz

Das Thema Flucht aus dem Konzentrationslager hat viele unterschiedliche Facetten. Schon allein der Traum davon, flüchten zu können, war für Häftlinge so etwas wie ein überlebenswichtiger Hoffnungsschimmer, der den Lageralltag zumindest in der Nacht in den Hintergrund rücken ließ. Der Gedanke an eine Flucht aus Auschwitz hielt denn auch nicht wenige Häftlinge am Leben. Es gab aber viele Gründe, warum nur wenige diesen Schritt wagten. Sie mussten nämlich Rücksicht nehmen auf ihre daheimgebliebenen Verwandten und die unmittelbaren Mithäftlinge, die bei erfolgreichen Fluchtversuchen in vielen Fällen dafür büßen mussten.

Andererseits war Flucht auch ein Thema für den organisierten Widerstand im Lager, um den Kontakt mit Partisanen und der Leitung des Widerstands in Krakau herzustellen. Das war speziell wichtig, als es in der zweiten Jahreshälfte 1944 um die Vorbereitung eines Aufstands ging. Für einen Großteil der Häftlinge war die Durchführung einer Fluchtaktion schlicht unmöglich. Nur die wenigsten Funktionshäftlinge hatten genügend Spielraum, um an so etwas zu denken. Zudem brauchte man Hilfe und musste somit zum Häftlingswiderstand gehören, denn auf sich allein gestellt hatte man weder die notwendigen Informationen noch den erforderlichen internen und externen organisatorischen Beistand.

Die wissenschaftlichen Mitarbeiter des Museums von Auschwitz haben untersucht, wie oft eine Flucht aus dem Lager versucht wurde, und kamen auf die respektable Zahl von insgesamt 667. Bei 481 dieser Häftlinge konnte die Nationalität festgestellt werden. Mehr als 48 Prozent waren Polen, die zweitstärkste Gruppe bildeten die Russen mit 19 Prozent. Mindestens 270 Geflohene wurden nach der Flucht wieder ergriffen oder schon beim Fluchtversuch ertappt.[349]

Auch die Häftlinge im SS-Revier besprachen das Thema immer wieder. Von einer Flucht hielt die Häftlinge meist nicht die Angst um das eigene Leben ab, sondern die erwähnten Folgen für die anderen. Der bekannteste Fall ereignete sich wohl im Juli 1941: Für die irrtümlich vermutete Flucht eines Häftlings – seine Leiche wurde später gefunden – wurden mehrere Männer aus dessen Baracke aussortiert. Sie sollten im Block 11 verhungern, wer länger überlebte, der wurde mit einer Phenolspritze ins Herz getötet. Der katholische Priester Maximilian Kolbe meldete sich freiwillig im Austausch für einen der Männer – einen Familienvater.[350]

Hermann Langbein berichtete im Frankfurter Auschwitz-Prozess, dass der Lagerleiter bei der geglückten Flucht eines polnischen Häftlings dessen Eltern verhaften und nach Auschwitz bringen ließ. Sie erhielten die übliche Häftlingskleidung, wurden geschoren und mussten sich auf Schemel neben das Eingangstor setzen. Dort marschierten alle einrückenden Kommandos vorbei. Hinter ihnen stand auf einer Tafel: „Das sind die Eltern von dem Häftling X, der geflohen ist. So geht es allen bei allen Fluchten.“ Diese Abschreckungsmaßnahme verfehlte ihre Wirkung nicht.[351]

Auch im SS-Revier war das Thema Flucht allgegenwärtig – und fast alle Untergebenen Maria Strombergers trafen Vorbereitungen dazu, und zumindest einige unternahmen vor allem gegen Kriegsende auch konkrete Versuche. Für einen sollten sie tödlich enden, bei den anderen scheiterte die Flucht, sie blieb aber unentdeckt und hatte daher keine negativen Konsequenzen.

Der polnische Franziskaner Maximilian Kolbe meldete sich im Juli 1941 für einen willkürlich von der SS ausgesuchten Familienvater, der zur Vergeltung für einen vermeintlichen Flüchtling getötet werden sollte. Kolbe wurde mittels einer Phenolspritze ermordet.

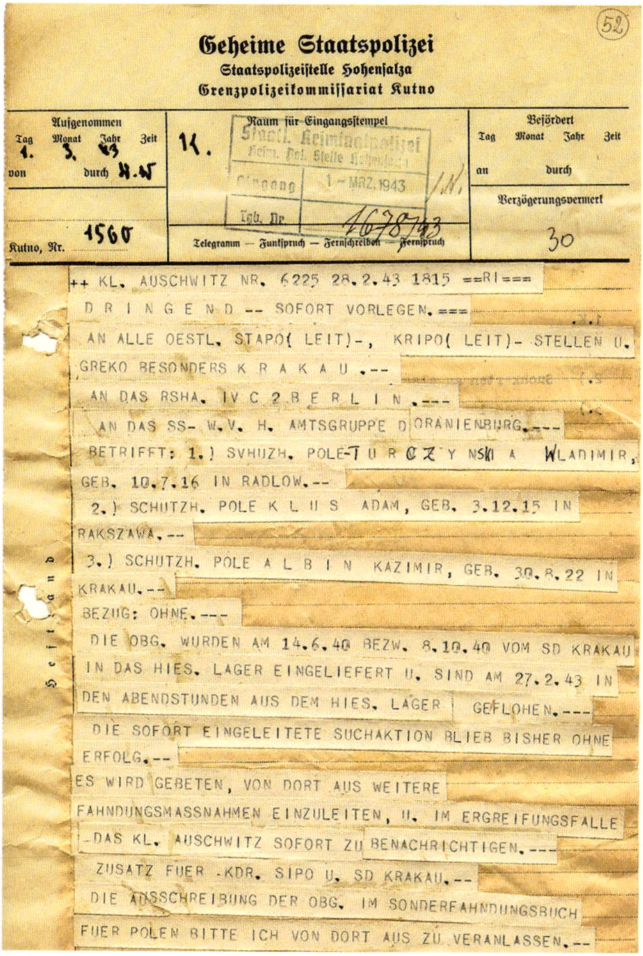

(52)

Geheime Staatspolizei
Staatspolizeistelle Hohensalza
Grenzpolizeikommissariat Kutno

Aufgenommen
Tag Monat Jahr Zeit
1. 3. 43
von durch H.W.

Kutno, Nr. 1560

Raum für Eingangsstempel
Staatl. Kriminalpolizei
Krim. Pol. Stelle Hohensalza
Eingang 1 – MRZ. 1943
Tgb. Nr 1678/43
Telegramm – Funkspruch – Fernschreiben – Fernspruch

Befördert
Tag Monat Jahr Zeit
an durch
Verzögerungsvermerk
30

++ KL. AUSCHWITZ NR. 6225 28.2.43 1815 ==RI===
D R I N G E N D -- SOFORT VORLEGEN.===
AN ALLE OESTL. STAPO(LEIT)-, KRIPO(LEIT)- STELLEN U.
GREKO BESONDERS K R A K A U .--
AN DAS RSHA. IV C 2 B E R L I N .---
AN DAS SS- W.V. H. AMTSGRUPPE D ORANIENBURG.---
BETRIFFT: 1.) SVHUZH. POLE T U R C Z Y N S K I A WLADIMIR,
GEB. 10.7.16 IN RADLOW.--
2.) SCHUTZH. POLE K L U S ADAM, GEB. 3.12.15 IN
RAKSZAWA.--
3.) SCHUTZH. POLE A L B I N KAZIMIR, GEB. 30.8.22 IN
KRAKAU.--
BEZUG: OHNE.---
DIE OBG. WURDEN AM 14.6.40 BEZW. 8.10.40 VOM SD KRAKAU
IN DAS HIES. LAGER EINGELIEFERT U. SIND AM 27.2.43 IN
DEN ABENDSTUNDEN AUS DEM HIES. LAGER GEFLOHEN.---
DIE SOFORT EINGELEITETE SUCHAKTION BLIEB BISHER OHNE
ERFOLG.--
ES WIRD GEBETEN, VON DORT AUS WEITERE
FAHNDUNGSMASSNAHMEN EINZULEITEN, U. IM ERGREIFUNGSFALLE
-DAS KL. AUSCHWITZ SOFORT ZU BENACHRICHTIGEN.---
ZUSATZ FUER -KDR. SIPO U. SD KRAKAU.--
DIE AUSSCHREIBUNG DER OBG. IM SONDERFAHNDUNGSBUCH
FUER POLEN BITTE ICH VON DORT AUS ZU VERANLASSEN.--

„Dringend! Sofort vorlegen" – Telegramm aus Auschwitz an alle Gestapo-Stellen „im Osten" vom 28. Februar 1943. Fahndung nach den ausgebrochenen Häftlingen Kazimierz Albin und Kollegen.

Doch zunächst zurück zu Maria Stromberger. Den bereits erwähnten dringend benötigten zweiwöchigen Urlaub im August 1944 verbrachte sie bei ihrer Schwester in Bregenz.[352] Diese kurzen Phasen in Bregenz gaben Maria Stromberger immer wieder jene Kraft, die sie in Auschwitz so nötig brauchte. Mit ihrer Schwester Karoline verstand sie sich zeitlebens sehr gut, ihr konnte sie alles anvertrauen und sich die Belastungen von der Seele reden. Und sie erhielt auch die notwendige Anerkennung, wie Karoline berichtet: „Sie tat manches unter eigener Lebens-Gefahr. Aus Ihren Erzählungen wußte ich es. Es gingen mir die Haare zu Berg (wie man so sagt), wenn sie mir von dort erzählte.“[353]

In Auschwitz aber vermisste man sie als unentbehrliche Meldegängerin ebenso wie als Helferin im SS-Revier. „Sie fehlte uns in dieser Zeit sehr“, schreib Edward Pyś: „Endlich kam sie zurück. Sie war braun gebrannt, erholt und guter Stimmung. Mit geheimnisvoller Miene eröffnete sie mir, dass sie mir ein Geschenk mitgebracht habe, aber dass ich geduldig sein müsse, weil sie es mir erst geben könne, wenn wir sicher seien, dass uns niemand plötzlich überrascht. Ich zerbrach mir den Kopf, was das wohl sein könne.“[354]

Am darauffolgenden Sonntag war es soweit. Das Geschenk bestand aus zwei Revolvern, von denen sich Edek Pyś einen aussuchen konnte. Sie stammten vom Vater von Maria Stromberger. Edek Pyś entschied sich für den kleineren mit Kaliber 6,35. Dafür waren nämlich 13 Patronen vorhanden, während es für den größeren mit Kaliber 9 nur drei waren. Der kleinere ließ sich zudem leichter verstecken. „Das Geschenk hat mich tatsächlich erfreut.“ Die zweite Waffe wurde der Leitung der Kampfgruppe übergeben.[355]

Langbeins Flucht misslingt

Auch Hermann Langbein schmiedete Fluchtpläne. Schon im Sommer 1944 hatten er und sein Freund Ernst Burger konkret damit begonnen, ihre Flucht vorzubereiten. Sie hatten von der Leitung der Kampfgruppe den Auftrag erhalten, gemeinsam mit den Partisanen in der Nähe von Auschwitz die Befreiung des Lagers zu organisieren. Anfang August war es soweit und der Termin wurde auf den kommenden Samstag festgelegt.

Damals war es einigen Gefangenen gelungen, in durchdachten und gut organisierten Aktionen zu entkommen. Unter ihnen befand sich auch der Österreicher Josef Meisel, der am 22. Juli 1944 gemeinsam mit dem polnischen Kommunisten Szymon Zajdow-Wojnarek, der ebenfalls dem Lagerwiderstand angehörte, auf abenteuerliche Weise aus dem Stammlager zu fliehen vermochte. Polnische Partisanen erwarteten und versteckten sie, bis sie von der Roten Armee befreit wurden. Auch diese Aktion der beiden ehemaligen Spanienkämpfer wurde von der Leitung der Kampfgruppe geplant und vorbereitet.[356]

In den folgenden Wochen wurde entschieden, dass Langbein und Burger folgen sollten. Hermann Langbein informierte Schwester Maria von dem Vorhaben. Das war zum einen dem guten Verhältnis der beiden geschuldet, zum anderen – und in dieser Situation noch wichtiger – sollte es sie und seinen Bruder schützen. Denn Langbein musste davon ausgehen, dass die Korrespondenz seines Bruders in Wien ab diesem Zeitpunkt scharf kontrolliert wurde.[357]

In seinem Buch „Die Stärkeren" schildert er den kurzen Dialog zwischen ihnen: „Sie schaut mich nur mit ihren braunen Augen an und sagt: ‚Wenn Sie glauben, dass es notwendig ist, tun Sie's. Aber geben Sie acht! Überstürzen Sie nichts.' Bevor ich aus der Küche gehe, sagt sie noch: ‚Wenn ich nicht wüsste, dass Sie so ein gottloser Kommunist sind, würde ich Sie jetzt bekreuzigen. ‚Tun Sie's, Schwester. Und ich danke Ihnen für alles.' Morgen um diese Zeit sind wir schon unterwegs."[358]

Das war allerdings eine trügerische Hoffnung. Sie hatten alles perfekt geplant. Langbein sollte eine SS-Uniform, die ihnen versprochen worden war, anziehen. Er konnte am ehesten glaubwürdig als SS-Mann auftreten, weil er damals schon nicht mehr kahl rasiert war und zudem das Verhalten von SS-Männern über all die Jahre aus nächster Nähe genau studiert hatte. Auch ein Passierschein war besorgt und das darauf befindliche Datum sorgfältig gefälscht worden. Auf dem Schein stand allerdings „2 Häftlinge, 1 Posten". Ernst Burger und er brauchten also noch einen dritten. Daher sollte Zbigniew „Zbyszek" Raynoch ebenfalls mitkommen. Dieser war sofort einverstanden.

Doch die Flucht musste immer wieder verschoben werden. Zuerst gab es Schwierigkeiten bei der Besorgung des SS-Rocks, dann funktionierte die Kommunikation mit der Widerstandsbewegung außerhalb des Lagers nicht, auch der Passierschein konnte nicht ständig verändert werden, ohne dass man das bemerkte.

Am 25. Oktober wurde Langbein plötzlich von seinem Arbeitsplatz geholt. Man teilte ihm mit, dass er umgehend „auf Transport" komme. Diese Ver-

Ernst Burger war ein enger Freund Hermann Langbeins und wollte ursprünglich gemeinsam mit ihm aus Auschwitz fliehen. Langbein wurde aber in ein anderes Lager überstellt. Bei dem wenig später durchgeführten, groß angelegten Fluchtversuch wurde Burger im Oktober 1944 gefasst und hingerichtet.

legung soll „im letzten Augenblick" und auf Anordnung der Politischen Abteilung gegen den Willen des SS-Standortarztes Dr. Wirths erfolgt sein. Er kam in ein neues Außenlager von Neuengamme nach Bremen zu den Borgward-Werken.[359]

Das langjährige Gegeneinander zwischen dem Standortarzt und der Politischen Abteilung sowie die unklaren Machverhältnisse sind auf die Organisationsstruktur zurückzuführen: Formal unterstand Dr. Wirths direkt dem „Amt D III für Sanitätswesen und Lagerhygiene" im Wirtschaftsverwaltungs-Hauptamt der SS in Berlin und hatte in Auschwitz somit sein eigenes „Reich".[360] Im „Fall Langbein" endete das im Oktober 1944 allerdings mit einer Niederlage des Standortarztes.

Wer dahintersteckte, lässt sich nicht mehr exakt rekonstruieren. Tatsache ist, dass Langbein zuvor sehr weit gegangen war und über Dr. Wirths den Lagerkommandanten informiert hatte, dass aufgrund des Verhaltens namentlich genannter SS-Männer die Unruhe unter den Häftlingen sehr groß sei. So etwas wurde von der Politischen Abteilung natürlich nicht gerne gesehen.

Statt in die Freiheit ging es für Langbein Ende Oktober deshalb „auf Transport". Über Neuengamme und andere Lager sollte er auf einem Evakuierungstransport nach Fallersleben östlich von Hannover überstellt werden. Er sprang aber Mitte April 1945 aus dem Zug und flüchtete ab 5. Mai mit einem Fahrrad nach Österreich. Im Mai 1945 traf er wieder in seiner Heimatstadt Wien ein.[361]

Aufstand des Sonderkommandos in Birkenau

Etwa zur gleichen Zeit, in der Langbein und Burger ihre Flucht vorbereiteten, war unter den Häftlingen der „Sonderkommandos" in Auschwitz-Birkenau große Unruhe entstanden. Sie waren besonders gefährdet, denn ihre einzige Aufgabe war das Verbrennen der Leichen aus den Gaskammern.

Den insgesamt knapp 700 Mann in den acht Kommandos war daher klar, was ihnen bevorstand, wenn die Rote Armee das Lager befreien würde. Filip Müller, einer der wenigen Überlebenden eines Sonderkommandos, berichtet: „Wir konnten uns nicht vorstellen, daß die Urheber der Massenmorde, die täglich vor unseren Augen verübt wurden, auch nur einen einzigen Zeugen ihrer Verbrechen am Leben lassen würden, wenn es mit ihrer Herrschaft zu Ende ging. Mußten sie doch befürchten, andernfalls zur Verantwortung gezogen zu werden. Wir waren deshalb davon überzeugt, daß nur ein gewaltsamer Ausbruch uns retten konnte."[362]

Das Näherrücken der Front löste bei den Männern der Kommandos daher unterschiedliche Gefühle aus. Einerseits wurde der zügige Vormarsch der Roten Armee bejubelt und ließ neue Hoffnung schöpfen, andererseits glaubte keiner ernsthaft daran, die Befreiung zu erleben.

Schon im Juli 1944 hatte es im Sonderkommando daher – unabhängig vom organisierten Lagerwiderstand – Pläne für einen Aufstand gegeben. Doch am „Tag X" – es war der 28. Juli 1944 – musste der Plan kurzfristig fallen gelassen werden. In den folgenden Monaten machte sich unter den dortigen Häftlingen so etwas wie Endzeitstimmung breit. Schon im Dezember 1942 war ja ein komplettes Sonderkommando ermordet worden.

Als am 7. Oktober 1944 eine Selektion angekündigt wurde und die Leitung der Kampfgruppe über konkrete Pläne der Lagerleitung informiert wurde, die Kommandos zu liquidieren, kam es zu einem spontanen und daher unorganisierten Aufstand. Die Männer waren überzeugt, dass eine Flucht ihre einzige Überlebenschance war und dass rasch gehandelt werden musste – auch wenn deshalb nur geringe Erfolgschancen bestanden.[363]

Mit Hämmern, Steinen und Äxten gingen sie gegen die SS-Männer vor, einem Teil gelang es sogar, in einen nahegelegenen kleinen Wald zu gelangen. Doch das spontane Unternehmen war von Anfang an zum Scheitern verurteilt. Etwa 250 Häftlinge und drei SS-Männer fielen im Kampf, weitere 200 wurden anschließend zur Abschreckung erschossen. Dennoch wird am folgenden Tag die gleiche Anzahl von Häftlingen des Sonderkommandos gemeldet: 663. Erst am übernächsten Tag wird die Zahl auf 212 Häftlinge reduziert.[364]

Der Aufstand selbst war trotz seiner Niederschlagung nicht ganz erfolglos und in mehrfacher Hinsicht von Bedeutung. Für die Widerstandsbewegung war es das Signal, dass gehandelt werden musste. Man beschloss daher, einigen Mitgliedern der Leitungsgruppe die Flucht zu ermöglichen, damit diese mit den in der Nähe befindlichen Partisanen die Befreiung vorbereiten konnten. Dazu war deren genaue Kenntnis der Lagerdetails vonnöten. Hermann Langbein war wegen seiner plötzlichen Verlegung allerdings ausgeschieden, sein Kollege Ernst Burger allerdings nicht. Auch zwei mit Maria Stromberger unmittelbar zusammenarbeitende Häftlinge, Edward Pyś und „Zbyszek" Raynoch, sollten zu dieser Gruppe gehören, dazu ein weiterer Pole und zwei Österreicher.[365]

Auf der anderen Seite allerdings hatte auch die SS erkannt, dass die Unruhe unter den Häftlingen groß war und es bei der bevorstehenden Auflösung des Lagers Schwierigkeiten geben würde. Auch sie traf daher entsprechende Vorkehrungen. Man aktivierte die Spitzel und stellte sich auf eine bewaffnete Auseinandersetzung ein.

Unabhängig von der Leitung hatten die Häftlinge im SS-Revier ebenfalls Fluchtvorbereitungen getroffen. Die meisten von ihnen stammten aus Rzeszów, einer Stadt, die bereits von der Roten Armee befreit war. Die Familienangehörigen waren somit in Sicherheit. Edek Pyś' Fluchtpläne hatten schon zuvor konkrete Gestalt angenommen und wurden von Maria Stromberger tatkräftig unterstützt. Ein Problem war, dass er zwar das Lager kannte, nicht aber die Gegend außerhalb des Lagers. Stromberger wusste Rat: „Um ihren Schützling Edward Pyś mit dem Terrain bekannt zu machen und ihm so den geplanten Ausbruch zu erleichtern, nahm sie ihn öfter in die entlegene Gärtnerei Rajsko mit, er sollte Blumen für die kranken SS-Männer mitnehmen."[366]

Was Kłodziński hier als „Gärtnerei" beschreibt, war ein von der SS geführter riesiger Gartenbaubetrieb in der kleinen Ortschaft Rajsko nahe Auschwitz, in dem im Jahr 1944 bereits 700 Häftlinge arbeiteten.[367]

Pyś' Freund Staszek Barański hatte sogar eine SS-Uniform „organisiert". Edek Pyś beriet sich mit „Zbyszek" Raynoch, der versprach, das mit der Leitung der Widerstandsgruppe zu besprechen. Er wusste ja, dass eine größere Flucht für mehrere Personen geplant war.[368]

Auch Emil und Staszek Barański wollten dabei sein. Doch sie wurden vor einer Konkretisierung der Pläne schon Anfang Oktober mit einem Transport in das Lager Neuengamme bei Hamburg abtransportiert. Beide starben kurz vor Kriegsende, als die Briten am 3. Mai 1945 das Passagierschiff „Cap Arcona“ in der Lübecker Bucht versenkten. Sie vermuteten dort deutsche Truppen. Das war ein Irrtum: An Bord befanden sich 7.500 KZ-Häftlinge.[369]

Fluchtplan der Widerstandsbewegung

Schon im Verlauf des Herbstes hatte die SS damit begonnen, vorerst die schriftlichen Dokumente des Massenmordes zu vernichten. Am 20. Oktober 1944 wurden aus dem Stammlager mit zwei Taxis und einem Gefangenentransportwagen Häftlingsdokumente – es handelte sich vor allem um Karteikarten, Todesbescheinigungen und Anklageschriften – in das Krematorium nach Birkenau gebracht und dort verbrannt.[370]

Die Zeit drängte also. Schließlich war es soweit. Und für Edek Pyś eröffnete sich durch seinen Freund „Zbyszek“ Raynoch eine weitere Möglichkeit zur Flucht. Dieser hatte ihm angeboten, am Fluchtunternehmen der Kampfgruppe teilzunehmen. Informationen erhielt Pyś ausschließlich von Raynoch. Er wusste weder, wer außer ihm und seinem Freund an der Flucht beteiligt sein würde, noch wusste er Genaueres über den Fluchtplan. Häftlinge wie Cyrankiewicz, Hołuj, Langbein oder Burger hatten schon vor Auschwitz in der Illegalität politisch gearbeitet und wussten, dass in Widerstandsorganisationen jeder nur das erfahren durfte, was unbedingt notwendig war. Alles andere brachte bei der Verhaftung eines Mitglieds automatisch alle anderen in Gefahr.

Nach etlichen Schwierigkeiten legte die Leitung den Termin für die fünf Häftlinge fest: Es sollte der 27. Oktober 1944 sein, drei Wochen nach dem Aufstand im Sonderkommando.

Fast hätte die SS die Pläne noch durchkreuzt, denn am Morgen des 23. Oktober 1944 wurden sämtliche polnischen Häftlinge ins Lager Birkenau transportiert, von wo sie in ein anderes Lager im Westen transportiert werden sollten. Doch zwei Tage später wurden Edward Pyś und seine Kollegen wieder ins Stammlager zurückgebracht, sie galten vorläufig noch als „unabkömmlich“. Raynoch traf sich nach dem Abendappell am 26. Oktober mit der Leitung. Bei seiner Rückkehr informierte er Pyś, dass es am folgenden Tag soweit sei. Alles war vorbereitet, auch die Partisanen waren informiert und warteten in einer kleinen Gemeinde nahe der Stadt Auschwitz auf sie.[371]

Der SS-Rottenführer Johannes Viktor Roth, Fahrer aus der Transportkolonne, war bestochen worden. Er sollte die Häftlinge von der Bekleidungswerkstätte aus mit einem Lastkraftwagen durch die „große Postenkette" fahren. Das war eine Kette von Wachposten, die in einigen Kilometern Entfernung vom Lager aufgestellt wurde. Ehemalige Kollegen, die bereits geflüchtet und jetzt bei den Partisanen waren, würden sie erwarten und hätten die weitere Flucht organisiert. Ziel war es, gemeinsam den Kampf für die Befreiung des Lagers aufzunehmen und die befürchtete Ermordung der Insassen zu verhindern.

Edek Pyś trug an diesem nasskalten Vormittag unter der Häftlingsmontur zivile Kleidung und hatte den Revolver von Schwester Maria dabei. Doch er hatte ein Problem: In der Verwaltung erwarteten die dortigen SS-Männer die Liste über die sogenannte „Verpflegungsstärke" – also eine namentliche Aufzählung der Kranken mit der Angabe ihrer Diät. Doch der SS-Mann, dem er die Meldung übergeben musste, war nicht da. Diese Liste musste spätestens um zehn Uhr beim Küchenchef sein, sonst würde dieser nachfragen und die Flucht würde eventuell frühzeitig bemerkt.

Um zehn Uhr vormittags sollte das gewagte Fluchtunternehmen im Stammlager starten. Edek Pyś wurde nervös. Kurz vor zehn Uhr legte er die Nachricht auf den Schreibtisch des SS-Mannes und eilte zum Treffpunkt bei der Bekleidungswerkstätte, wo er nur wenige Minuten später ankam. Dort standen zwar einige Lastwagen, von seinen Kameraden war aber weit und breit nichts zu sehen. Waren sie schon in den Kisten? In der Aufregung hatte er die Kennnummer des Wagens vergessen. Was tun? Die herumstehenden SS-Männer konnte er ja nicht fragen, die Ladeflächen untersuchen auch nicht. Ein Wagen nach dem anderen fuhr los. Mit seinen Freunden in die Freiheit? Edek Pyś war enttäuscht – vor allem von seinem Freund „Zbyszek" Raynoch. Er fühlte sich im Stich gelassen.

In der Diätküche waren inzwischen die anderen Häftlinge nervös geworden. Es begann ein quälendes Warten voller Ungewissheit. Die Kollegen dort waren über das Vorhaben im Vorhinein informiert worden und wussten, dass spätestens gegen Mittag die Flucht entdeckt und die Sirenen ertönen würden. Die gefürchtete Politische Abteilung würde eine Untersuchung einleiten und – wenn sie Pech hatten – wohl alle Verdächtigen in den „Bunker" stecken.

Dann kam unerwartet Edek Pyś zurück und musste natürlich viele Fragen beantworten. Warum war er nicht auf dem Lastwagen? Wo war er so

Zbigniew Raynoch war ein enger Vertrauter von Maria Stromberger, Hermann Langbein und Edward Pyś. Von Stromberger dürfte er auch jene Zyankalikapsel erhalten haben, mit der er sich nach dem gescheiterten Fluchtversuch im Oktober 1944 selbst tötete, um den Folterungen zu entgehen.

lange gewesen? Was wusste er von den anderen? Er war bedrückt. Zudem waren er und seine Kameraden erstaunt darüber, dass keine Sirenen ertönten. Plötzlich kam ein Häftling atemlos zur Tür herein: Die Polen Czesław Duzel, Zbigniew Raynoch, Bernard Świerczyna, Piotr Piąty und der Österreicher Ernst Burger waren kurz zuvor in einem Lastwagen zum Block 11 gebracht worden und bereits beim Verhör.

Es war Cyrankiewicz, der am Abend Pyś und den anderen erzählen konnte, was passiert war: Der Rumänen-Deutsche Johannes Viktor Roth, einer der bestochenen SS-Männer, war ein Spitzel und hatte den Plan verraten. Das führte zur Verhaftung aller Beteiligten – auch des zweiten SS-Mannes. Zwar versuchten die Häftlinge, sich mit Zyankalikapseln das Leben zu nehmen. Doch die SS ließ ihnen umgehend die Mägen auspumpen. Nur bei Zbigniew Raynoch und Czesław Duzel wirkte das Gift.

Verhaftet wurden auch Langbeins Freunde Ludwig Vesely und Rudolf Friemel, die die Flucht mit vorbereitet hatten.[372]

Burger, Friemel, Vesely, Świerczyna und Piąty wurden tagelang gefoltert, verrieten aber nichts. Am 30. Dezember 1944 wurden sie auf dem Appellplatz des Stammlagers vor den angetretenen 15.000 Häftlingen gehenkt. Dazu wurde eigens eine Traverse auf Pflöcken fixiert, die als Galgen diente. Unmittelbar vor der Erhängung wurden die Hinrichtungskandidaten noch durch SS-Männer geschlagen, weil sie antifaschistische Parolen riefen: „Weg

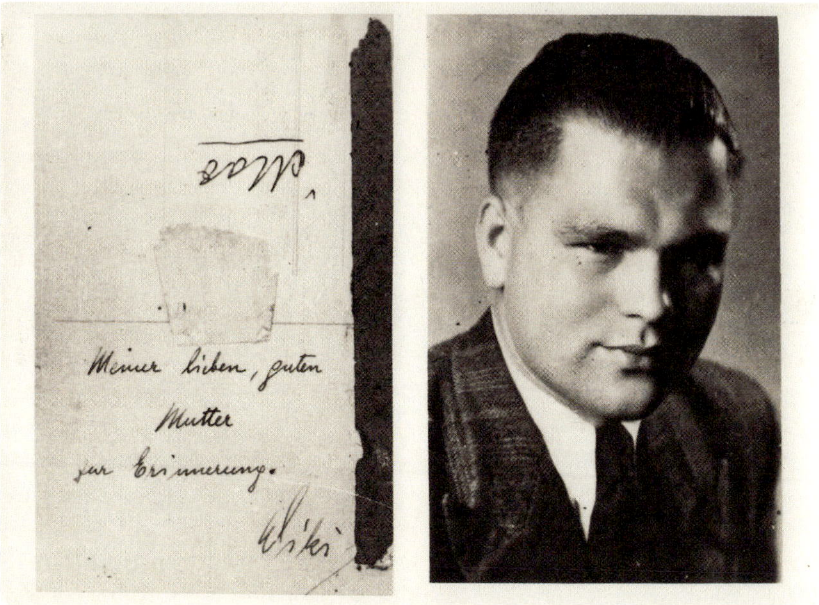

Ludwig Vesely schickte dieses Bild nach Wien: „Meiner lieben, guten Mutter zur Erinnerung“. Nach tagelanger Folterung wurde er nach seiner gescheiterten Flucht gemeinsam mit seinen Kameraden am 30. Dezember 1944 öffentlich gehenkt.

mit Hitler!“, „Weg mit dem Faschismus!“, „Heute wir, morgen ihr!“ – und die zwei polnischen Verurteilten fügten hinzu: „Es lebe Polen!“[373]

Pyś war tief erschüttert, vor allem der Tod seines Freundes „Zbyszek“ Raynoch traf ihn schwer.[374] Er wusste inzwischen zwar, dass er großes Glück gehabt hatte, der Ablauf der Flucht aber ließ viele Fragen offen. In seinen unveröffentlichten Erinnerungen über seine Zeit in Auschwitz schreibt er:

„Viele Jahre lang [...] konnte ich nicht verstehen, warum die Kollegen damals nicht auf mich gewartet hatten. Welcher Zufall hatte mir das Leben gerettet? Es war schließlich abgemacht, dass ich mit ihnen fahre. Über eine solche Entscheidung hätte mich Zbyszek [Raynoch] schließlich informiert, und er hätte mich nicht unnötigerweise gefährdet. Wenn nicht der kleine Zufall dazwischengekommen wäre, hätten wir doch gemeinsam das SS-Revier verlassen. Und er wusste doch, dass ich spätestens nach ein paar Minuten am Ort wäre. Ich konnte mir das nicht erklären, obwohl ich sogar bei ehemaligen Mitgliedern der damaligen Organisation nachgefragt habe. Erst nach einigen Jahren erlaubte mir ein Zufall, das Geheimnis zu lüften. Es erwies sich nämlich, und das wird von schriftlichen Aufzeichnungen mehrerer Zeugen bestätigt, dass der Treffpunkt nicht die ‚Bekleidungswerkstätte' [...] außerhalb der Lagerumzäunung war, [...] sondern das Gebäude ‚Bekleidungskammer' (wo Häftlingssachen gelagert waren), das sich im Lager selbst befand."[375]

Auch für die polnischen Partisanen endete der misslungene Fluchtversuch der Auschwitz-Häftlinge tragisch. Bewaffnete SS-Männer fuhren mit demselben Lastwagen zum etwa sieben Kilometer vom Stammlager entfernten vermeintlichen Treffpunkt, einem Gasthaus in Łęki. Dort warteten mehrere Mitglieder der Widerstandsbewegung. Es kam zu einer Schießerei, die zwei Polen das Leben kostete. Ein zufällig im Garten arbeitender schwerhöriger Mann schätzte die Situation falsch ein und fiel im Feuergefecht ebenso wie der wenige Monate zuvor aus Auschwitz geflohene Kostek Jagiełło. Vier Widerstandskämpfer wurden verhaftet, in der Stadt Auschwitz eingesperrt, von wo sie aber noch in derselben Nacht fliehen konnten.[376]

Der Widerstand geht weiter

Maria Stromberger hatte vom Fluchtversuch der ihr untergebenen Häftlinge gewusst, diese hatten sie im Vorhinein informiert. Der Fehlschlag, der Tod eines der beiden und die ständige Gefahr, in der sie alle schwebten, bedrückten sie sehr.

Die missglückte Flucht war aber auch ein schwerer Schlag für die Widerstandsbewegung, von dem sie sich auch deshalb nicht wirklich erholen konnte, weil führende Mitglieder – darunter auch Langbein und Hołuj – schon zuvor in andere Lager überstellt worden waren.[377]

Der Kampfgruppe Auschwitz gelang es bei der Evakuierung des Lagers jedenfalls nicht, den geplanten Aufstand durchzuführen: „In der Schlußphase der Geschichte von Auschwitz hat die Widerstandsbewegung keine entscheidende Rolle mehr spielen können", resümiert etwa Hermann Langbein bitter. Er merkt aber auch an, dass es ihr immerhin „gelungen [ist], Sand in die Todesmaschinerie zu streuen".[378]

Schwester Maria zählte zu den ganz wenigen, die in die Fluchtvorbereitungen eingebunden waren. Sie ließ sich durch den Schock, den das Misslingen unter den Häftlingen auslöste, nicht beirren. Im Auftrag der Wider-

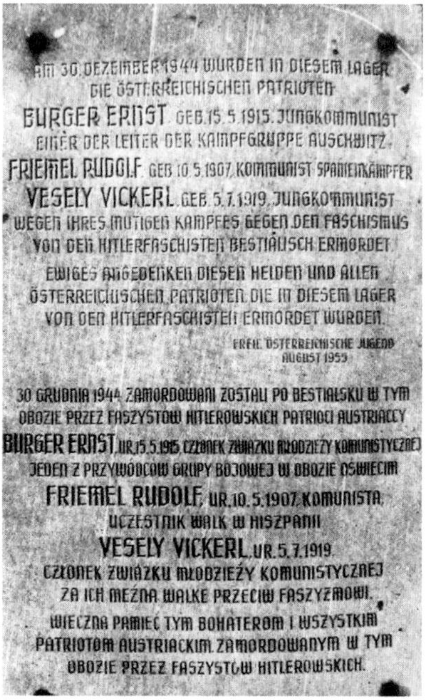

In der Gedenkstätte am Haus „Block Nr. 4" angebrachte Gedenktafel für die am 30. Dezember 1944 vor 15.000 Häftlingen gehenkten österreichischen Widerstandskämpfer Ernst Burger, Rudolf Friemel und Ludwig Vesely.

standsbewegung fuhr sie in den folgenden Wochen nach Chorzów und Kattowitz, beförderte nicht nur Post, sondern auch falsche Kennkarten, illegale polnische Zeitungen und schließlich sogar Sprengstoff. Edward Pyś erinnert sich, dass Maria Stromberger einmal den Auftrag erhielt, zu einem festgesetzten Zeitpunkt einem Mann in SS-Uniform auf dem Bahnhof von Auschwitz ein Päckchen zu übergeben. Als Erkennungszeichen für ihn sollte sie über ihrer Schwesterntracht eine Pelerine tragen. Was sich in den Päckchen befand, wussten weder Edek Pyś noch Schwester Maria. Sie hat diesen Auftrag ausgeführt."[379]

In dieser Zeit wurde die Bedeutung Maria Strombergers für die Widerstandsbewegung noch größer, als sie es zuvor schon war. Das zeigt ein Blick in die erhalten gebliebenen Aufzeichnungen der Krakauer Widerstandsbewegung. Hier einige Beispiele. Unter dem Datum „26.11.1944" ist vermerkt: „Macht mit der Schwester so viel Kontakte wie möglich – es ist ein sicherer und schneller Weg – abholen können wir immer. Trefft Euch nicht in der Nähe des Lagers. So schnell geht die Post über die Schwester zu Euch", „Sendet den Sprengstoff über die Schwester".[380]

Nach der Verlegung Langbeins und Hołujs in andere Konzentrationslager und nach dem gescheiterten Fluchtversuch vom 27. Oktober 1944 erhielt die Internationale Leitung der Kampfgruppe Auschwitz bis auf den verbliebenen Cyrankiewicz eine neue Besetzung, die bis Januar 1945 – dem Zeitpunkt der Evakuierung des Lagers – konstant blieb.[381]

Die SS war durch den Aufstand des Sonderkommandos in Birkenau, einige kleinere und den großen organisierten Fluchtversuch Ende Oktober noch mehr aufgeschreckt, als dies zuvor schon der Fall gewesen war. Die Nervosität war überall zu spüren. Das steigerte sich noch, als polnische Partisanen, die als SS-Männer verkleidet waren, im näheren Umkreis des Lagerkomplexes rund um das Stammlager und Birkenau aufgetaucht waren. Am 9. November 1944 befahl der Lagerkommandant daher, dass sich auch „alle Personen in SS-Uniform zu legitimieren haben".

Da zum selben Zeitpunkt die russische Front nur noch wenige Kilometer entfernt und die Liquidierung aller Lagerinsassen befürchtet werden musste, war auch aufseiten der Häftlinge die Nervosität groß. Die Widerstandsbewegung wollte mit der Roten Armee und den polnischen Partisanen unbedingt Kontakt aufnehmen, um die Beseitigung aller ungeliebten Zeugen durch die SS zu vereiteln.

Ab Anfang November 1944 wurden die Vergasungen eingestellt und die Krematorien gesprengt. Alle Beweise für den Massenmord sollten vernichtet werde. Doch der Vormarsch der Roten Armee ging schneller vor sich als erwartet.

Maria Stromberger hatte in dieser Zeit noch einige Turbulenzen zu überstehen. Im Dezember 1944 war sie krankheitsbedingt zwei Wochen außer Gefecht. Dr. Wirths behandelte sie persönlich und diagnostizierte bei ihr eine schwere Polyarthritis. Er befahl ihr, in ihrem Zimmer in der SS-Krankenstation zu bleiben, und verschrieb ihr gegen die großen Schmerzen ein Morphin-Präparat. Das sollte noch Folgen haben.[382]

Letzter Auftrag

Zur Erkrankung Maria Strombergers hatten wohl auch die dramatische Lage in Auschwitz und die daraus resultierende große psychische Belastung beigetragen. Ihre Gelenksentzündung war jedenfalls sehr schmerzhaft und zwang sie zur Bettruhe. Ausgerechnet in dieser Situation wurde es um die Weihnachtsfeiertage noch einmal gefährlich für sie.

Das ganze Jahr über hatte die Widerstandsbewegung gehofft, dass die Alliierten die Bahnlinie zum Lagerkomplex und die Gaskammern bombardierten – vergeblich. Erst kurz vor der Auflösung des Lagers gab es dann die Angriffe. Am 26. Dezember 1944 kam es zu einem amerikanischen Luftangriff auf den Komplex der IG-Farben-Werke in Dwory bei Auschwitz. Mehrere Bomben verfehlten aber ihr Ziel und fielen auf das in der Nähe von Auschwitz-Birkenau gelegene SS-Lazarett. Dabei kamen fünf SS-Männer ums Leben.

Getroffen wurde auch jener Luftschutzbunker, der für die Krankenschwestern vorgesehen war. In diesem Unterstand hatte Schwester Maria Stromberger wichtige Dokumente versteckt: Seit Wochen wurden dort zwei Bücher verwahrt, die sie in Zusammenarbeit mit der Widerstandsbewegung besorgt hatte und die sie einem Mittelsmann übergeben hätte sollen. Doch der Kontakt ließ sich lange Zeit nicht herstellen. Im Versteck lagen neben den Büchern auch Flugblätter und Medikamente.[383]

Die Situation war gefährlich, denn bei einer Entdeckung der Bücher in den Trümmern wäre bald klar gewesen, dass sie diese entwendet hatte. Mit Hilfe einer Jugoslawin, der 19-jährigen Mira, verließ sie trotz Fieber und Schmerzen ihr Zimmer und ging auf die Suche nach den Unterlagen. Den beiden gelang es, die Bücher in dem zerbombten Gebäude zu finden und in Sicherheit zu bringen.[384]

Doch noch war nichts erreicht. Die Bücher mussten nach draußen zur Widerstandsbewegung. Maria Stromberger gelang es trotz der damaligen chaotischen Situation im Lager endlich, den Kontakt herzustellen. Sie bat darum, die „heiße Ware“ möglichst rasch zu übernehmen. Am Sonntag, dem 31. Dezember 1944, war es dann soweit. Es erfolgte die letzte wichtige Widerstandshandlung der Krankenschwester aus Österreich: Sie übergab „Natalia Szpak[385] ihre letzte Sendung“.[386]

Abberufung nach Berlin

Knapp zwei Wochen vor der Evakuierung von Auschwitz meldete sich Anfang Jänner das SS-Führungshauptamt in Berlin in Sachen Maria Stromberger in Auschwitz. Der Befehl lautete, sie müsse umgehend in der Reichshauptstadt im SS-Hauptamt erscheinen. Was hatte das zu bedeuten? Standortarzt Dr. Eduard Wirths hielt bislang seine schützende Hand über die kompetente und zuverlässige Krankenschwester. Er wusste aber auch, dass sie keine Nationalsozialistin war und dass es in den vergangenen fast zweieinhalb Jahren immer wieder Beschwerden gegen sie gegeben hatte.

Doch es half nichts. Maria Stromberger musste die Reise ins Ungewisse antreten. Radvanský erinnert sich an ihre Verabschiedung von den Häftlingen: „Wir waren im Keller, und sie hat jedem ein Kreuz auf die Stirn

Im Dezember 1945 war Maria Stromberger bettlägerig, übernahm aber dennoch einen Auftrag der Widerstandsbewegung und sicherte wichtige Dokumente, die anschließend aus dem Lager geschmuggelt wurden. Ausschnitt aus den Erinnerungen von Edward Pyś. Er und andere Häftlinge haben Strombergers selbstlosen Einsatz nach Kriegsende festgehalten.

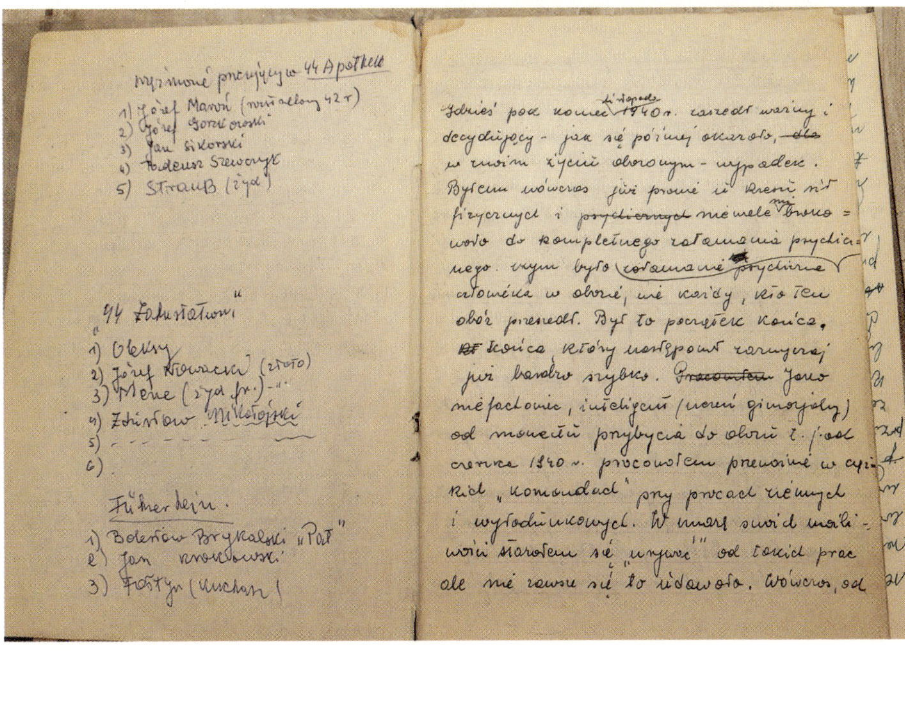

Wyznaczeni przyjęciu w 44 Apotheke
1) Józef Marni (zwolniony 42 r)
2) Józef Górkiewski
3) Jan Sikorski
4) Tadeusz Szewczyk
5) Straub (Żyd)

„44 Zahnstation"
1) Oleksy
2) Józef Kowalczyk (złoto)
3) Mene (Żyd fr.) -"-
4) Zdzisław Mikołajski
5) - - -
6)

Führerheim.
1) Bolesław Brykalski „Pat"
2) Jan Kraśniewski
3) Fostyn (kucharz)

Gdzieś pod koniec listopada 1940 r. zaszedł ważny i decydujący – jak się później okazało, w moim życiu obozowym – wypadek. Byłem wówczas już prawie u kresu sił fizycznych i niewiele mi brakowało do kompletnego załamania psychicznego. Czym było załamanie psychiczne człowieka w obozie, wie każdy, kto ten obóz przeszedł. Był to początek końca. Końca, który następował zazwyczaj już bardzo szybko. Jako nie fachowiec, inteligent (uczeń gimnazjalny) od momentu przybycia do obozu t.j. od czerwca 1940 r. pracowałem przeważnie w ciężkich „komandach" przy pracach ziemnych i wyładunkowych. W miarę swoich możliwości starałem się „urywać" od takich prac ale nie zawsze się to udawało. Wówczas, od

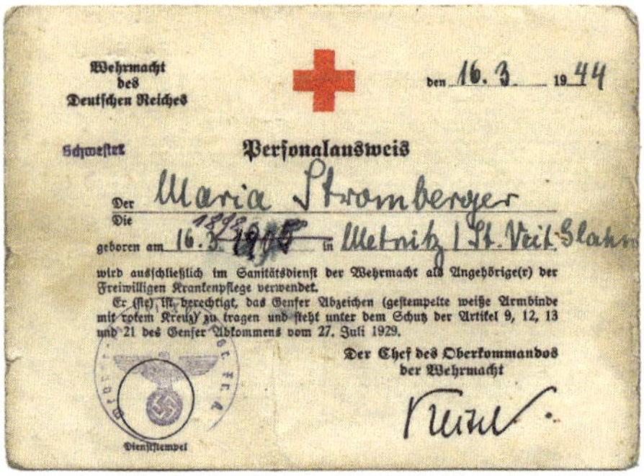
Wehrmacht
des
Deutschen Reiches

den 16. 3. 1944

Schwester

Personalausweis

Der
Die Maria Stromberger

geboren am 16. 3. 1895 in Metnitz / St. Veit-Glan

wird ausschließlich im Sanitätsdienst der Wehrmacht als Angehörige(r) der Freiwilligen Krankenpflege verwendet.

Er (sie) ist berechtigt, das Genfer Abzeichen (gestempelte weiße Armbinde mit rotem Kreuz) zu tragen und steht unter dem Schutz der Artikel 9, 12, 13 und 21 des Genfer Abkommens vom 27. Juli 1929.

Der Chef des Oberkommandos
der Wehrmacht

Dienststempel

Gegen Kriegsende waren Ausweise der Wehrmacht deutlich begehrter als solche der SS: Auch Maria Stromberger erhielt am 16. März 1944 einen solchen. Tatsachenwidrig steht darauf, dass er „ausschließlich im Sanitätsdienst der Wehrmacht" verwendet werde.

Während sich Stromberger als angeblich Morphiumsüchtige in einem Prager Lazarett befand, wurden Ende Jänner die noch in Auschwitz verbliebenen Häftlinge von russischen Truppen befreit. Darunter waren viele Kinder. Nur wenige von ihnen fanden ihre Eltern wieder.

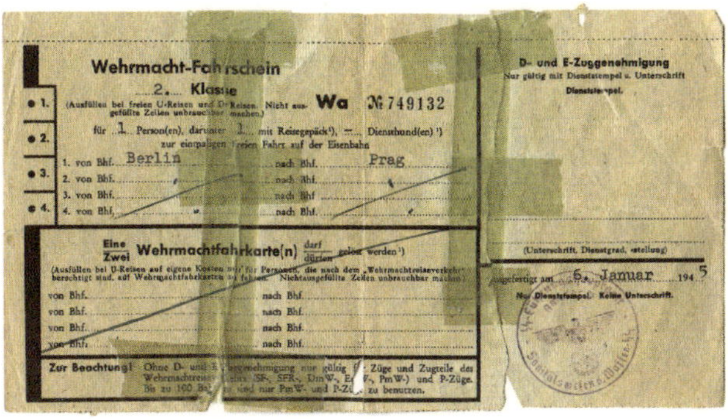
Wehrmacht-Fahrschein
2. Klasse
(Ausfüllen bei freien U-Reisen und D-Reisen. Nicht ausgefüllte Zeilen unbrauchbar machen)
Wa №749132
für 1 Person(en), darunter 1 mit Reisegepäck¹), – Diensthund(en) ¹)
zur einmaligen freien Fahrt auf der Eisenbahn
1. von Bhf. Berlin nach Bhf. Prag
2. von Bhf. nach Bhf.
3. von Bhf. nach Bhf.
4. von Bhf. nach Bhf.

Eine / Zwei Wehrmachtfahrkarte(n) darf / dürfen gelöst werden¹)
(Ausfüllen bei U-Reisen auf eigene Kosten nur für Personen, die nach dem „Wehrmachtreiseverkehr" berechtigt sind, auf Wehrmachtfahrkarten zu fahren. Nichtausgefüllte Zeilen unbrauchbar machen)
von Bhf. nach Bhf.
von Bhf. nach Bhf.
von Bhf. nach Bhf.
von Bhf. nach Bhf.

Zur Beachtung! Ohne D- und E-Zuggenehmigung nur gültig für Züge und Zugteile des Wehrmachtreiseverkehrs (SF-, SFR-, DmW-, EmW-, PmW-) und P-Züge. Bis zu 100 km sind nur PmW- und P-Züge zu benutzen.

D- und E-Zuggenehmigung
Nur gültig mit Dienststempel u. Unterschrift
Dienststempel.
(Unterschrift, Dienstgrad, -stellung)
Ausgefertigt am 6. Januar 1945
Nur Dienststempel. Keine Unterschrift.

Mit diesem Wehrmachts-Fahrschein fuhr Maria Stromberger am 6. Jänner 1945 von Berlin nach Prag. Dort sollte sie einen „Entzug" machen. Da aber keine Sucht festgestellt wurde, konnte sie nach einer kurzen Erholung heim nach Bregenz.

gemacht. Auch mir. ‚Bleib gesund und überlebe alles'. Das war Maria. Dann haben wir zusammen geweint." Auch beim Interview mit dem Verfasser fängt er an dieser Stelle an zu weinen: „Ich schäme mich nicht, dass ich Tränen in den Augen habe. Ich schäme mich nicht. Solche Menschen kommen nicht viele auf die Welt."[387] Auch Edek Pyś berichtet von dieser tränenreichen Verabschiedung. Er habe ihr dabei zudem versprechen müssen, sie in Bregenz zu besuchen, falls er überleben würde. Zu diesem Besuch sollte es allerdings nie kommen.[388]

Dr. Wirths gab Stromberger ein Schreiben mit, über dessen folgenschweren Inhalt sie nichts wusste. In den vergangenen Monaten hatte er sie mehrmals – nicht nur im Dezember – wegen ihrer Gelenksentzündung behandelt, ihr zuletzt sogar Morphin gegen die starken Schmerzen verschrieben und Bettruhe verordnet.

Als sie in Berlin ankam, wurde sie von der leitenden Armeekrankenschwester vom Roten Kreuz befragt. Deren Verhalten war merkwürdig. Stromberger hatte das Gefühl, dass etwas nicht in Ordnung war. Auf die Frage, woher denn die offenkundige Nervosität komme, antwortete Maria Stromberger, sie sei doch in Auschwitz gewesen und habe viel erlebt. Die Oberschwester ließ nicht locker: „Aber sie haben damit doch nichts mehr zu tun." Stromberger antwortete, sie habe die Augen nicht zumachen und die Ohren nicht verstopfen können.

Mehr erfuhr sie nicht. Es folgte eine Überweisung an das neurologische Krankenhaus in Prag, wohin sie am 6. Jänner fuhr.[389] Dort behandelte sie ein Arzt – „ein Oberscharführer, aber sehr vernünftig", wie sie zwei Jahre später angibt: „Er nahm meine Krankheitsgeschichte, und als ich ihm alles erzählt hatte, was zu sagen war, fragte er: ‚Und außerdem haben Sie nichts mitzuteilen?' Ich sagte ihm: ‚Ich bin Raucherin, sonst habe ich keine Sünden.'" Dann wurde der Arzt direkt und fragte, wie das mit dem „Rauschgift" sei. Stromberger war natürlich sehr verwundert, erinnerte sich aber daran, dass ihr Dr. Wirths 250 Gramm Morphin verschrieben hatte: „Das habe ich nicht angewendet. Ich habe Dolantin[390] eingenommen, das kein Morphin enthält. Übrigens kann man das Gift in mir feststellen, ich unterziehe mich gerne einer Prüfung." Erst jetzt erfuhr Stromberger von der diesbezüglichen Diagnose Dr. Wirths'.[391]

Schwester Maria konnte diese Diagnose von Dr. Wirths als „Morphinistin" überhaupt nicht nachvollziehen. Warum hatte er das gemacht? Sie hatten doch ein sehr gutes Verhältnis gehabt, und er hatte sie auch mehrmals gegen Angriffe in Schutz genommen. Hatte er Angst, dass sie als Gegnerin des Nationalsozialismus durch ihr ablehnend gegenüberstehenden SS-Männer oder die Lager-Gestapo in Schwierigkeiten geraten könnte. Wollte er ihr helfen? Die meisten ehemaligen Häftlinge haben das jedenfalls so interpretiert. Auch Edward Pyś und Stanisław Kłodziński gehen von einer Rettungstat des Standortarztes aus.[392]

Faktum ist, dass Dr. Wirths sie mit seiner Diagnose in diesen chaotischen letzten Tagen in der Geschichte des Vernichtungslagers aus der Schusslinie genommen und ihr damit vielleicht das Leben gerettet hatte. Ihre Situation im Lager war ja offensichtlich schon sehr kritisch geworden. Hermann Langbein stellt das so dar: „Ich kann mir den Schritt Dr. Wirths' nur so erklären, dass Gerüchte über ihre Hilfe für Häftlinge laut geworden sein dürften und er sie auf diesem Weg außer Reichweite der Politischen Abteilung bringen wollte."[393]

Evakuierung von Auschwitz

Während Maria Stromberger in Prag mit der Diagnose von Dr. Wirths zu kämpfen hatte und ihre Heimreise nach Bregenz vorbereitete, ging es in Auschwitz drunter und drüber.

Weil die Rote Armee schneller vorrückte als erwartet, musste die Räumung des Lagers überhastet in Angriff genommen werden. Am 18. Januar 1945 begann die SS mit der Evakuierung des riesigen Lagerkomplexes. In Gruppen zu jeweils etwa tausend bis 1.500 Menschen wurden die Häftlinge auf die vorgesehenen Marschrouten getrieben. Insgesamt dürften es etwa

Im bitterkalten Jänner 1945 wurden etwa 60.000 Häftlinge aus Auschwitz nach Westen getrieben. Ein Viertel starb an den Strapazen oder wurde erschossen. Immerhin noch 7.600 Häftlinge konnte die Rote Armee am 27. Jänner 1945 befreien.

Das Konzentrationslager Gusen war ein gefürchtetes Außenlager des KZ Mauthausen. Hier waren etwa 70.000 Häftlinge eingesperrt, 35.000 von ihnen starben. Edward Pyś wurde hier am 5. Mai 1945 von amerikanischen Truppen befreit.

Die berüchtigte „Todesstiege" von Mauthausen: Hierher wurden nach der Evakuierung von Auschwitz viele Häftlinge überstellt. Edward Pyś war nur kurz hier und kam dann nach Gusen.

60.000 Häftlinge gewesen sein, die zu Fuß Richtung Westen marschieren mussten.

Auf diesen Todesmärschen kamen Tausende um. Wer entkräftet zusammenbrach, wurde von den SS-Begleitmannschaften erschossen. Auf kleineren Bahnhöfen in Oberschlesien warteten Güterzüge mit meist offenen Kohlewagen, die die Häftlinge dann in mehrtägiger Fahrt ohne Verpflegung weiter in die Konzentrationslager Buchenwald, Mauthausen oder Ravensbrück transportierten. Entsprechend hoch, aber statistisch nicht erfasst, war die Sterberate. Der polnische Historiker Andrzej Strzelecki geht von bis zu 15.000 Opfern aus.[394]

Edward Pyś überlebte: Er kam zuerst nach Mauthausen und erhielt dort die Häftlingsnummer 118.206, dann wurde er in das Lager Gusen überstellt und dort als „Elektriker-Hilfsarbeiter" im Messerschmitt-Werk in St. Georgen eingesetzt.[395]

Auschwitz war inzwischen von der SS geräumt worden. Am 27. Januar 1945 erreichten sowjetische Truppen das Lager und befreiten die noch dort befindlichen etwa 7.600 Häftlinge. Am Tag davor hatte die SS als Letztes das Krematorium V in Auschwitz-Birkenau gesprengt. Der Befehl, die noch im Lager befindlichen Häftlinge zu töten, konnte vom zuständigen Sturmbannführer und seiner „Liquidierungsabteilung des SD" nicht mehr ausgeführt werden, da seiner Einheit die Einkesselung durch die Rote Armee drohte. Doch für viele Überlebende kam die Befreiung zu spät: Trotz ärztlicher Hilfe verstarben noch Hunderte von ihnen an den Folgen der Lagerhaft.[396]

Edward Pyś erlebte erst am 5. Mai 1945 die Befreiung durch amerikanische Truppen in Gusen. Mit dem ersten Transport konnte er dann am 28. Juni 1945 von Linz aus wieder nach Polen zurückkehren. Als er seine Heimatstadt Rzeszów erreichte, hatte er über fünf furchtbare Jahre in Gefangenschaft bei den Nazis hinter sich – er war endlich wieder zuhause und hatte überlebt: „Was auch immer der Grund war, ich habe Glück gehabt."[397]

Für Maria Stromberger endete der Krieg am 1. Mai: An diesem Tag wurde Bregenz durch französische Truppen befreit. Von Prag aus hatte sie noch einen kurzen Genesungsurlaub antreten können und gelangte anschließend über Umwege und „kurz vor Torschluss" – wie sie sich ausdrückte – sehr rasch wieder nach Bregenz. Dort kam sie am 3. Februar 1945 und somit genau eine Woche nach der Befreiung von Auschwitz an und meldete sich wieder offiziell an.[398]

Nach der NS-Herrschaft: Warten auf bessere Zeiten

Nach ihrer Ankunft in Bregenz im Februar 1945 musste sich Maria Stromberger zuerst ein paar Wochen von den Strapazen der letzten Monate erholen und vor allem ihr schmerzhaftes Leiden auskurieren. Zudem machte ihr nach den zurückliegenden Turbulenzen erneut ihr Herz zu schaffen. Und zuhause war die Aufregung angesichts des bevorstehenden Kriegsendes vorerst nicht dazu angetan, ihre Genesung zu fördern. Bregenz wurde damals noch nationalsozialistisch regiert und sollte es noch über zwei Monate bleiben.

Dr. Karl Scharfetter, Facharzt für Nervenheilkunde, attestierte der Zurückgekehrten am 3. April 1945 eine Schultergelenksentzündung, wegen der sie seit dem 14. März in Behandlung sei und die noch andauern werde.[399]

Die Befreiung der Stadt am 1. Mai 1945 überstand sie unversehrt. Weil sich die deutschen Truppen nicht zurückgezogen hatten, wurde Bregenz in der Nacht vom 30. April zum 1. Mai von der französischen Armee massiv beschossen. Achtzig Häuser wurden dadurch total zerstört, zahlreiche weitere stark beschädigt. Zuvor hatte die SS gewütet und noch in den letzten Stunden der NS-Herrschaft Angst und Schrecken verbreitet. Das kostete zwei junge Offiziere der Wehrmacht das Leben: Anton Renz und Helmut Falch hatten versucht, die sinnlose Sprengung der Brücke über die Bregenzer Ache nach Lauterach zu verhindern. Sie wurden verschleppt, gefoltert und erschossen. Ihre Leichen wurden in eine Jauchegrube geworfen.[400]

Am Tag der Befreiung von Bregenz fielen in Langenegg im Bregenzerwald gleich sechs Männer einer Widerstandsgruppe in einem Feuergefecht mit SS-Einheiten. Schon zuvor war in Hohenweiler Hermann Rottmeier erschossen worden, weil er sein Haus zu früh weiß beflaggt hatte.[401]

Maria Stromberger überstand auch diese Schlussphase der NS-Herrschaft unbeschadet. Das Haus in der Heldendankstraße wurde bei der Beschießung der Stadt nicht getroffen. In den folgenden Monaten versuchte sie, wieder ein normales Leben zu führen. Doch das war wesentlich schwieriger als erwartet. Zu präsent waren die Ereignisse in Auschwitz.

Sie hoffte nach Kriegsende auf einen Besuch oder zumindest ein Lebenszeichen von Edward Pyś. In Auschwitz hatte sie beim Abschied mit ihm ja ausgemacht, dass er sie nach Kriegsende besuchen komme. Leicht

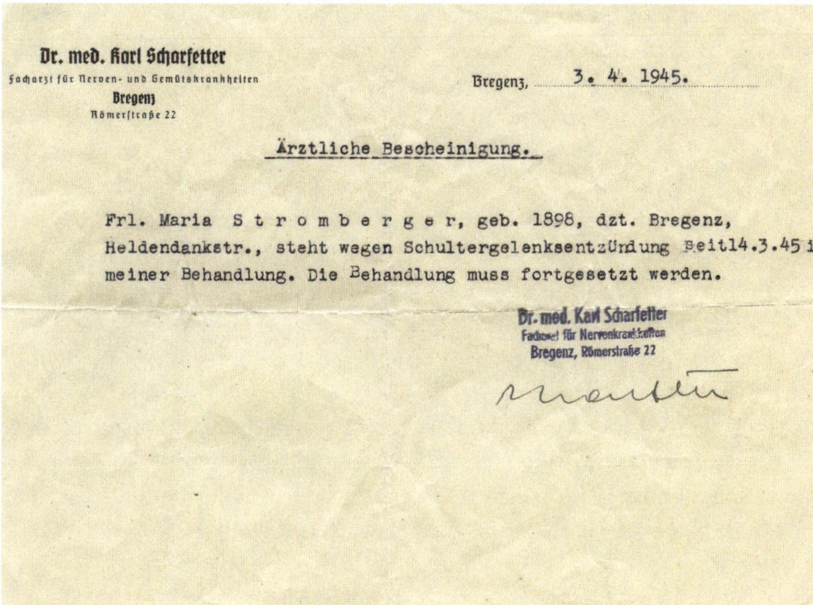

Dr. med. Karl Scharfetter
Facharzt für Nerven- und Gemütskrankheiten
Bregenz
Römerstraße 22

Bregenz, 3. 4. 1945.

Ärztliche Bescheinigung.

Frl. Maria S t r o m b e r g e r, geb. 1898, dzt. Bregenz, Heldendankstr., steht wegen Schultergelenksentzündung seit14.3.45 in meiner Behandlung. Die Behandlung muss fortgesetzt werden.

Dr. med. Karl Scharfetter
Facharzt für Nervenkrankheiten
Bregenz, Römerstraße 22

Schon in Auschwitz begannen die gesundheitlichen Probleme: Sie sollten Maria Stromberger nach 1945 bis zu ihrem Tod begleiten: Krankschreibung durch Dr. Scharfetter vom 3. April 1945.

Die Wohnung ihrer Schwester Karoline Greber befand sich im ersten Stock dieses Hauses in der Heldendankstraße in Bregenz und wurde zum Rückzugsgebiet der Krankenschwester, die ihre Liebe „in Auschwitz verstreut" hatte.

vorwurfsvoll schrieb sie ihm: „Jeden Tag hoffte ich, Sie würden einmal bei uns vor der Türe stehen und jeden Tag war es mir, als ob ich Ihre Gestalt auftauchen sähe! Aber leider immer vergebens."[402]

Dabei lag es nicht an Edward Pyś, dass sie so lange keine Nachricht über seinen Werdegang nach der Befreiung erhalten hatte. Der Briefverkehr zwischen Polen und Österreich war in den unruhigen Nachkriegsmonaten noch sehr unzuverlässig. Speziell für Maria Stromberger war das nur schwer auszuhalten, konnte sie die Erlebnisse in Auschwitz doch – neben ihrer Schwester Karoline und der Nichte Hedwig – nur mit ihren ehemaligen Vertrauten verarbeiten. Dauerhaften Briefverkehr hatte sie vor allem mit Edward Pyś in Polen und etwas später auch mit Hermann Langbein in Wien.

Die Tragödie vieler Widerstandskämpfer gegen den Nationalsozialismus spiegelt sich – was die Zeit nach 1945 anbelangt – wohl selten in einer Person so krass wie bei Maria Stromberger. Aus den erhalten gebliebenen Briefen klingen deutlich Einsamkeit, Resignation und Müdigkeit durch.

Besuch aus Auschwitz

Der sehnlichst erwartete Gast blieb aus. Dafür hatte sich nur wenige Wochen nach Kriegsende ein anderer Besucher gemeldet. Im Juni 1945 stand Józef Nowacki vor der Tür, ein ehemaliger polnischer Häftling aus Auschwitz. Maria Stromberger kannte ihn sehr gut und hatte im Lager auch viel für ihn getan. Nowacki war Funktionshäftling in der neben dem SS-Revier gelegenen SS-Zahnstation. Gemeinsam mit Edward Pyś kam Nowacki in der Schlussphase nach Mauthausen und dann nach Gusen. Im Gegensatz zu seinem Kollegen wollte er bei Kriegsende aber nicht heim, sondern suchte sein Glück in Österreich.

Nun quartierte er sich bei Maria Stromberger, ihrer Schwester Karoline Greber und deren Tochter Hedwig als eine Art Dauergast ein, was in den folgenden Monaten zu erheblichen Problemen führte.

Nowacki war in der SS-Zahnstation großen psychischen Belastung ausgesetzt gewesen, weil er gemeinsam mit zwei jüdischen Häftlingen bei der Einschmelzung des Zahngoldes beschäftigt war. Dort „war im Raum neben dem Klo [...] ein Ofen montiert, in welchem Goldzähne, die den vergasten Opfern herausgerissen wurden, eingeschmolzen wurden." Edward Pyś wusste detailliert darüber Bescheid: „Von den Gefangenen, die bei der Gold-

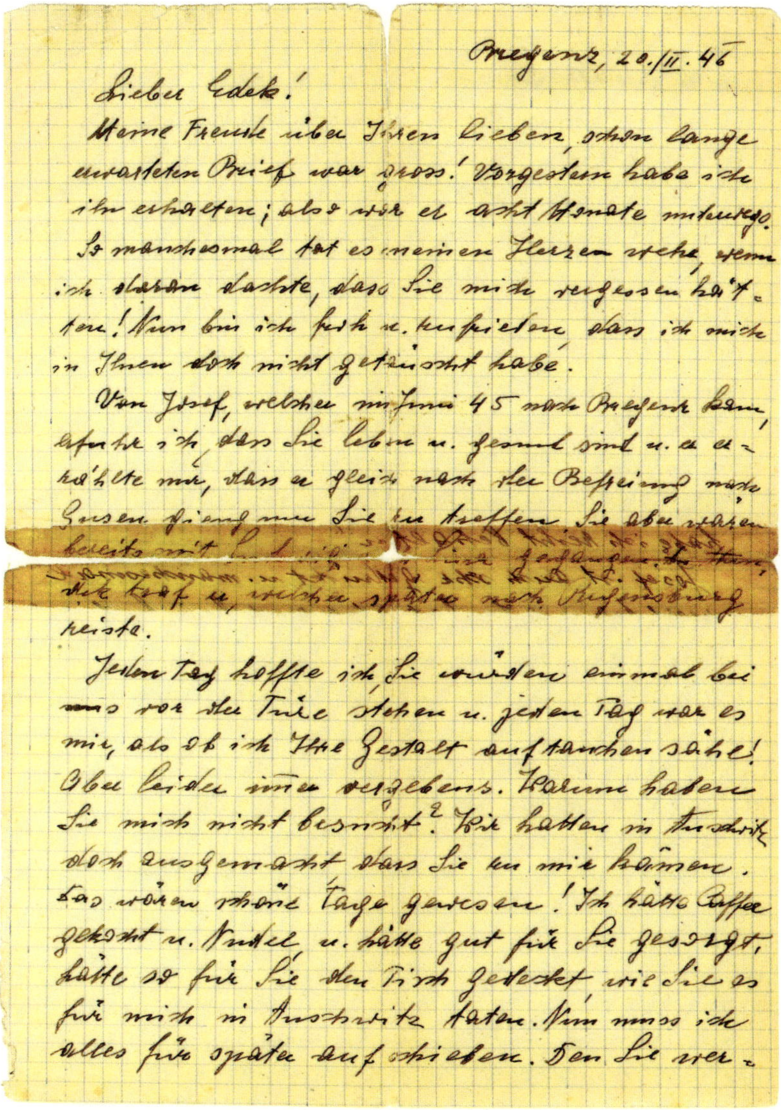

Bregenz, 20./II. 46

Lieber Edek!

Meine Freude über Ihren lieben, schon lange erwarteten Brief war gross! Vorgestern habe ich ihn erhalten; also war er acht Monate unterwegs. So manchesmal tat es meinem Herzen wehe, wenn ich daran dachte, dass Sie mich vergessen hätten! Nun bin ich froh u. zufrieden, dass ich mich in Ihnen doch nicht getäuscht habe.

Von Josef, welcher im Juni 45 nach Bregenz kam, erfuhr ich, dass Sie leben u. gesund sind u. er erzählte mir, dass er gleich nach der Befreiung nach Gusen ging um Sie zu treffen. Sie aber waren bereits mit [illegible] gefangen [illegible] traf u. welcher später nach Regensburg reiste.

Jeden Tag hoffte ich, Sie würden einmal bei uns vor der Türe stehen u. jeden Tag war es mir, als ob ich Ihre Gestalt auftauchen sähe! Aber leider immer vergebens. Warum haben Sie mich nicht besucht? Wir hatten in Auschwitz doch ausgemacht dass Sie zu mir kämen. Das wären schöne Tage gewesen! Ich hätte Kaffee gekocht u. Nudel u. hätte gut für Sie gesorgt, hätte so für Sie den Tisch gedeckt wie Sie es für mich in Auschwitz taten. Nun muss ich alles für später aufschieben. Denn Sie wer-

Bereits kurz nach Kriegsende bekam Stromberger Besuch von einem Auschwitz-Überlebenden. Auf ein Lebenszeichen von Edward Pyś musste sie hingegen lange warten. Anfang 1946 erhielt sie endlich einen Brief von ihm, der fast acht Monate unterwegs war. Umgehend berichtete sie ihm von den Neuigkeiten.

einschmelzung arbeiteten, wurde mir bekannt, dass in gewissen Abständen von 10 bis 14 Tagen 10 bis 20 kg. Zahngold versandt wurden."[403]

Dabei kam es zu furchtbaren Erlebnissen, etwa als ein französischer Häftling, der früher Zahntechniker war, plötzlich eine Brücke in der Hand hielt, die er vor einigen Jahren für seine Frau in Paris angefertigt hatte.[404]

Auch wenn Nowacki von solchen Erlebnissen nicht selbst betroffen war, seine Depressionen nach 1945 sind angesichts dieser grauenvollen Tätigkeit mehr als nur nachvollziehbar. Er war daher nach der KZ-Haft pflegebedürftig und bat Maria Stromberger um Hilfe. Sie schreibt in einem Brief an Edward Pyś von dessen schwierigem „Gemütszustand". Damit er sich erholen konnte, überließ ihm Maria Stromberger ihr kleines Zimmer. Doch der Besuch von Józef Nowacki wollte kein Ende nehmen. Der ehemalige Auschwitz-Häftling war nach über einem Jahr noch immer in der Wohnung der drei Frauen in der Heldendankstraße und machte keine Anstalten, sein Schicksal selbst in die Hand zu nehmen.

Für jenes positive Klima, das Stromberger so dringend nötig gehabt hätte, konnte Nowacki angesichts seiner psychischen Verfassung jedenfalls nicht sorgen. Sieben Monate nach seiner Ankunft schrieb Stromberger: „Jozef ist auch sehr gedrückt und manchmal sehr traurig. Er hat jetzt auch kein bestimmtes Ziel vor Augen und die Sorgen um die Zukunft sind groß."[405]

Es sollte noch schlimmer kommen. Im Sommer 1946 und somit ein Jahr nach seiner Ankunft verschlimmerte sich die Situation. Maria Stromberger war inzwischen eingesperrt worden – worauf noch einzugehen sein wird – und schrieb am 24. August 1946 aus dem Internierungslager in Brederis an Edward Pyś: „In dieser Zeit habe ich die furchtbarste Enttäuschung meines langen Lebens erfahren! Und ich glaube, dass ich es nie mehr ganz überwinden werde. Edek, denken Sie sich, Josef, dem ich alles getan habe, für den ich mich in Stücke zerreißen hätte lassen, für den ich gerne mein Leben hingegeben hätte, hat mich schmählich verraten u[nd] verlassen, während ich in der tiefsten Not bin."[406]

Das Verhältnis zu Józef Nowacki hatte sich schon in den Monaten zuvor stark eingetrübt. „Eine Zeitlang benahm er sich sehr liebenswürdig", schreibt Maria Stromberger, doch im Verlauf des Jahres 1946 änderte sich das. Er beschimpfte sie und ihre Schwester, beklagte sich über die Unterkunft und das Essen. Als Maria Stromberger verhaftet wurde, wollte er vor Karoline Greber den „Herrn im Haus" spielen und führte einen sehr unsteten Lebenswandel. Für Marias Schwester wurde die Situation vollends unerträglich, als er Mitte August in betrunkenem Zustand auch noch eine fremde Frau mit in die Wohnung brachte. Die anschließende Wegweisung aus der Wohnung kommentierte er mit wüsten Beschimpfungen, zudem nahm er etliche Gegenstände mit, die Maria Stromberger gehört hatten.[407]

Karoline Greber und Maria Stromberger waren tief getroffen. Und auch Edek Pyś schämte sich für seinen Landsmann und ehemaligen Kameraden: „Das Schlimmste [...] war, dass dieser Mensch leider ein Pole war, ein ehemaliger Häftling. Und diesen Menschen hatte sie geliebt!"

Im Stil eines Psychologen analysiert er die Situation, in der sich Maria Stromberger zum damaligen Zeitpunkt befand, trefflich. Er analysierte ihre innere Zerrissenheit, die Enttäuschung und die Perspektivlosigkeit:

„Ich verstehe, was das für sie bedeutete. Sie war eine von uns, und so wie jeder von uns fühlte sie nach dem Durchleben der Lagerhölle entgegen jeder Logik plötzlich eine völlige Leere, Sinnlosigkeit von Leben und Handeln. In so einer Situation kann nur ein naher, liebender und geliebter Mensch helfen, sich aus völliger Depression herauszureißen, dem Leben Sinn zu geben und es zu füllen, die Lust am Leben und Arbeiten zurückzugewinnen. Schwester Maria hatte in ihrem Leben kein Glück. Ich weiß, dass sie auch in ihrer Jugend eine tragische Liebe durchlebt hatte, was sie nur einmal beiläufig erwähnte, wonach sie sich mit niemandem mehr zusammentat, bis zu ihrer Zeit in Auschwitz."[408]

Zukunftspläne

Doch zurück zum Frühjahr 1945. Maria Stromberger musste ihre Zukunft in die Hand nehmen – beruflich und privat. Wie sollte es jetzt mit ihr weitergehen? Welchen Beruf sollte sie anstreben? Eine Arbeit als Krankenschwester schloss sie dezidiert aus. Nach Auschwitz wollte sie etwas Neues beginnen. Doch das war gar nicht so einfach. Erhalten geblieben ist eine „Arbeitskarte" des Arbeitsamtes Bregenz, die sie mit Datum vom 18. Jänner 1946 bis in den März 1946 als arbeitslos ausweist.[409]

Umso wichtiger wäre es für sie gewesen, Kontakt zu den ehemaligen Häftlingen aufnehmen zu können. Doch auf Briefe musste man – wie schon erwähnt – in der Nachkriegszeit besonders dann lange warten, wenn sie aus dem Ausland kamen. Das gilt umgekehrt in Polen auch für Edward Pyś. Auf seinen Brief an Maria Stromberger vom Juli 1945 erhielt er erst nach acht Monaten eine Antwort. Ende Februar 1946 war es dann aber soweit: „Von mir kann ich nicht viel berichten. Ich bin wieder gesund. Von Auschwitz wurde ich nach Berlin kommandiert, von dort nach Prag. Dort blieb ich bis zum 31. Jänner 1945, und dann gelang es mir noch kurz vor Torschluss, nach Hause zu kommen. Ich habe nur Glück gehabt. Auch bei der Beschießung von Bregenz ist mir nichts passiert, und jetzt leben wir so dahin und warten auf bessere Zeiten."[410]

Doch die besseren Zeiten sollten noch auf sich warten lassen. Maria Strombergers Wohnsituation bei ihrer Schwester Karoline „Lina" Greber war ja ebenfalls problematisch. Einerseits belastete sie die Situation mit dem Untermieter Józef Nowacki, der ihr kleines Zimmer bewohnte, weshalb sie in einem Zimmer mit ihrer Schwester schlafen musste. Doch viel schwerer wog dann etwas anderes: Die österreichischen Behörden und die französische Besatzungsmacht bekamen Kenntnis von der Tätigkeit Maria Strombergers in Auschwitz. Das löste eine kleine Katastrophe aus.

Stromberger wird verhaftet

In mehreren österreichischen Zeitungen ergingen im April 1946 Fahndungsaufrufe nach der Krankenschwester Maria Stromberger, was in kürzester Zeit zu ihrer Verhaftung führte. Man warf ihr vor, während ihrer Tätigkeit in Auschwitz Häftlinge mit Phenolspritzen getötet zu haben.[411]

Mit Phenolinjektionen direkt ins Herz wurde in Auschwitz mit den Massenmorden an den Juden begonnen, bis schließlich ab Ende 1941 hauptsächlich das Giftgas Zyklon B für die Massentötungen verwendet wurde. Maria Strombergers Beteuerungen, damit nichts zu tun zu haben, wurde nicht geglaubt. Zusammen mit ehemaligen heimischen „Größen" des NS-Staates in Vorarlberg wurde sie im Internierungslager in Brederis inhaftiert.

Brederis in der Gemeinde Rankweil war neben den Lagern Bludenz-Rungelin und Lochau eines der drei größeren Anhaltelager für ehemalige Nationalsozialisten in Vorarlberg. Insgesamt wurden dort bis Ende 1946 3.000 Personen inhaftiert. Für schwerere Vergehen in der „illegalen Zeit" der NSDAP zwischen 1933 und 1938 oder in der NS-Zeit wurde in Österreich 1945 eine Sondergerichtsbarkeit eingeführt. In dem für Vorarlberg und Tirol zuständigen Volksgericht Innsbruck gab es insgesamt 13.000 Verfahren. Nur 1.040 und somit etwa acht Prozent endeten mit einem Schuldspruch.[412]

Die Verhaftung und Einlieferung Maria Strombergers in Brederis waren für sie eine schwere Belastung. Kaum jemand in Vorarlberg kannte sie, und

Ehemalige KZ-Häftlinge von Auschwitz

Ehemalige Inhaftierte des Konzentrationslagers von Auschwitz, die über die Person und Tätigkeit der NS-Schwester Maria Stromberger Auskunft geben können, werden gebeten, Meldung bei der nächsten Polizei- oder Gendarmeriestelle abzugeben. Diese Mitteilungen sind an das Gendarmeriekommando Bregenz-Vorkloster (Vorarlberg) zu richten.

Ironie des Schicksals: Ausgerechnet nach Maria Stromberger wurde zu Beginn der Zweiten Republik österreichweit gefahndet, obwohl sie zu diesem Zeitpunkt offiziell in Bregenz gemeldet war. Ausschnitte aus den „Vorarlberger Nachrichten“ und den „Salzburger Nachrichten“ vom April 1946.

Fahndung.

Ehemalige Inhaftierte des Konzentrationslagers Auschwitz, die über die Person und Tätigkeit der NS.-Schwester Maria Stromberger Auskunft geben können, werden gebeten, Meldung bei der nächsten Polizei- oder Gendarmeriedienststelle abzugeben. Vorgänge an Gendarmeriepostenkommando Bregenz-Vorkloster.

Daraufhin wurde Stromberger als angebliche Kriegsverbrecherin verhaftet und fast ein halbes Jahr im Internierungslager Brederis in Rankweil eingesperrt. Sie war – wie sie selbst schreibt – „mitten unter Nazis, Gestapo, SS“. Die Aufnahme zeigt das Lager im Jahr 1943, damals war es ein RAD-Lager.

ihre Schwester hatte zu wenig Einfluss und vor allem keine Zeugen, um die Behörden von ihrer Unschuld zu überzeugen. Somit blieb Stromberger vorerst im Lager. Die Zeit dort nutzte sie, um Französisch zu lernen. Es gibt jedenfalls zwei mit Übungsbeispielen und französisch-deutschen Übersetzungen sowie einem handgeschriebenen Wörterbuch vollgeschriebene Hefte, in die sie Tag für Tag das Erlernte schrieb.[413]

Dass ausgerechnet während dieser an sich schon schwierigen Zeit ihrer Inhaftierung gemeinsam mit Vorarlberger Nationalsozialisten in Brederis ihre Schwester Karoline Greber mit Józef Nowacki solche Probleme bekam, traf Maria Stromberger zusätzlich, zumal sie in Brederis als Gefangene ohnmächtig war und Karoline nicht helfen konnte.

In dieser Situation schrieb sie am 18. Juli 1946 einen erschütternden Brief an ihren Freund Edward Pyś. Nachdem sie ihm eingangs für sein aufgenommenes Studium viel Glück wünschte und ihm mitteilte, wie stolz sie auf seine Leistungen sei, kam sie schließlich auch auf ihre eigene Situation zu sprechen:

„Was mich anbelangt, so bin ich wieder ganz gesund! Mein Herz streikt nicht mehr und der Arm ist wieder voll beweglich. Gegenwärtig befinde ich mich in einem Internierungslager! Ich stehe in dem Verdacht, während meiner Tätigkeit in Auschwitz Häftlinge mit ‚Phenol' behandelt zu haben. Lachen Sie nicht, Edek. Es ist Ernst! Ich bin sehr froh, dass man mich nach ein paar Wochen Gefängnis hierhergebracht hat, die Behandlung ist durchaus menschlich und ich kann mich in gewissen Grenzen frei bewegen und bin in Gottes freier Natur, habe [es] auch arbeitsmäßig sehr gut. Ich darf sogar Kaffee kochen (wenn ich einen habe) und darf rauchen! Josef bemüht sich redlich, mich herauszubekommen und es ist wohl nur mehr eine Frage der Zeit, meine Hände sind rein. Sie wissen [es] ja Edek und sie brauchen nicht traurig sein! – Wissen Sie, ich bin mitten unter Nazis, SS, Gestapo!! Ich als ihr größter Feind! Und muß ihre Redensarten täglich anhören, über die ‚Ungerechtigkeit', höre Klagen, was die Menschen jetzt mit ihnen tun. Dann stehen vor meinem geistigen Auge die Erlebnisse von Auschwitz!! Ich sehe den Feuerschein der Scheiterhaufen! Ich verspüre den Geruch verbrannten Fleisches in der Nase, ich sehe die Elendszüge der einrückenden Kommandos mit den Toten hinterher, ich verspüre die würgende Angst, welche ich jeden Morgen um Euch gehabt habe, ehe ich Euch wieder gesund vor mir sah, und ich könnte diesen hier ins Gesicht schreien und blind auf sie losgehen. Das Tollste daran ist, dass ich noch still sein muss, sonst boykottieren sie mich noch.

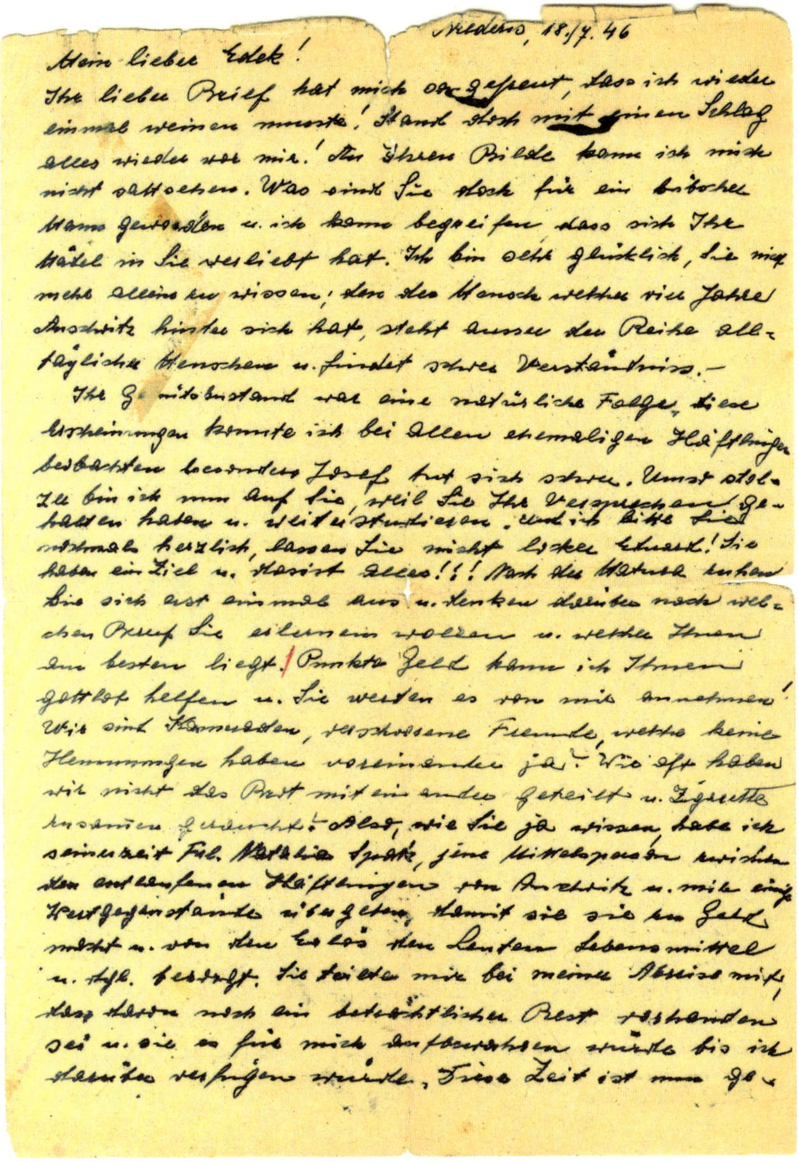

Brederis, 18/7.46

Mein lieber Edek!

Ihr lieber Brief hat mich so gefreut, dass ich wieder einmal weinen musste! Stand doch mit einem Schlag alles wieder vor mir! An Ihrem Bilde kann ich mich nicht sattsehen. Was sind Sie doch für ein hübscher Mann geworden u. ich kann begreifen dass sich Ihr Mädel in Sie verliebt hat. Ich bin sehr glücklich, Sie nicht mehr alleine zu wissen, denn der Mensch welcher viele Jahre Auschwitz hinter sich hat, steht ausser der Reihe alltäglicher Menschen u. findet schwer Verständnis.-

Ihr Gemütszustand war eine natürliche Folge, diese Erscheinungen konnte ich bei allen ehemaligen Häftlingen beobachten besonders Josef tut sich schwer. Umso stolzer bin ich nun auf Sie, weil Sie Ihr Versprechen gehalten haben u. weiterstudieren. Und ich bitte Sie nochmals herzlich, lassen Sie nicht locker Edward! Sie haben ein Ziel u. das ist alles!?! Nach der Matura suchen Sie sich erst einmal aus u. denken darüber nach welchen Beruf Sie erlernen wollen u. welcher Ihnen am besten liegt. / Punkto Geld kann ich Ihnen gottlob helfen u. Sie werden es von mir annehmen! Wir sind Kameraden, verschworene Freunde, welche keine Hemmungen haben voreinander ja? Wie oft haben wir nicht das Brot miteinander geteilt u. Zigarette zusammen geraucht. Also, wie Sie ja wissen, habe ich seinerzeit Frl. Natalia Spak, jene Mittelsperson zwischen den entflohenen Häftlingen von Auschwitz u. mir einige Wertgegenstände übergeben, damit sie sie zu Geld macht u. von dem Erlös den Leuten Lebensmittel u. dgl. besorgt. Sie teilte mir bei meiner Abreise mit, dass davon noch ein beträchtlicher Rest vorhanden sei u. sie es für mich aufbewahren würde bis ich darüber verfügen würde. Diese Zeit ist nun ge-

Dieser ergreifende Brief von Maria Stromberger aus dem Internierungslager Brederis nach Polen (Abschrift im Dokumentenanhang) sollte nicht nur bei Edward Pyś heftige Reaktionen auslösen, sondern führte in Polen auch zu medialer Berichterstattung.

Aber auch diese Zeit wird vorübergehen und ich werde wieder frei sein. Was ich dann beginne, weiß ich nicht! Ich fühle mich so leer und ausgeschöpft und habe keine Freude. Meinen Reichtum an Liebe habe ich, so scheint mir, in Auschwitz verstreut, meinen Zweck habe ich erfüllt, was soll ich noch mehr? Wissen Sie, es ist so schwer, ohne Illusionen weiterleben zu müssen, aber was soll ich tun?“[414]

Der Brief erschütterte Edward Pyś zutiefst. Wie konnte das sein? Eine derartige Ungerechtigkeit konnte und wollte er nicht hinnehmen. Er fasste seine Empfindungen selbst in Worte: „Ist es nicht eine Ironie des Schicksals, dass die, die die ganze Zeit in Auschwitz den Häftlingen unter Lebensgefahr geholfen hat, die aktiv und fruchtbar in der Lagerwiderstandsbewegung mitgewirkt hat, der einige ihr Leben verdanken – des gemeinsamen Mordes angeklagt wird und zu Leuten gesteckt wird, die sie aus ganzem Herzen gehasst hat und gegen die sie gekämpft hat? Dabei hielt sie sich nicht für eine Heldin! Ihrer Meinung nach tat sie nur ihre Pflicht.“[415]

Edward Pyś war nach Erhalt des Briefes empört und sah sich in der Pflicht. Er wollte alles Menschenmögliche unternehmen, um Schwester Maria möglichst rasch aus dem Internierungslager zu befreien. Dazu nahm er Kontakt mit einflussreichen ehemaligen Mithäftlingen auf. In den folgenden Wochen führte dieser Brief Maria Strombergers in Polen vor allem unter den ehemaligen Häftlingen zu erheblichem Aufsehen und einem großen Medienecho.

Zumal ein Freund aus Auschwitzer Tagen, Tadeusz Hołuj, war in der Lage, auch öffentlich Druck zu machen. Er war Chefredakteur der kurz zuvor gegründeten Zeitung „Echo Krakowa“ (Krakauer Echo) und kannte Maria Stromberger aus dem Lager sehr gut. Auch der ehemalige Häftling und inzwischen zu einem der mächtigsten Männer im Land aufgestiegene Józef Cyrankiewicz (1911–1989) war sofort bereit, sich für die Frau aus Österreich einzusetzen. Er hatte als Auschwitz-Häftling große Glaubwürdigkeit, war er doch zudem von 1941 bis zum Jänner 1945 auch ein führendes Mitglied der Widerstandsbewegung im Lager.

Und mit Österreichern hatte Cyrankiewicz in Auschwitz sehr gute Erfahrungen gemacht. Es waren unter anderem die Häftlinge Hermann Langbein und Ernst Burger, die Cyrankiewicz im Dezember 1943 aus einer lebensbedrohlichen Situation befreit hatten. Er war von der Politischen Abteilung nach der Denunziation durch einen Spitzel verhaftet und im „Bunker“ eingesperrt worden – im Normalfall war das ein Todesurteil. Langbein und Burger gelang es aber, die Glaubwürdigkeit des Spitzels so zu unterminieren,

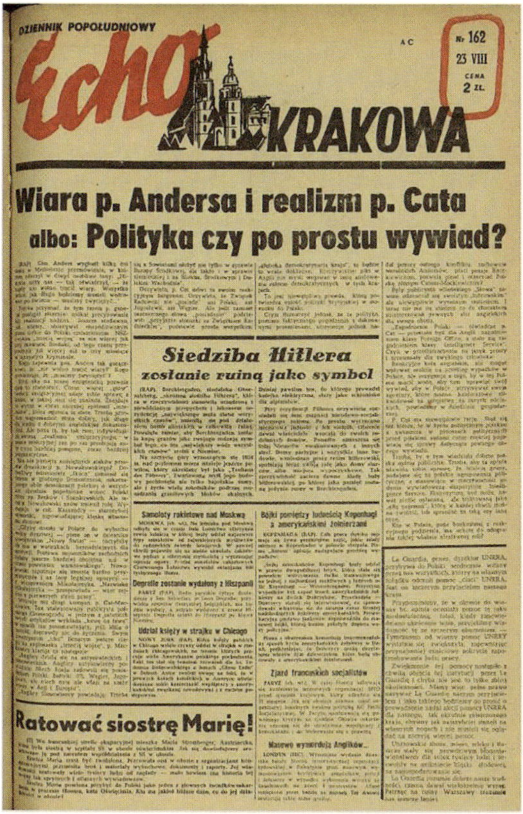

DZIENNIK POPOŁUDNIOWY

Echo Krakowa

Nr 162 23 VIII CENA 2 ZŁ

Wiara p. Andersa i realizm p. Cata albo: Polityka czy po prostu wywiad?

Siedziba Hitlera zostanie ruiną jako symbol

Samoloty rakietowe nad Moskwą

Bójki pomiędzy ludnością Kopenhagi a amerykańskimi żołnierzami

Degrelle zostanie wydalony z Hiszpanii

Udział księży w strajku w Chicago

Zjazd francuskich socjalistów

Masowo wyjeżdżają Anglików...

Ratować siostrę Marię!

„Rettet Schwester Maria!“ Dieser Artikel über die Inhaftierung Maria Strombergers in Brederis auf der Titelseite der polnischen Tageszeitung „Echo Krakowa“ am 23. August 1946 löste unter ehemaligen Auschwitz-Häftlingen große Betroffenheit aus.

Tadeusz Hołuj, der Chefredakteur der Zeitung (links), kannte Maria Stromberger aus seiner Zeit als Häftling in Auschwitz und Mitglied der dortigen Widerstandsbewegung.

Sogar der spätere polnische Ministerpräsident Józef Cyrankiewicz (rechts) setzte sich für den in Brederis inhaftierten „Engel von Auschwitz“ ein. Auch er war dort Häftling und kannte die mutige Österreicherin.

dass sogar der damals erst kurz im Amt befindliche neue Lagerkommandant Arthur Liebehenschel persönlich eingriff und die Freilassung Cyrankiewiczs veranlasste.[416] Cyrankiewicz war als Leitungspersönlichkeit der Kampfgruppe Auschwitz zudem schon im Lager mehrfach auf Stromberger und ihre Unterstützung des Widerstands aufmerksam geworden.

Hołuj veröffentlichte 28. August 1946 in seiner Zeitung einen Artikel. Die dramatische Überschrift auf der Titelseite lautete „Rettet Schwester Maria!“: „Sr. Maria muss freikommen. Sie arbeitete im Lager in einer geheimen Organisation, sie schmuggelte Waffen und Sprengstoff, Dokumente und Kassiber. Ihre Nachrichten retteten tausende Häftlinge vor der Vernichtung. Die Geschichte dieses Krieges kennt wenige Leute, die so opferbereit und schlau gewesen sind. Sr. Maria soll nach Polen kommen, im Prozess gegen Höß, den Henker von Auschwitz, aussagen. Wer hat nähere Angaben über ihre Tätigkeit?“[417]

Der Artikel zeigte Wirkung. Es war dann vor allem Cyrankiewicz, zum damaligen Zeitpunkt Generalsekretär der einflussreichen Polnischen Sozialistischen Partei, der bei den französischen Behörden intervenierte. Das führte am 23. September 1946 nach fast halbjähriger Haft zur Freilassung von Maria Stromberger. Das war doppelt wichtig: Nicht nur, dass sie unmittelbar aus der für sie so bedrückenden Situation befreit wurde, ihr blieb auch ein demütigendes Gerichtsverfahren erspart. Es wäre wohl nicht zu einem Prozess gekommen, aber allein die Untersuchung hätte eine weitere Haft in einem Gefängnis bedeuten können – und das wahrscheinlich über mehrere Monate hinweg.

Maria Stromberger wurde im Sommer 1946 aber noch nicht rehabilitiert, sondern nur durch einen „Gnadenakt“ aus Brederis entlassen. Die offizielle Rehabilitierung erfolgte erst nach ihrer Aussage im Warschauer Höß-Prozess.[418] Doch dazu später.

Bessere Zeiten?

Im Jahr 1946 funktionierten die staatlichen Einrichtungen schon deutlich besser, und der Postverkehr mit Polen dauerte nicht mehr Monate. Maria Stromberger bekam regelmäßig Briefe, das war ein Hoffnungsschimmer für sie. Sie hatte zudem, wie die heftigen Reaktionen auf ihre Verhaftung in Polen bewiesen, die Gewissheit, dass dort viele ehemalige Häftlinge bereit waren, sich für sie einzusetzen.

Auch über die private und berufliche Situation von Edward Pyś wusste sie inzwischen genau Bescheid. Sie war sehr erfreut darüber, dass er den Sprung in die Nachkriegsgesellschaft sehr gut geschafft hatte. Im Jahr 1946 holte er die Matura nach, die er aufgrund seiner Verhaftung im Jahr 1940 ja nicht mehr ablegen konnte. Dann absolvierte er die Wirtschaftsuniversität in Krakau. Der nunmehrige „Magister" war fortan in verschiedenen Positionen im Bauwesen beschäftigt. Unter anderem war er zehn Jahre lang Direktor einer Baufirma. 1979 ging er in Pension.[419]

Mehrfach äußerte Maria Stromberger, wie glücklich sie war, dass Edward Pyś sich nach seiner langen KZ-Haft so gut in der Nachkriegsgesellschaft zurechtfand, sein Studium ernsthaft betrieb und mit seiner Verlobten Ewa Kalita offensichtlich eine Partnerin gefunden hatte, die zu ihm passte. In einem Brief an Ewa vom 3. November 1946 schreibt sie:

„Liebes Frl. Ewa! Mit großer Freude und Dankbarkeit las ich Ihre lieben Worte! Gottlob bin ich nun wieder frei und kann Ihnen persönlich alles Gute zu Ihrer Verlobung wünschen. Sie haben eine gute Wahl getroffen! Obwohl noch jung, ist Edek durch Auschwitz gereift worden und hat Erkenntnisse gesammelt wie ein Fünfzigjähriger! Und er ist es wert, dass Sie ihn lieben! Ich habe Edek in einer furchtbaren Zeit kennengelernt und liebe ihn sehr! Es macht mir große Freude, ihn glücklich zu sehen. Gar oft war er in Auschwitz traurig und wollte nicht mehr daran glauben, dass er lebend herauskommt. Ich habe ihm aber immer prophezeit, er werde noch einmal sehr froh und glücklich werden!

Liebes Frl. Eva! Zu danken haben Sie mir nicht! Es war meine moralische Verpflichtung als Mensch, für Leidende etwas zu tun, welche durch meine Nation in diese Situation gebracht worden sind. Und ich bin doch Schwester!!! Ach, es war so wenig, was ich tun konnte in jenem Meer von Blut und Tränen! Wer hätte da helfen können. Ich konnte nur weinen, und die Häftlinge haben mich getröstet. Ja, so war es in Wahrheit. Nun ist alles Furchtbare vorbei und das Leben geht weiter!!"[420]

Auch dieser Brief ist getragen von der typischen depressiven Grundstimmung, die Maria Stromberger nach dem Krieg nie mehr wirklich ablegen konnte. Auch beruflich war die Situation für sie nach wie vor trist. Noch in Auschwitz hatte sie gegenüber Artur Radvanský gemeint, dass sie „nach dem Krieg als Krankenschwester tätig sein" wolle. Ihr schwebte vor, das „bei Kindern" zu tun, da diese „es am meisten brauchen".[421]

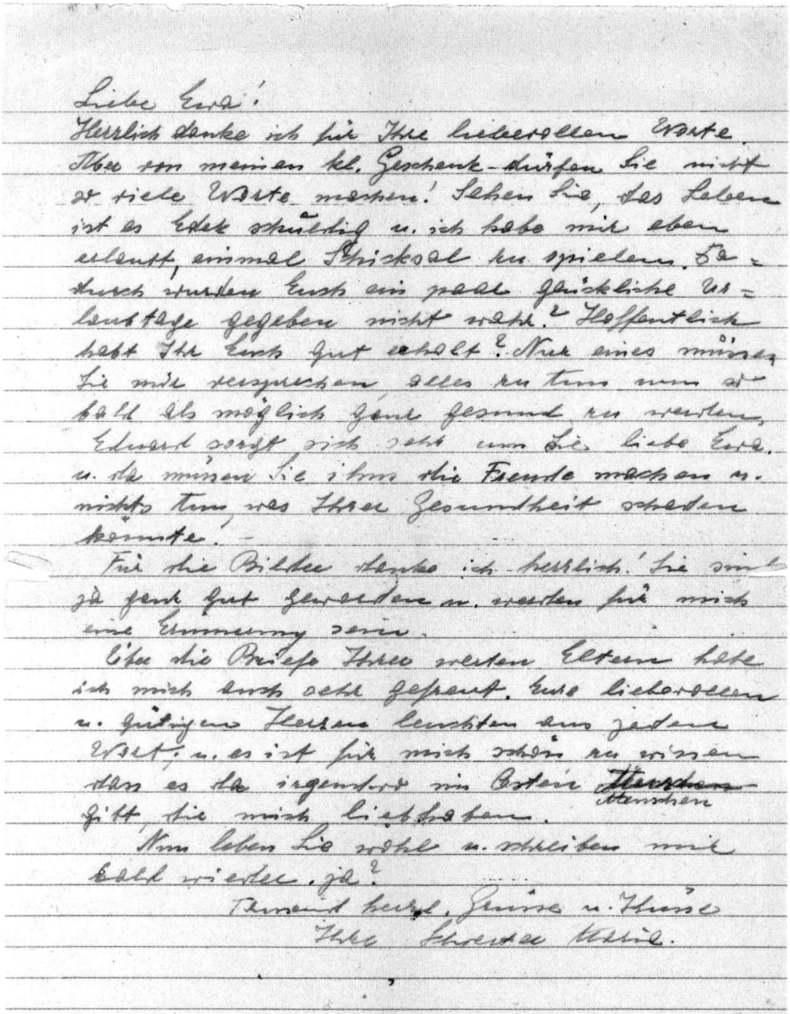
Liebe Ewa!
Herzlich danke ich für Ihre liebevollen Worte.
Aber von meinem kl. Geschenk dürfen Sie nicht so viele Worte machen! Sehen Sie, das Leben ist es Edek schuldig u. ich habe mir eben erlaubt, einmal Schicksal zu spielen. Dadurch wurden Euch ein paar glückliche Urlaubstage gegeben nicht wahr? Hoffentlich habt Ihr Euch gut erholt? Nur eines müssen Sie mir versprechen, alles zu tun um so bald als möglich ganz gesund zu werden.
Edward sorgt sich sehr um Sie liebe Ewa. u. da müssen Sie ihm die Freude machen u. nichts tun, was Ihrer Gesundheit schaden könnte!
Für die Bilder danke ich herzlich! Sie sind ja sehr gut geworden u. werden für mich eine Erinnerung sein.
Über die Briefe Ihrer werten Eltern habe ich mich auch sehr gefreut. Ihre liebevollen u. gütigen Herzen leuchten aus jedem Wort; u. es ist für mich schön zu wissen dass es da irgendwo im Osten ~~[illegible]~~ Menschen gibt, die mich liebhaben.
Nun leben Sie wohl u. schreiben mir bald wieder, ja?
Tausend herzl. Grüsse u. Küsse
Ihre Schwester Maria.

Die Briefe Maria Strombergers an Ewa Kalita, die Braut von Edward Pyś, zeugen von der großen Empathie der Krankenschwester. Die Dokumente werden in Polen von Anna Pyś-Czechowicz, einer Enkelin des ehemaligen Auschwitz-Häftlings, sorgsam aufbewahrt.

Doch inzwischen war ihr klargeworden, dass beides für sie nicht mehr infrage kam, weil das Erlebte sie zu sehr belastete. Sie wollte und konnte nicht mehr als Krankenschwester tätig sein, nicht einmal bei Kindern. Auch ihren Jugendtraum, als Kindergärtnerin zu arbeiten, verwarf sie. Sie machte Pläne, sich als Heilmasseurin oder Kosmetikerin ausbilden zu lassen und einen neuen Beruf zu ergreifen. Doch das alles war ebenso vage wie die Pläne für eine Übersiedlung nach Wien oder in die Schweiz. Ihr war – wie sie in einem Brief an Edward Pyś vom 3. November 1946 schreibt – aufgrund ihrer Erlebnisse in Vorarlberg und der Enttäuschung mit Józef Nowacki „der Aufenthalt in Bregenz gründlich verleidet".[422]

Schließlich sollte es ein halbes Jahr später weder die Schweiz noch Wien werden, sondern Pörtschach am Wörthersee. Doch zuvor holte Auschwitz sie wieder ein.

Zeugin im Prozess gegen Rudolf Höß

Dem ehemaligen Lagerkommandanten von Auschwitz, Rudolf Höß, war es im Mai 1945 gelungen, sich unter falschem Namen über die „Rattenlinie" – so wurden die Fluchtrouten der nach Mai 1945 geflüchteten Nationalsozialisten genannt – nach Schleswig-Holstein abzusetzen. Der fünffache Vater arbeitete eine Zeit lang als landwirtschaftliche Hilfskraft auf einem Bauernhof, wurde aber von den Briten aufgespürt und am 11. März 1946 verhaftet. Bei seiner Vernehmung gab er eine detailgenaue Beschreibung des Ablaufs der Massenvernichtung und schätzte die Opferzahl in Auschwitz auf drei Millionen. Historiker gehen – wie schon erwähnt – von maximal der Hälfte aus. Nach der Verhaftung wurde er als Zeuge der Verteidigung beim Nürnberger Kriegsverbrecherprozess vernommen und anschließend am 25. Mai 1946 entsprechend der Moskauer Deklaration aus dem Jahr 1943 an Polen ausgeliefert. Dort wurde ihm im folgenden Jahr der Prozess gemacht.[423]

Es war der erste von drei großen Verfahren gegen das SS-Personal von Auschwitz. Der Prozess gegen Rudolf Höß vor dem Obersten Volksgerichtshof in Warschau vom 11. März bis zum 2. April 1947 bildete den – allerdings hauptsächlich in Polen – vielbeachteten Auftakt. Es folgte ab November ein Verfahren gegen vierzig SS-Männer und -Frauen in Krakau, das am 16. Dezember 1947 mit der Urteilsverkündung endete. Höß und 21 Angeklagte des Krakauer Prozesses wurden zum Tode verurteilt und hingerichtet. Die meisten der übrigen insgesamt etwa 650 in Polen vor Gericht gestellten Angehörigen des Auschwitz-Personals erhielten Zuchthausstrafen von bis zu zehn Jahren. Daneben gab es auch vor amerikanischen, britischen, französischen und sowjetischen Militärtribunalen Verfahren gegen das SS-Personal von Auschwitz.

Der erste – es folgten noch zwei weitere – Frankfurter Auschwitz-Prozess in den Jahren 1963 bis 1965 fand dann auch international ein ungeheures Medienecho und war mitverantwortlich dafür, dass der Holocaust generell und die Geschichte des Lagers Auschwitz im Besonderen langsam aufgearbeitet wurden.[424]

Aufgefordert durch ehemalige Häftlinge erklärte sich Maria Stromberger im Frühjahr 1947 bereit, nach Warschau zu fahren, um dort im Prozess gegen ihren ehemaligen obersten Chef auszusagen.

Über Gmünd reiste sie am 21. März in die Tschechoslowakei und weiter nach Polen. Ihr Auftritt vor dem Tribunal in Warschau fand medial hierzulande kaum Niederschlag. Nur die oberösterreichische „Neue Zeit", ein „Organ der Kommunistischen Partei", nahm von ihr Notiz: „Die Zeugin Maria Stromberger, eine Österreicherin, hat im Jahre 1942 um Zuteilung als Pflegerin in Auschwitz gebeten, um sich zu überzeugen, was in diesem Lager vorging. Bei ihrer Ankunft belehrte sie der Adjutant, daß alles, was hier geschieht, ‚Staatsgeheimnis' sei. Die Schwester wird hier einen schweren Dienst verrichten, sogar harte Männer versagten. Die Front ist ein Kinderspiel im Vergleiche mit Auschwitz."[425]

Auch über den Prozess selbst wurde in den anderen österreichischen Medien bestenfalls in kleinen Notizen am Rande berichtet.

In Warschau traf Maria Stromberger mit vielen ehemaligen KZ-Häftlingen zusammen, darunter waren so mächtige Männer wie Józef Cyrankiewicz. Er war kurz zuvor mit dem Großteil seiner Sozialistischen Partei ein Bündnis mit den Kommunisten eingegangen. Dieser „Wahlblock" hatte bei den umstrittenen Parlamentswahlen im Jänner 1947 über achtzig Prozent der Stimmen errungen. Cyrankiewicz wurde Ministerpräsident. Der Prozess gegen den ehemaligen KZ-Kommandanten Rudolf Höß nicht einmal zwei Jahre nach der Befreiung des Landes war in Polen natürlich äußerst populär. Der Ministerpräsident konnte als ehemaliger Auschwitz-Häftling also punkten. Das konnte er auch wenig später, als er am 14. Juni – genau sieben Jahre nach dem Eintreffen der ersten Gefangenen – das Staatliche Museum Auschwitz-Birkenau eröffnen durfte.

Rudolf Höß bei seiner Überstellung nach Polen, bewacht durch polnische und amerikanische Soldaten. Der Zeitungsausschnitt rechts zeigt ihn bei seiner Zeugeneinvernahme im Prozess in Krakau. Höß wurde dort zum Tod verurteilt und im April 1947 in Auschwitz hingerichtet.

Zasypywany gradem pytań swoich byłych ofiar i prokuratora, oskarżony Rudolf Hoess w cynicz-ny sposób wypiera się winy. (Fot. Film Polski)

Die Zeugeneinvernahmen in Warschau fanden vom 11. bis zum 29. März 1947 statt. Höß scheint bis zum Schluss nicht verstanden zu haben, warum er zur Rechenschaft gezogen wurde. Schließlich habe er nur Befehle befolgt. Am 2. April 1947 erfolgte das Urteil: Todesstrafe! Die Hinrichtung fand nur zwei Wochen später, am 16. April 1947, auf dem Gelände des ehemaligen Konzentrationslagers Auschwitz, unmittelbar vor seiner früheren Residenz mit Blick auf das Lager, statt.[426]

Wie grotesk die Rechtfertigungen der NS-Täter nach 1945 sein konnten, zeigt der Fall Höß. Während die meisten auf „Befehlsnotstand" verwiesen, argumentierte der KZ-Kommandant mit Unwissenheit und der angeblichen Missachtung seiner Befehle. Nachdem ihm das Todesurteil verkündet worden war, wollte er sich offensichtlich – so vermutet Hermann Langbein – gegenüber seinen Angehörigen rechtfertigen. Er schrieb seiner Familie:

„Als Kommandant des Vernichtungslagers Auschwitz war ich für alles, was dort geschah, voll und ganz verantwortlich, ob ich es wußte oder nicht. Das meiste von all dem Schrecklichen und Grauenhaften, was dort vorgekommen ist, erfuhr ich erst während der Untersuchung und während des Prozesses selbst. Es ist unbeschreiblich, wie man mich hintergangen, wie man meine Anordnungen umgebogen und was man alles, angeblich auf meinem Befehl, durchgeführt hat. Die Schuldigen werden, so hoffe ich, ihrem Richter nicht entgehen."[427]

Dass er als Kommandant noch stärker als „Schuldiger" zu gelten hatte als viele seiner Untergebenen, machte unter anderem die Aussage von Maria Stromberger deutlich. Ihr Auftreten in diesem Prozess hinterließ einen großen Eindruck. Die Zeugenaussage fiel ihr aber nicht leicht, doch sie hielt es für ihre Pflicht, denn nach ihrer Internierung in Brederis hatte sie Zweifel an der Konsequenz der Behörden bei der juristischen Aufarbeitung der NS-Verbrechen: „Ich weiß von keiner der ehemaligen ‚Größen' von Auschwitz etwas. Die haben sich fast alle ‚dünne' gemacht. Wo ist die Familie vom Lagerkommandanten Höss geblieben und der Massenmörder Grönke??[428] Dafür haben sie mich für einen guten Fang gehalten!!! Nun ich will nicht bitter werden, sondern Gott danken, dass ich frei geworden bin!"[429]

Doch in Warschau traten diese Sorgen vorerst in den Hintergrund, zumal die Freude über das Treffen von alten Bekannten überwog. Bei einer Sitzung stellte der österreichische Vertreter Maria Stromberger vor. Der ehemalige Häftling Stanisław Kłodziński berichtet darüber: „Alle Anwesenden

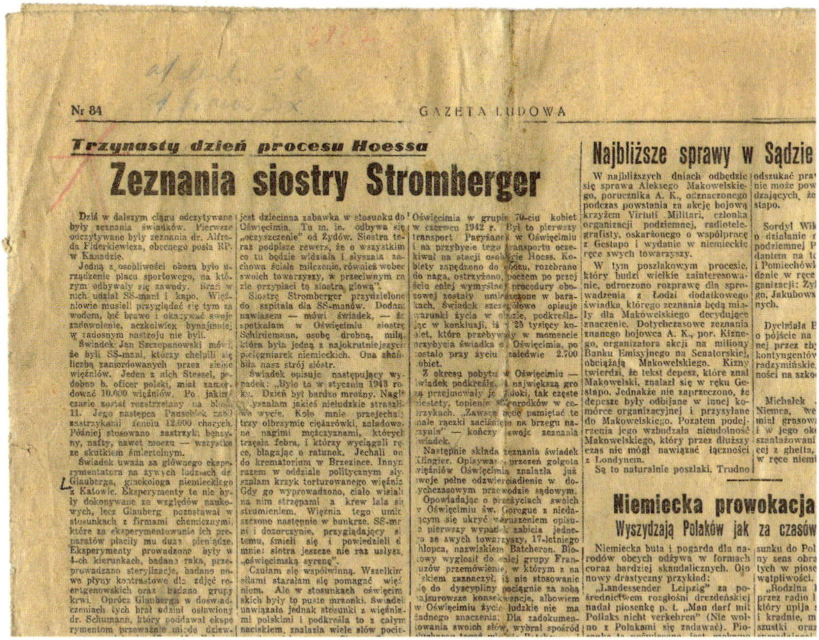

Nr 84 GAZETA LUDOWA

Trzynasty dzień procesu Hoessa

Zeznania siostry Stromberger

Dziś w dalszym ciągu odczytywane były zeznania świadków. Pierwsze odczytywane były zeznania dr. Alfreda Fiderkiewicza, obecnego posła RP. w Kanadzie.

Jedną z osobliwości obozu było urządzenie placu sportowego, na którym odbywały się zawody. Brali w nich udział SS-mani i kapo. Więźniowie musieli przyglądać się tym zawodom, bić brawo i okazywać swoje zadowolenie, aczkolwiek bynajmniej w radosnym nastroju nie byli.

Świadek Jan Szczepanowski mówi, że byli SS-mani, którzy chelpili się liczbą zamordowanych przez siebie więźniów. Jeden z nich Stessel, podobno b. oficer polski, miał zamordować 10.000 więźniów. Po jakimś czasie został rozstrzelany na bloku 11. Jego następca Pauschick zabił zastrzykami fenolu 12.000 chorych. Później stosowano zastrzyki benzyny, nafty, nawet moczu — wszystko ze skutkiem śmiertelnym.

Świadek uważa za głównego eksperymentatora na żywych ludziach dr. Glauberga, ginekologa niemieckiego z Katowic. Eksperymenty te nie były dokonywane ze względów naukowych, lecz Glauberg pozostawał w stosunkach z firmami chemicznymi, które za eksperymentowanie ich preparatów płaciły mu duże pieniądze. Eksperymenty prowadzone były w 4-ch kierunkach, badano raka, przeprowadzano sterylizacje, badano nowe płyny kontrastowe dla zdjęć roentgenowskich oraz badano grupy krwi. Oprócz Glauberga w doświadczeniach tych brał udział osławiony dr. Schumann, który poddawał eksperymentom przeważnie młode dziew-

jest dziecinna zabawka w stosunku do Oświęcimia. Tu m. in. odbywa się „oczyszczenie" od Żydów. Siostra teraz podpisze rewers, że o wszystkim co tu będzie widziała i słyszała zachowa ścisłe milczenie, również wobec swoich towarzyszy, w przeciwnym razie przypłaci to siostra głową".

Siostrę Stromberger przydzielono do szpitala dla SS-manów. Dodam nawiasem — mówi świadek, — że spotkałam w Oświęcimiu siostrę Schirdemann, osobę drobną, miłą, która była jedną z najokrutniejszych pielęgniarek niemieckich. Ona zhańbiła nasz strój sióstr.

Świadek opisuje następujący wypadek: „Było to w styczniu 1943 roku. Dzień był bardzo mroźny. Nagle usłyszałam jakieś nieludzkie straszliwe wycie. Koło mnie przejechały trzy olbrzymie ciężarówki, załadowane nagimi mężczyznami, których trzęsła febra, i którzy wyciągali ręce, błagając o ratunek. Jechali oni do krematorium w Brzezince. Innym razem w oddziale politycznym słyszałam krzyk torturowanego więźnia. Gdy go wyprowadzono, ciało wisiało na nim strzępami a krew lała się strumieniem. Więźnia tego umieszczono następnie w bunkrze. SS-mani i dozorczynie, przyglądający się temu, śmieli się i powiedzieli do mnie: siotra jeszcze nie raz usłyszy „oświęcimską syrenę".

Czułam się współwinną. Wszelkimi siłami starałam się pomagać więźniom. Ale w stosunkach oświęcimskich były to puste mrzonki. Świadek nawiązała jednak stosunki z więźniami polskimi i podkreśla to z całym naciskiem, znalazła wiele słów pocie-

Oświęcimia w grupie 70-ciu kobiet w czerwcu 1942 r. Był to pierwszy transport Paryżanek w Oświęcimiu i na przybycie tego transportu oczekiwał na stacji osobiście Hoess. Kobiety zapędzono do obozu, rozebrano do naga, ostrzyżono, poczem po przejściu całej wymyślnej procedury obozowej zostały umieszczone w barakach. Świadek szczegółowo opisuje warunki życia w obozie, podkreślając w konkluzji, iż z 25 tysięcy kobiet, które przebywały w momencie przybycia świadka do Oświęcimia, pozostało przy życiu zaledwie 2.700 kobiet.

Z okresu pobytu w Oświęcimiu — świadek podkreśla, że największą grozą przejmowały ją Żydówki, tak częste niestety, topienie noworodków w cebrzykach. „Zawsze będę pamiętać te małe rączki zaciśnięte na brzegu naczynia" — kończy swoje zeznania świadek.

Następnie składa zeznania świadek Klingier. Opisywana przezeń golgota więźniów Oświęcimia znalazła już swoje pełne odzwierciadlenie w dotychczasowym przewodzie sądowym.

Opowiadając o przeżyciach swoich w Oświęcimiu św. Gorogue z niedającym się ukryć wzruszeniem opisuje pierwszy wypadek zabicia jednego ze swych towarzyszy, 17-letniego chłopca, nazwiskiem Batcheron. Blokowy wygłosił do całej grupy Francuzów przemówienie, w którym z naciskiem zaznaczył, iż nie stosowanie się do dyscypliny pociągnie za sobą najsurowsze konsekwencje, albowiem w Oświęcimiu życie ludzkie nie ma żadnego znaczenia. Dla zadokumentowania swoich słów, wybrał spośród

Najbliższe sprawy w Sądzie

W najbliższych dniach odbędzie się sprawa Aleksego Makowelskiego, porucznika A. K., odznaczonego podczas powstania za akcję bojową krzyżem Virtuti Militari, członka organizacji podziemnej, radiotelegrafisty, oskarżonego o współpracę z Gestapo i wydanie w niemieckie ręce swych towarzyszy.

W tym poszlakowym procesie, który budzi wielkie zainteresowanie, odroczono rozprawę dla sprowadzenia z Łodzi dodatkowego świadka, którego zeznania będą miały dla Makowelskiego decydujące znaczenie. Dotychczasowe zeznania znanego bojowca A. K., por. Kiznego, organizatora akcji na miliony Banku Emisyjnego na Senatorskiej, obciążają Makowelskiego. Kizny twierdzi, że tekst depesz, które znał Makowelski, znalazł się w ręku Gestapo. Jednakże nie zaprzeczono, że depesze były odbijane w innej komórce organizacyjnej i przysyłane do Makowelskiego. Pozatem podejrzenia jego wzbudzała nieudolność Makowelskiego, który przez dłuższy czas nie mógł nawiązać łączności z Londynem.

Są to naturalnie poszlaki. Trudno

Niemiecka prowokacja

Wyszydzają Polaków jak za czasów

Niemiecka buta i pogarda dla narodów obcych odżywa w formach coraz bardziej skandalicznych. Oto nowy drastyczny przykład:

„Landessender Leipzig" za pośrednictwem rozgłośni drezdeńskiej nadał piosenkę p. t. „Man darf mit Pollaks nicht verkehren" (Nie wolno z Polakami się zadawać). Pio-

Maria Stromberger bei ihrer Zeugenaussage im Prozess gegen den Lagerkommandanten von Auschwitz in Warschau vor dem Obersten Gerichtshof am 25. März 1946. Die Zeitungen in Polen berichteten in großer Aufmachung: „Aussage von Schwester Stromberger" titelte die Tageszeitung „Gazeta Ludowa" am 26. März 1947.

erhoben sich und begrüßten sie mit einer stürmischen Ovation. Sie dankte beschämt und bescheiden für die Begrüßung und faßte ungeschickt ihre Rührung in Worte: ‚Aber das war doch nichts Besonderes – ich habe nur meine natürliche Pflicht und Schuldigkeit getan.'"[430]

Maria Stromberger wird in diesem Bericht „als große grauhaarige Dame" beschrieben. Die Erlebnisse im Konzentrationslager hatten bei der noch in Auschwitz als schwarzhaarig beschriebenen Frau offensichtlich auch äußerlich Spuren hinterlassen.

Die Vorboten des Kalten Krieges und das daraus resultierende Misstrauen gegenüber Menschen aus dem Westen war aber in Polen deutlich zu spüren. Stromberger hatte in Warschau denn auch ein sehr befremdliches Erlebnis. Als sie eines Tages in ihr Hotel zurückkam, musste sie feststellen, dass ihr Zimmer durchsucht und ihre Sachen durchwühlt worden waren. Edward Pyś war empört, doch sie besänftigte ihn mit dem ihr eigenen Humor: In Österreich sei sie schließlich sogar verhaftet worden.[431]

Am meisten dürfte es sie bei ihrem Aufenthalt in Warschau gefreut haben, dass „Edek" sofort aus seiner Heimatstadt Rzeszów dorthin gefahren war, um sie zu treffen. Da ein Besuch in Bregenz nicht zustande gekommen und wohl auch in Zukunft kaum machbar war, wollte er jetzt die Gelegenheit nutzen und begleitete sie bei ihrer Aussage. Nach dem Prozess lud er sie ein, mit nach Rzeszów zu fahren. Maria nahm freudig an, sie wollte ja unbedingt seine Familie und seine Braut Ewa kennenlernen.[432]

Gemeinsam mit ihnen feierte sie in Rzeszów das Osterfest. Über Krakau, wo weitere Besuche bei ehemaligen Häftlingen anstanden, ging es dann wieder heimwärts. Mit im Gepäck waren amtliche Dokumente der polnischen Widerstandsbewegung und der Regierung, die „ihre echte, hingebungsvolle Tätigkeit im Auschwitzer Lager und in der Widerstandsbewegung bestätigten".[433] Das war die Basis für ihre Rehabilitierung in Österreich.

Doch vorerst fuhr sie noch einmal zurück nach Auschwitz, wo die Vorbereitungen für die Hinrichtung von Rudolf Höß angelaufen waren. Der Aufenthalt zog sich in die Länge, wie sie in einem Brief an Edek Pyś vom 11. April 1947 schrieb. Darin verwendet sie übrigens für den Ort die polnische Schreibweise Oświęcim: „Leider kann ich erst Donnerstag, den 17. IV., von hier abreisen, weil ich auf das tschechische Geld warten muss."

Es dauerte dann noch einen Tag länger, bis sie am 18. April wieder nach Österreich zurückkam.[434] Hier ließ sie die polnischen Dokumente übersetzen und reichte bei der französischen Besatzungsbehörde ein Gesuch ein,

Ostern 1947: Familienfeier mit Maria Stromberger (Dritte von links) in Rzeszów mit (von links nach rechts) Edwards Braut Ewa Kalita, Edward Pyś, Ewas Vater Wilhelm Kalita, Edwards Mutter Justyna, Vater Stanisław, Schwester Genowefa, die künftige Schwiegermutter Eugenia und der zukünftige Schwager Ryszard Kalita.

Maria Stromberger und Edward Pyś (rechts) mit Tadeusz Szewczyk, einem weiteren ehemaligen Auschwitz-Häftling, vor der Universität Krakau im Frühling 1947.

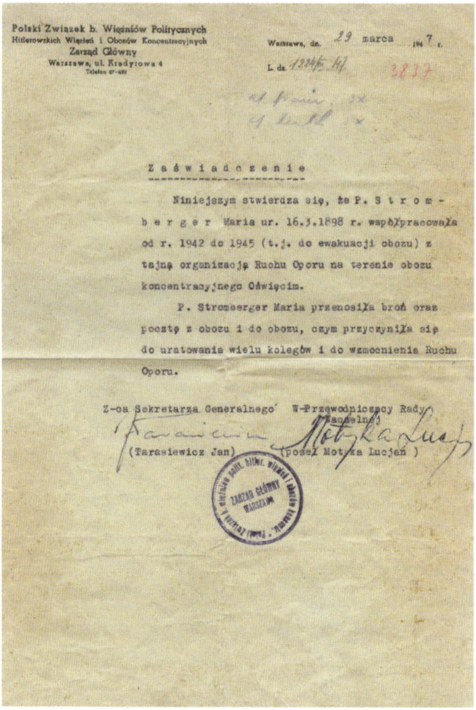

Polski Związek b. Więźniów Politycznych
Hitlerowskich Więzień i Obozów Koncentracyjnych
Zarząd Główny
Warszawa, ul. Kredytowa 4
Telefon 87-452

Warszawa, dn. 29 marca 1947 r.
L. dz. 1224/III 47
3837

Z a ś w i a d c z e n i e

Niniejszym stwierdza się, że P. S t r o m b e r g e r Maria ur. 16.3.1898 r. współpracowała od r. 1942 do 1945 (t.j. do ewakuacji obozu) z tajną organizacją Ruchu Oporu na terenie obozu koncentracyjnego Oświęcim.

P. Stromberger Maria przenosiła broń oraz pocztę z obozu i do obozu, czym przyczyniła się do uratowania wielu kolegów i do wzmocnienia Ruchu Oporu.

Z-ca Sekretarza Generalnego
(Tarasiewicz Jan)

W-Przewodniczący Rady Naczelnej
(poseł Motyka Lucjan)

ZARZĄD GŁÓWNY WARSZAWA

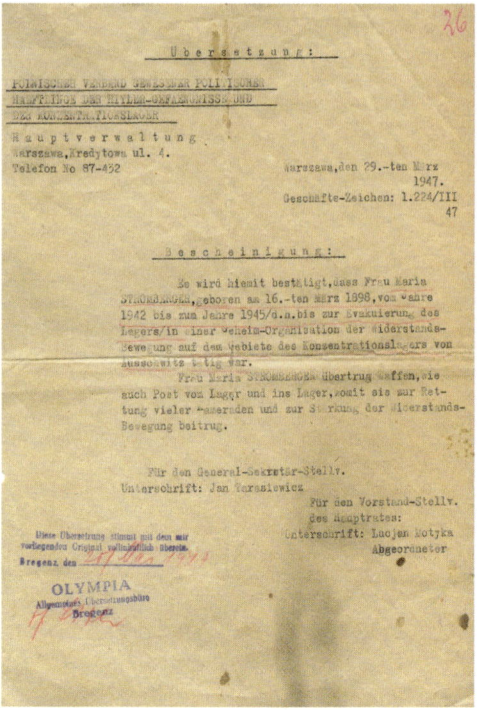

26

Ü b e r s e t z u n g :

POLNISCHER VERBAND GEWESENER POLITISCHER HÄFTLINGE DER HITLER-GEFÄNGNISSE UND DER KONZENTRATIONSLAGER

H a u p t v e r w a l t u n g
Warszawa, Kredytowa ul. 4.
Telefon No 87-452

Warszawa, den 29.-ten März 1947.
Geschäfts-Zeichen: 1.224/III 47

B e s c h e i n i g u n g :

Es wird hiemit bestätigt, dass Frau Maria STROMBERGER, geboren am 16.-ten März 1898, vom Jahre 1942 bis zum Jahre 1945/d.h. bis zur Evakuierung des Lagers/in einer Geheim-Organisation der Widerstands-Bewegung auf dem Gebiete des Konzentrationslagers von Ausschwitz tätig war.

Frau Maria STROMBERGER übertrug Waffen, wie auch Post vom Lager und ins Lager, womit sie zur Rettung vieler Kameraden und zur Stärkung der Widerstands-Bewegung beitrug.

Für den General-Sekretär-Stellv.
Unterschrift: Jan Tarasiewicz

Für den Vorstand-Stellv. des Hauptrates:
Unterschrift: Lucjan Motyka
Abgeordneter

Diese Übersetzung stimmt mit dem mir vorliegenden Original vollinhaltlich überein.
Bregenz, den 27. Mai 1947

OLYMPIA
Allgemeines Übersetzungsbüro
Bregenz

Bescheinigung über die Widerstandstätigkeit von Maria Stromberger in Auschwitz vom 29. März 1947 auf Polnisch und in deutscher Übersetzung. Erst dieses Dokument führte zur Rehabilitierung der Widerstandskämpferin in Österreich.

damit sie vollständig rehabilitiert werde. Das Bureau de Traductions Bregenz, Olympia, hatte dazu eigens eine Übersetzung auf Deutsch und Französisch angefertigt und am 28. Mai 1947 offiziell beglaubigt: „Cette traduction est conforme exaçt à l'original."[435]

Die zuständigen Stellen versprachen ihr, umgehend die nötigen Schritte in die Wege zu leiten, was auch rasch geschah: „Bescheinigung: Es wird hiemit bestätigt, dass Frau Maria Stromberger, geboren am 16.ten März 1898, vom Jahre 1942 bis zum Jahre 1945 / d.h. bis zur Evakuierung des Lagers / in einer Geheim-Organisation der Widerstands-Bewegung auf dem Gebiete des Konzentrationslagers von Ausschwitz [sic] tätig war.

Frau Maria Stromberger übertrug Waffen, wie auch Post vom Lager und ins Lager, womit sie zur Rettung vieler Kameraden und zur Stärkung der Widerstands-Bewegung beitrug."[436]

Wieder in der Heimat

In den folgenden Monaten zog es sie wieder in ihre alte Heimat. Wir finden sie spätestens ab dem 2. Juni 1947 in Pörtschach. Dort hatte sie im Haus ihres Neffen Wilhelm Lapeiner, dem Sohn ihres Halbbruders Karl, in der Hauptstraße 109 das „Zimmer Nr. 5“ gemietet.[437] In Pörtschach lebte Maria Stromberger, wie sie in einem Brief an Edek Pyś schrieb, „ganz ruhig und zufrieden, soweit es unter den heutigen Verhältnissen möglich ist“.[438] Auch dem Briefverkehr zwischen Karl Lapeiner und seinen „lieben Schwestern“ ist zu entnehmen, dass der Aufenthalt in Pörtschach der herzkranken Frau gutgetan hat.[439]

Doch völlig abschalten konnte Maria Stromberger nicht, denn in der Familie wurde wieder einmal eine Pflegerin mit Fachkenntnissen gebraucht: Ende Juli fuhr sie deshalb für zwei Wochen nach Bregenz zurück. Dort brauchte ihre Schwester Karoline Hilfe, weil sie sich einer schwierigen Augenoperation hatte unterziehen müssen.[440]

Maria Stromberger plante damals, den Herbst für eine Ausbildung und die Prüfung zur „Körpermasseurin“ in Wien zu nutzen, um sich im kommenden Jahr „in einem Badeort als Masseuse etablieren“ zu können. Sie hatte sich ein Buch und umfangreiche Ausbildungsblätter über Massage besorgt sowie ein Buch über „Moderne Kosmetik“. Man sieht den Unterlagen an, dass ihre beruflichen Absichten durchaus ernst gemeint waren und die Broschüren und Bücher von ihr genau studiert wurden.[441]

Dennoch wurde es nichts mit dem zwischenzeitlichen Berufswunsch. Vielleicht war es auch nicht unbedingt eine Herzensangelegenheit gewesen. Das jedenfalls kann man aus einem späteren Brief an Edward Pyś herauslesen: „Man soll bekanntlich keine Pläne machen, es kommt ja doch anders als man denkt. Am besten ist es, man lebt von heute auf morgen u. zerbricht sich nicht den Kopf. In meinem Alter bekommen das Leben und die Welt ein anderes Gesicht!“

Auch dieses „andere Gesicht“ war trotz der wiedererlangten Demokratie in Österreich und der persönlichen Freiheit kein freundliches. Aus der Korrespondenz Maria Strombergers jedenfalls spricht wenig Lebensfreude: „Von den Menschen erwarte ich nichts mehr und habe ein großes Bedürfnis nach innerem Frieden und nach viel, viel Ruhe.“[442]

Zu dieser negativen Grundstimmung beigetragen hatte natürlich auch die gesellschaftliche und politische Entwicklung in Österreich nach der

In der früheren Villa Tarnóczy-Sprinzenberg in Pörtschach konnte sie sich in der Pension ihres Neffen Wilhelm Lapeiner von 1947 bis 1948 einige Monate etwas erholen. „Die Natur ist es, die mir Ruhe und Frieden gibt; sie zu beobachten ist erhebend!“, schreibt Stromberger in einem Brief an Edward Pyś: „Von den Menschen erwarte ich nichts mehr und habe ein großes Bedürfnis nach innerem Frieden und nach viel, viel Ruhe.“

Befreiung vom Nationalsozialismus. Das Leben in Österreich war in den ersten zwanzig Jahren nach 1945 gekennzeichnet durch provinziellen Mief. Als „das konservative Paradigma" beschreibt der Historiker Ernst Hanisch die triste gesellschaftliche und kulturelle Situation im Land; es verlor erst „Mitte der 1960er Jahre seine Bindekraft".[443]

Das galt auch für Vorarlberg. So wurde etwa noch 1946 in der Gemeinde Götzis die Aufführung von Friedrich Schillers „Kabale und Liebe" abgelehnt, weil einerseits der Selbstmord der Hauptfigur am Ende des Stückes den Vorarlbergern immer „fremd, krankhaft und grauenerregend ob der inneren Haltlosigkeit" gewesen sei. Andererseits könnten gar einige Zuschauer den bösen Präsidenten im Stück mit dem „redlichen Führer" (!) Landeshauptmann Ulrich Ilg identifizieren. Dass auch die Kinozensur exzessive Formen annahm, muss wohl nicht besonders betont werden. Der damalige Direktor des Theaters für Vorarlberg meinte, dass die Zensurpraxis im Nachkriegsvorarlberg weit über „den Rahmen der nationalsozialistischen Zensurstellen hinausging".[444]

Mitverantwortlich für dieses gesellschaftspolitische Klima war die Tatsache, dass es nach dem Krieg erstaunlich schnell zu einer Restauration der wirtschaftlichen und teilweise sogar der politischen Elite des Landes aus der Zeit vor 1945 kam. Zu nennen wäre etwa die „rechte Hand" des Tiroler Gauleiters Franz Hofer: Elmar Grabherr (1911–1987) kehrte in den letzten Tagen des „Dritten Reichs" nach Vorarlberg zurück, wurde umgehend Sekretär der neuen Landesregierung und sogar Koordinator für die „Entnazifizierung" – der „Bock" wurde somit zum „Gärtner" gemacht.[445]

Die führenden Teilhaber der großen Vorarlberger Industrieunternehmen waren fast alle schon vor 1938 fanatische Nationalsozialisten gewesen, „arisierten" nach 1938 bedeutende Unternehmen wie das Wiener Großkaufhaus Herzmansky, waren nach 1945 zwar kurzfristig als „Schwerbelastete" wie Rudolf Hämmerle, Hans Ganahl oder Hermann Rhomberg inhaftiert, machten dann aber – meist als Mitglieder der ÖVP – schnell wieder Karriere in Politik und Wirtschaft.[446]

Den einen oder anderen von ihnen musste Maria Stromberger im Vorarlberger Entnazifizierungslager Brederis kennenlernen. Sie hat so einen Vorgeschmack davon bekommen, was Ernst Hanisch als „konservatives Paradigma" im kulturellen Bereich und im laxen Umgang mit ehemaligen Nationalsozialisten im juristischen beschrieben hat. In den folgenden Jahren wurde das nicht besser. Insgesamt entstand ein gesellschaftliches

Klima, in dem die früheren Nationalsozialisten (Männer wie Frauen) wieder in die Vorarlberger „Volksgemeinschaft" aufgenommen wurden, während das Schicksal jener, die Widerstand geleistet hatten oder unter der nationalsozialistischen Herrschaft verfolgt oder um ihr Leben gebracht worden waren, tunlichst verdrängt wurde.

Die mangelhafte bis skandalöse juristische (Nicht-)Aufarbeitung der NS-Zeit war für die entschiedene Gegnerin des Nationalsozialismus kaum zu ertragen. Das war in Vorarlberg nicht anders als im übrigen Österreich. Meinrad Pichler spricht in seinem Standardwerk zur Geschichte Vorarlbergs von „etwas Sühne" und „wenig Reue". Vor allem der Umgang mit den Opfern des Nationalsozialismus sei geprägt gewesen „von Engherzigkeit".[447]

In diesem Klima machten viele ehemalige Nazis schnell wieder Karriere. ÖVP und SPÖ bemühten sich massiv um ihre Stimmen und holten etliche von ihnen in ihre Parteien. Das führte dazu, dass es nicht nur personelle Kontinuitäten gab, sondern auch ideologische. Und spätestens ab 1949 war mit dem „Verband der Unabhängigen" auch eine organisatorische Plattform für die (oft gar nicht so) „Ehemaligen" geschaffen.[448] Diese Entwicklung bestärkte eine Frau mit den Grundwerten einer Maria Stromberger und entschiedene Gegnerin der NS-Ideologie bei ihrem Rückzug in die selbstgewählte Isolation.

Da sie in keiner Organisation tätig war, wurde ein Gefühl der Ohnmacht bei ihr immer dominanter. Maria Stromberger war ja auch schon in der Zeit vor der NS-Machtergreifung kein parteipolitisch interessierter oder gar aktiver Mensch gewesen. Das hatte sich auch nach dem Krieg nicht geändert: „Mit Politik befasse ich mich nicht, ich brauche meine ganze Kraft, um arbeiten u. mein Brot verdienen zu können."[449]

Die ehemalige Krankenschwester war aber insofern eine sehr politische Frau, als sie in der NS-Zeit nicht nur für sich selbst eindeutig Stellung bezogen hatte, sondern auch ihr Handeln danach ausrichtete. Die „Engherzigkeit" und Gleichgültigkeit gegenüber den Opfern nach 1945 waren ihr daher unerträglich.

Für Vorarlberg wie für Österreich insgesamt galt, dass „die Schuldsprüche der Volksgerichte" gegen ehemalige Nationalsozialisten „ebenso verdrängt [wurden] wie die NS-Verbrechen selbst".[450] Von einem typischen Hinweis auf diese Entwicklung im unmittelbaren Lebensbereich Maria Strombergers berichtet der Historiker Werner Bundschuh: Im Juli 1945 beschloss die Bregenzer Stadtvertretung „die Errichtung eines würdigen

Denkmals für die Blutopfer des Nationalsozialismus". Allzu eilig mit der Umsetzung hatten es die Verantwortlichen aber nicht: Erst im Jahr 1988 wurde der Beschluss auch in die Tat umgesetzt.[451]

Nur einige KZ-Überlebende wie Simon Wiesenthal oder Hermann Langbein waren „positive Störfaktoren", wie das der Politologe Anton Pelinka genannt hat, die die „politische Routine" im Nachkriegsösterreich störten.[452] Sie betrieben intensive Recherchen, um die Täter vor Gericht zu bringen. Beide „Störfaktoren" übernahmen in der Nachkriegsgesellschaft somit jene Aufgabe, die eine noch immer von ehemaligen Nationalsozialisten durchsetzte Justiz nicht wahrnehmen wollte.

Zu Beginn der Fünfzigerjahre bemühte sich Hermann Langbein über viele Monate hinweg darum, den ehemaligen SS-Brigadeführer Dr. Carl Clauberg (1898–1957) dingfest zu machen. Clauberg hatte als Gynäkologe in Auschwitz Menschenversuche mit schwangeren Frauen und andere verbrecherische Experimente an weiblichen Häftlingen durchgeführt. Langbein suchte im Auftrag des Comité International des Champs Beweise gegen Clauberg. Da Maria Stromberger den Arzt in Auschwitz gekannt hatte, bat er sie in mehreren Briefen und wohl auch mündlich bei seinem Besuch in Bregenz um Hinweise.[453]

Maria Stromberger schreibt bitter, dass das „Comité" viele Beweise habe und auf eine Verurteilung hoffe: „Nach den Strömungen, die wieder stärker aufgetaucht sind, u. den ganzen Umständen in politischer Hinsicht zweifle ich, dass Professor Clauberg allzu viel passieren wird."[454] Immerhin etwas „passierte": Der Arzt wurde 1956 in Kiel verhaftet, verstarb aber noch vor einem möglichen Prozess.[455]

Dass ihre konsequente antifaschistische Haltung vor 1945 nur durch die kommunistische Partei in Gestalt von Hermann Langbein und dem KZ-Verband gewürdigt wurde, war der Integration der katholisch geprägten Frau in die Nachkriegsgesellschaft nicht förderlich. Mit ihrer klaren Haltung gegen den Nationalsozialismus lag sie ebenfalls nicht im „Mainstream".

Auch ihr Aufenthalt in ihrer alten Heimat Kärnten konnte diese Bindung nicht mehr herstellen – weder beruflich noch sozial. Ende 1948 finden wir Maria Stromberger wieder in Bregenz, doch mit Hauptwohnsitz gemeldet war sie nach wie vor in Pörtschach. In Bregenz wollte sie nicht bleiben. Sie hatte eine Stelle in der Schweiz gefunden und trat ihren Dienst als Köchin im Gasthaus Hartmann in Riethüsli, einem Stadtteil von St. Gallen, an. Für die Einreise in die Schweiz wurde damals ein Visum benötigt, das am

18. Oktober 1948 vom Schweizer Konsulat in Salzburg ausgestellt worden war. Der erste Grenzübertritt erfolgte laut Reisepass am 27. Oktober 1948.[456]

Doch auch in St. Gallen hat es sie nicht lange gehalten, denn nur wenige Wochen später meldet sie sich wieder in Bregenz an und beginnt im Jänner 1949 eine Arbeit in der nahe ihres Wohnhauses liegenden Textilfabrik Benger, „wo sie als Nachseherin angestellt wurde, zuerst den ganzen Tag, dann nur noch halbtägig".[457]

Vereinzelt sind aus dieser Zeit Briefe an Edward Pyś und Hermann Langbein erhalten geblieben. Langbein lebte nach dem Krieg eine Zeit lang in Bregenz. Er war im Herbst 1950 in politischer Mission unterwegs: Die soziale Lage in Österreich hatte sich im Verlauf des Jahres deutlich verschlechtert. Die Inflation war sehr hoch, die Lohnerhöhungen fielen deutlich geringer aus. Das sollte durch die Regierung im sogenannten „Vierten Lohn- und Preisabkommen" sogar noch zementiert werden. Die Folge war die bis heute größte Streikbewegung der Zweiten Republik, wobei die Kommunisten eine führende Rolle einnahmen.

Hermann Langbein wurde deshalb von der KPÖ als „Instruktor" nach Vorarlberg geschickt, denn auch in einer Fabrik in Bludenz, in der ein Kommunist Betriebsratsobmann war, wurde gestreikt. Langbein berichtet in einem Brief an den Verfasser darüber: „In dieser Zeit traf ich Schwester Maria mehrmals und lernte auch deren Schwester kennen. Gut erinnere ich mich an einen Spaziergang miteinander: Wir sind mit der Bahn auf den Pfänder gefahren und dann in großem Bogen heruntergegangen. Und haben viel und gut miteinander gesprochen."[458]

Schon zuvor hatte er ihr sein Buch „Die Stärkeren. Ein Bericht aus Auschwitz und anderen Konzentrationslagern" geschickt. Maria las es mit großem Interesse und lobte es nicht nur gegenüber Langbein, sondern auch in einem Brief an Edward Pyś. Das Buch Langbeins wurde ein Erfolg. Weniger erfolgreich war der „Instruktor" der KPÖ in Vorarlberg in politischer Hinsicht. Langbein unternahm erfolglos mehrere Versuche, Maria für die kommunistischen Bewegung zu gewinnen.

Das war allerdings von vornherein kein erfolgversprechendes Unterfangen. Schon im Februar 1946 hatte Stromberger an Edward Pyś über die Anwerbungsversuche geschrieben: „Dieser Hermann ärgert mich jedesmal mit seinen Briefen, er will mich für seine Ideen gewinnen. Dieser Mensch ist wie besessen und denkt überhaupt an nichts anderes mehr."[459] Und auch in den folgenden Jahren ließ der kommunistische Funktionär

Hermann Langbein war Maria Stromberger bis zu ihrem Tod freundschaftlich verbunden. In der KPÖ machte er nach 1945 Karriere, bevor es kurz nach dem Ungarn-Aufstand zum Bruch mit der Partei kam: Hier ist er im Sommer 1945 als Dritter von links zu sehen mit dem KPÖ-Vorsitzenden Johann Koplenig (Mitte), weiteren Funktionären und russischen Offizieren.

offenkundig nicht locker: „Er will mich ja immer zu seiner Sache bekehren, Edek!“[460]

Auch wenn Stromberger Langbeins Briefe in dieser Hinsicht als aufdringlich empfand, war er ihr doch sympathisch. Zudem war er auch alles andere als ein „braver Parteisoldat“. In Auschwitz und in der Zeit danach suchte er erfolgreich eine überparteiliche Zusammenarbeit und setzte sich für Verfolgte unabhängig von ihrer weltanschaulichen Position ein. Weil er auch viele jüdische Häftlinge rettete, wurde er in der Jerusalemer Gedenkstätte Yad Vashem als „Gerechter unter den Völkern“ geehrt und erhielt ein bleibendes Andenken. 1958, ein Jahr nach Maria Strombergers Tod, wurde Hermann Langbein wegen seines Protests gegen den Geheimprozess gegen den zweimaligen ungarischen Ministerpräsidenten und Reformkommunisten Imre Nagy aus der KPÖ ausgeschlossen. Er hatte also ähnlich wie Maria

Stromberger selbst stark unter der in allzu starren Bahnen verlaufenden gesellschaftspolitischen Situation in Österreich zu leiden.[461]

Gesundheitlich scheint es Maria Stromberger Anfang der Fünfzigerjahre wieder besser gegangen zu sein, denn in einem Brief kündigte sie ihrer Schwester Adelheid in Seattle sogar einen möglichen Besuch an, woran diese „Mitzerl" in einem Antwortschreiben im Februar 1952 erinnerte. Gleichzeitig aber äußerte sie auch unverhohlen, dass ein Besuch in den USA wohl kein realistisches Vorhaben sei.[462]

Mit den Jahren scheint sich Maria Stromberger mit der Situation im Nachkriegs-Österreich resignierend abgefunden und sich ganz in ihr Privatleben zurückgezogen zu haben. Auch ihr schwaches Herz machte ihr wieder Probleme, wie einem Brief vom September 1954 zu entnehmen ist: „Ich bin abgestumpft gegen alle Dinge, die im gewöhnlichen Leben vorkommen, weil ich innerlich immer Vergleiche anstellen muss. Da ist es besser so. Bei meiner Schwester habe ich ein kleines Zimmer und lebe ganz zufrieden. Leider macht mir mein Herz manchmal sehr zu schaffen." Der Arzt habe ihr jede Anstrengung verboten. Immerhin aber gefalle ihr die Tätigkeit in der Textilfirma Benger, es sei eine „sehr schöne Arbeit", zumal sie am Abend freiberuflich als Masseurin arbeiten könne. Alles andere drängte sie beiseite.[463]

Nicht verdrängen konnte sie allerdings private Schicksalsschläge, die sie in den zwei Jahren zuvor erlitten hatte und die ihr – wie sie schreibt – „großen Kummer" bereiteten. Ihr Bruder Franz war völlig verarmt und vereinsamt im Juli 1952 in Wien im Beisein von Karoline Greber und Maria Stromberger gestorben.[464]

Und auch „meine liebe Schwester in Amerika" – Adelheid Kogler – war inzwischen gestorben: „So wird es immer einsamer um mich und nun habe ich meine ganze Liebe und Sorge auf Lina (bei der ich lebe) übertragen und die ist auch schon 68 Jahre alt. Man muss dem Schicksal dankbar sein für jede Stunde, die es ihr noch schenkt. Nun, lieber Edek, mit der Reise nach Auschwitz wird es nichts mehr werden."[465]

Die angesprochene Reise nach Auschwitz wäre die Annahme einer Einladung zu einem Treffen jener Überlebenden gewesen, die zum ersten Transport polnischer Häftlinge am 14. Juni 1940 gehörten. Diese Häftlinge mit den niedrigen Nummern 31 bis 759 trafen sich alljährlich im Juni. Da viele unter ihnen im SS-Revier oder zumindest in der Nähe als Funktionshäftlinge eingesetzt waren, kannten sie natürlich die bemerkenswerte Frau

Außerfamiliären Kontakten ging Maria Stromberger nach 1945 immer mehr aus dem Weg, suchte Ruhe in der Natur und bei Tieren. Eine der letzten Aufnahmen von ihr vom Sommer 1954.

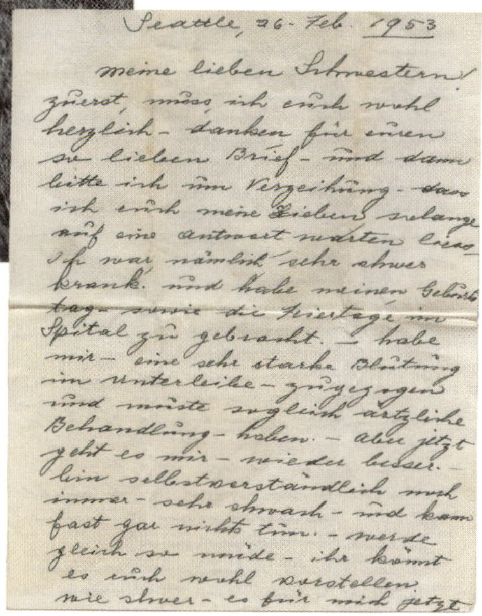

Seattle, 26-Feb. 1953

meine lieben Schwestern!
zuerst, muss ich euch wohl
herzlich- danken für euren
so lieben Brief- und dann
bitte ich um Verzeihung- das
ich euch meine Lieben solange
auf eine antwort warten liess-
Ich war nämlich sehr schwer
krank. und habe meinen Geburts
tag- sowie die Feiertage im
Spital zu gebracht. - habe
mir- eine sehr starke Blutung
im unterleibe- zugezogen
und musste sogleich ärtzliche
Behandlung- haben. - aber jetzt
geht es mir- wieder besser.-
bin selbstverständlich noch
immer- sehr schwach- und kann
fast gar nichts tun. - werde
gleich so müde- ihr könnt
es euch wohl vorstellen
wie schwer- es für mich jetzt

Mit ihrer Schwester Adelheid in Seattle gab es einen intensiven Briefverkehr. Der Tod ihres Bruders Franz 1952 und der von Adelheid 1954 trafen den Familienmenschen Maria Stromberger sehr hart.

im ehemaligen SS-Revier, von der ihre Untergebenen immer geschwärmt hatten. Die Einladung zu einem Treffen war daher nur eine logische Folge.[466]

Der Exekutiv-Vizepräsident des Internationalen Auschwitz-Komitees, Christoph Heubner, meinte bei einer Gedenkveranstaltung im Jahr 2020, dass viele Überlebende aus diesem Transport „über Jahrzehnte berührende Botschafter ihrer ermordeten Mithäftlinge und aufgrund ihrer genauen Beobachtung und Dokumentierung der Untaten der SS bedeutende Zeugen bei Auschwitz-Prozessen in Polen, in Deutschland und in Israel" waren.[467]

Doch Maria Stromberger fühlte sich bei einem solchen Treffen fehl am Platz. Im Antwortschreiben auf die Einladung betonte sie allen Ernstes, sie halte es für „wenig taktvoll" zu kommen, weil sie in ihrer Zeit in Auschwitz zwar „mit meinem ganzen Herzen und mit Leib und Seele auf Eurer Seite gestanden" sei, aber halt doch eine deutsche Krankenschwester gewesen sei. Einen eventuellen Einwand vorwegnehmend, ging sie selbst auf ihren Besuch in Polen im Jahre 1947 ein. Dieser habe einen anderen Charakter gehabt, weil sie damals im Prozess gegen den Lagerkommandanten Rudolf Höß ausgesagt habe. Da sei es ihr in erster Linie darum gegangen zu zeigen, dass sie „keine Angst" gehabt habe, Polen zu besuchen.[468]

Es ist schwer vorstellbar, dass die ehemaligen Häftlinge aus dem SS-Revier das auch so gesehen haben. Von ihnen wurde sie eindeutig als „eine von uns" betrachtet. Doch für die bescheidene Frau aus Österreich waren die Fakten klar, und daran konnte nicht gerüttelt werden.

Ehrungen

Immerhin wurden die Widerstandstätigkeit Maria Strombergers in Auschwitz und ihre humanitäre Hilfe für Häftlinge ab 1954 wieder stärker in den Fokus gerückt. Es begann mit der erwähnten Einladung nach Auschwitz, der weitere Einladungen und auch Ehrungen – allerdings nur aus Polen und vom KZ-Verband – in den folgenden drei Jahren bis zu ihrem Tod folgen sollten.

Schon das Jahr 1955 eignete sich als erstes „Jubiläumsjahr" für eine Würdigung: Zehn Jahre zuvor war das Konzentrationslager Auschwitz befreit worden und 15 Jahre zuvor war Auschwitz als Konzentrationslager errichtet und waren die ersten Häftlinge dorthin transportiert worden. Das Interesse der Öffentlichkeit an diesen Jubiläen war in Österreich allerdings sehr gering. Außerhalb der betroffenen Opfer des Nationalsozialismus stand mitten im Kalten Krieg den meisten nicht der Sinn nach besonderer Betonung der Zeit des Nationalsozialismus.

Maria Stromberger war zudem kein Mensch, der nach öffentlicher Anerkennung gierte. Sie selbst hat ihren Mut, den sie in Auschwitz unter Beweis gestellt hat, daher auch nie öffentlich gemacht.

In einer Gedenkfeier der Auschwitz-Überlebenden Ende Jänner 1955 zum zehnten Jahrestag der Befreiung des Konzentrationslagers würdigte die „Auschwitz-Lagergruppe" Maria Stromberger – sie war persönlich nicht anwesend – und betonte ihre Verdienste: „Ihr Gewissen machte sie zur aktiven Antifaschistin." Teilgenommen an der Veranstaltung hatten prominente Kommunisten wie der KPÖ-Obmann und damalige Nationalratsabgeordnete Johann Koplenig und der Präsident des KZ-Verbandes Wilhelm Steiner. In der Folge erhielt Maria einen Brief mit einem Bericht über diese Veranstaltung.[469]

Am 4. März 1955 bedankte sie sich bei den „lieben Kameraden" für die Ehrung und den nachfolgenden Brief:

„Ihr habt mir mit Eurem Schreiben vom 16. Februar 1955 eine große Freude bereitet und mich mit Stolz erfüllt! Es ist eine große Ehre (speziell für meine Person), die ich voll und ganz zu würdigen weiß, nur fürchte ich, daß Ihr meine damalige Tätigkeit bedeutend überschätzt.

Es war für mich in meiner Eigenschaft als Oberschwester nicht allzu schwer, allerlei Dinge zu drehen, und wie ihr wohl wißt, war Auschwitz eine gute Schule, Gefahren zu begegnen, wenn man nicht auf den Kopf gefallen war.

Was ich tat, war Menschenpflicht und leider nur ein Tropfen ins Meer.

Ach, alles ist noch so lebendig, und die Erinnerung an jene Zeit wird wohl nie verblassen."[470]

Es blieb in der Folge bei Ehrungen ausschließlich von kommunistischer Seite. Der offiziell zwar überparteiliche, de facto aber kommunistisch dominierte „KZ-Verband" hielt Anfang November 1955 in Bad Goisern seine Bundesversammlung ab. Eingeladen dazu war auch Maria Stromberger. Diesmal nahm sie die Einladung an. Die Zeitschrift „Der neue Mahnruf" berichtete unter dem Titel „Eine mutige Frau wird geehrt" darüber.

Das Präsidiumsmitglied Dr. Franz Danimann (1919–2013) hielt die Laudatio und betonte den „heldenhaften Kampf", den die bei der Tagung anwesende Krankenschwester Maria Stromberger geführt habe. Ihre eigene

Vor allem mit den Mitgliedern des KZ-Verbands und Edward Pyś unterhielt Maria Stromberger bis zu ihrem Tod intensiven Briefkontakt. Vom Briefverkehr sind leider nur ihre Briefe erhalten.

Sicherheit sei für sie in den Hintergrund getreten, und sie habe genau gewusst, welche Strafe sie zu erwarten gehabt hätte, wenn man ihre Kooperation mit der Widerstandsbewegung entdeckt hätte.

Die besondere Wertschätzung machte der Verband dadurch deutlich, dass die bereits im Februar zum Ehrenmitglied des Verbandes ernannte Frau nun auch als „Ehrenmitglied im Präsidium des Verbandes" aufgenommen wurde.[471]

Danimann und der KZ-Verband versuchten keineswegs, Stromberger politisch zu vereinnahmen: „Trotz allen ihr drohenden Gefahren wurde sie die Helferin und Retterin unzähliger Gefangener, ihre Hilfe galt Österreichern ebenso wie Polen, sie half als sogenannte Arierin Juden in gleicher Weise, wie sie als überzeugte Katholikin Kommunisten und Sozialisten unterstützte, obwohl sie von ihnen wußte, daß sie eine Widerstandsgruppe im Lager gebildet hatten. Sie wurde von der SS wiederholt bedroht, zeitweise sogar interniert[472]. Aber nie wurde sie schwankend. Auf Schwester Maria konnten wir uns verlassen."

Danimanns Antrag, sie auch als Ehrenmitglied in das Präsidium des Verbandes zu wählen, wurde mit großem Beifall akzeptiert. Es gab Standing Ovations für die bescheidene Frau: „Tränen standen in den Augen der Delegierten des Kongresses, als sie sich einmütig erhoben, um ihre Zustimmung zu diesem Antrag zu geben."[473] Eine parteipolitisch völlig desinteressierte und sehr religiöse Katholikin im Präsidium eines kommunistisch dominierten Verbandes – das war die einzige offizielle Würdigung, die sie in Österreich erleben durfte.

Maria Stromberger hatte in Bad Goisern offensichtlich einen starken Eindruck hinterlassen und viele Sympathien gewonnen. Davon zeugt die

Post, die sie danach erhalten hat. Auch Dr. Danimann schickte ihr zu Weihnachten Grüße.[474]

Hermann Langbein wollte natürlich wissen, wie die Tagung und die Ehrung bei Maria Stromberger angekommen waren. Ihre Antwort: „Es hat mir in Goisern sehr gefallen und ich hatte außerordentlich nette Leute kennengelernt."[475]

Auch im folgenden Jahr sollte sie eine Ehrung erhalten. Man hat ihr sogar angetragen, sich in Polen niederzulassen, was sie „freundlich, aber bestimmt" abgelehnt habe. Auch die Annahme der polnischen Staatsbürgerschaft war für sie nie ein Thema.[476]

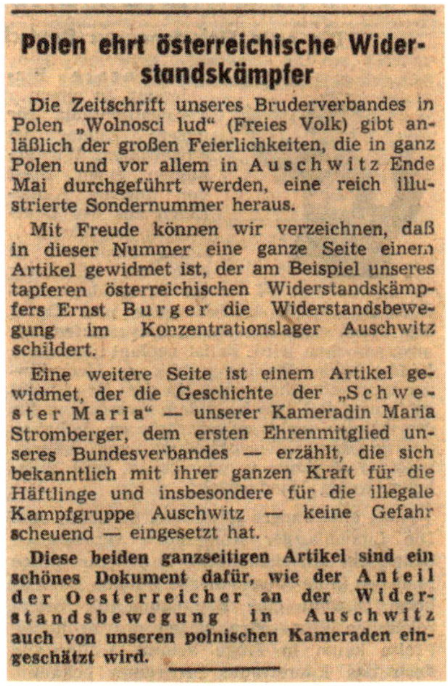

Polen ehrt österreichische Widerstandskämpfer

Die Zeitschrift unseres Bruderverbandes in Polen „Wolnosci lud" (Freies Volk) gibt anläßlich der großen Feierlichkeiten, die in ganz Polen und vor allem in Auschwitz Ende Mai durchgeführt werden, eine reich illustrierte Sondernummer heraus.

Mit Freude können wir verzeichnen, daß in dieser Nummer eine ganze Seite einem Artikel gewidmet ist, der am Beispiel unseres tapferen österreichischen Widerstandskämpfers Ernst Burger die Widerstandsbewegung im Konzentrationslager Auschwitz schildert.

Eine weitere Seite ist einem Artikel gewidmet, der die Geschichte der „Schwester Maria" — unserer Kameradin Maria Stromberger, dem ersten Ehrenmitglied unseres Bundesverbandes — erzählt, die sich bekanntlich mit ihrer ganzen Kraft für die Häftlinge und insbesondere für die illegale Kampfgruppe Auschwitz — keine Gefahr scheuend — eingesetzt hat.

Diese beiden ganzseitigen Artikel sind ein schönes Dokument dafür, wie der Anteil der Oesterreicher an der Widerstandsbewegung in Auschwitz auch von unseren polnischen Kameraden eingeschätzt wird.

Während sich in Österreich nur die kommunistische Presse für die katholische Widerstandskämpferin interessierte, war das Interesse in Polen an ihr ungebrochen: „Lud Wolności" berichtet im Mai 1956 über eine Ehrung des „Engels von Auschwitz". „Der Neue Mahnruf" berichtete 1956 in Heft 5 darüber.

Ihre vielen – und zum Teil sehr prominenten – Freunde und Bekannten in Polen waren schon lange darum bemüht, eine Ehrung des „Engels von Auschwitz" zu erreichen. Im Jahr 1956 war es so weit. Das kommunistisch regierte Land ehrte neben dem KPÖ-Funktionär Ernst Burger, der nach der gescheiterten Flucht Ende 1944 in Auschwitz hingerichtet worden war, auch die katholische österreichische Krankenschwester aus dem SS-Krankenrevier.[477]

Sie wurde zur Entgegennahme der Ehrung nach Polen eingeladen, und es gab sogar eine Interviewanfrage der auflagenstärksten polnischen Tageszeitung „Trybuna Ludu" („Volkstribüne"). Auch Hermann Langbein wollte unbedingt, dass Maria Stromberger zu den Feierlichkeiten komme. Und auch Edek Pyś hatte ihr geschrieben, er freue sich auf ein Widersehen, aber sie lehnte – wie sie schreibt – „aus bestimmten Gründen" ab. Die zurückhaltende Frau hatte wohl das Gefühl, politisch vereinnahmt zu werden:

„Ich habe mir meine Unabhängigkeit stets zu bewahren gewusst u. stehe nicht gern im Licht der Öffentlichkeit." Zudem sei „der Weg weit" und sie sei „müde".[478]

Die Zeitschrift der polnischen KZ-Überlebenden und Widerstandskämpfer „Lud Wolności" („Freies Volk") berichtete breit über die großen Feierlichkeiten, die in ganz Polen und vor allem in Auschwitz Ende Mai 1956 vonstattengingen. Die reich illustrierte Sondernummer war Ernst Burger und Maria Stromberger gewidmet. Eine ganze Seite erzählte die Geschichte der „Schwester Maria", eine andere jene von Ernst Burger: „Diese beiden ganzseitigen Artikel sind ein schönes Dokument dafür, wie der Anteil der Österreicher an der Widerstandsbewegung in Auschwitz auch von unseren polnischen Kameraden eingeschätzt wird", berichtete „Der neue Mahnruf".[479]

Die parteilose Katholikin war aber ganz offensichtlich zwischen die politischen Fronten geraten. Von den Kommunisten wurde sie ausgezeichnet und respektiert, war ihnen aber politisch fern. Dennoch stellte sie auch hier den menschlichen Kontakt vor politische Überlegungen. Von der in Vorarlberg herrschenden ÖVP wurde sie erst gar nicht zur Kenntnis genommen. Oder gab es bewusste politische Vorbehalte? Traute man dieser Frau, die in Auschwitz so eng mit Kommunisten zusammengearbeitet hatte, in ideologischer Hinsicht nicht?

Jedenfalls kennzeichnet jene düstere und depressive Stimmung, die bei ihr nach 1945 überall spürbar ist, auch in einem der letzten erhalten gebliebenen Briefe an Edward Pyś. In ihm ist auch schon eine Todesahnung der schwer herzkranken Frau zu spüren: „So lebe ich ganz zurückgezogen u. habe fast gar keinen persönlichen Verkehr. Ist besser so. Ich gehe viel spazieren. Die Natur ist es, die mir Ruhe und Frieden gibt; sie zu beobachten ist erhebend! Es gibt keinen Tod – nur eine Veränderung, Edek!"[480]

Maria Stromberger war zeitlebens nie an parteipolitischen Auseinandersetzungen interessiert, aber dennoch machte ihr die politische Entwicklung im Zuge des „Kalten Krieges" große Sorgen. Sie zeigt sich auch jetzt als – im positiven Sinn – große Moralistin, hatte aber eine wenig realistische Einschätzung der geopolitischen Lage: „Sie kommen, die Deutschen, Edek!! Die fühlen sich zu Unrecht gekränkt! Ich mag gar nicht darüber nachdenken, der Ekel würgt mich im Halse."[481]

Im Jahr 1957 hätte für Maria noch einmal die Chance bestanden, mit Edward Pyś und anderen Häftlingen aus Auschwitz zusammenzutreffen.

Bei den Treffen ehemaliger Auschwitz-Häftlinge des Stammlagers war Maria Stromberger immer ein Thema, egal ob in Polen, Deutschland oder Österreich. Hier eine von acht Häftlingen – darunter Edward Pyś und Hermann Langbein – unterschriebene Karte von einem Treffen in Krakau.

Schon im Jahr zuvor hatte ihr Edek Pyś angekündigt, dass er mit einer polnischen Delegation im April 1957 nach Wien komme. Da das Programm sehr straff sei und er zudem „keine Devisen [habe], um nach Bregenz reisen zu können", hoffe er auf ein Treffen mit ihr in der österreichischen Hauptstadt.[482]

Doch Maria schrieb zurück, die Bahnfahrt dauere 16 Stunden, denn Bregenz liege „weit von Wien entfernt". Und schelmisch fügt sie hinzu: „nicht nur geographisch!!!". „Es bleibt mir also nichts übrig, als auf die Freude, Sie in meinem Vaterlande begrüßen zu dürfen, zu verzichten!"[483] Auch ihr schweres Herzleiden hätte eine derartige Reise nicht mehr zugelassen. Das schmerzte Maria doppelt, denn in der Delegation waren auch andere ehemalige Häftlinge aus dem SS-Revier.

Der erwähnte Kongress war eine internationale Tagung, die vom KZ-Verband organisiert wurde und vom 9. bis 14. April 1957 in Wien stattfand. Sie stand unter dem Motto „Woche des Widerstandsfilms". Dazu waren viele Gäste eingeladen, darunter „zehn polnische ‚Auschwitzer'" sowie ehemalige Häftlinge aus der Tschechoslowakei und Ungarn.[484]

Vom KZ-Verband erhielt Maria immerhin Grüße vom Treffen, wobei ausdrücklich bedauert wurde, dass ihr eine Teilnahme nicht möglich war. Auch aus Frankfurt sendete ihr das Internationale Auschwitz-Komitee noch Grüße. Letztere erreichten sie nicht mehr.[485]

Marias Tod

Schon im Herbst 1956 hatte sich der Gesundheitszustand Maria Strombergers zunehmend verschlechtert. Die schwer herzkranke Frau war ab Oktober bis zu ihrem Tod im Krankenstand. Die Einladung des KZ-Verbandes, zur Veranstaltung in Wien zu kommen, konnte sie daher schon allein aus diesem Grund nicht annehmen.

Am 18. Mai 1957 um 7.30 Uhr in der Früh starb Maria Stromberger in ihrer Wohnung in der Heldendankstraße 15 laut ihrer Schwester „plötzlich". In der Sterbeurkunde wird als Todesursache ein Herzinfarkt angegeben.[486]

Um ihren Tod ranken sich einige Mythen, die schwer zu verifizieren oder falsifizieren sind. Ein Bregenzer Zahnarzt soll ihr trotz heftigster Einwände mehrere Zähne auf einmal gezogen haben. Maria Stromberger konnte noch mit ihrem Fahrrad in ihre Wohnung in der Heldendankstraße fahren, brach

DER NEUE MAHNRUF

Zum Gedenken an Schwester Maria

Zu Allerseelen fand am Grab der Schwester Maria **Stromberger** eine schlichte Gedenkfeier statt, an der Mitglieder des Landesausschusses Vorarlberg teilnahmen, die — auch im Namen des Bundespräsidiums — einen Kranz auf das Urnengrab in Lindau am Bodensee niederlegten.

Das Grab Maria Strombergers wurde 1977 aufgelassen. Es existieren nur zwei Aufnahmen, eine in der Zeitschrift „Der neue Mahnruf" und eine in Erich Feins Buch „Die Steine reden".

dort aber vor ihrer Wohnungstür tot zusammen. Die Operation müsste demnach allerdings sehr zeitig in der Früh stattgefunden haben. Im Bericht ihrer Schwester ist davon nicht die Rede. Sie schreibt weniger dramatisch, dass der Todeskampf sehr kurz gewesen sei: „In einer Viertelstunde war alles vorüber."[487]

Ende August 1957 erhielt Edward Pyś einen weiteren Brief aus Bregenz, diesmal von fremder Hand geschrieben. Karoline Greber teilte ihm mit, ihre Schwester Maria sei zwei Monate zuvor gestorben.

Auf ihren ausdrücklichen Wunsch hin wurde ihr Leichnam verbrannt. Das war bemerkenswert. Denn die Feuerbestattung galt nicht nur im konservativen Vorarlberg, sondern in der gesamten katholischen Welt als gotteslästerlich und war daher bis 1963 seitens der Kirche verboten. Die wenigen Vorarlberger, die sich oder ihre Angehörigen dennoch verbrennen lassen wollten, mussten deshalb nach St. Gallen oder in einigen wenigen Fällen – wie in jenem Maria Strombergers – nach Lindau ausweichen.[488]

Die Kirche argumentierte das ausdrückliche Verbot der Feuerbestattung damit, dass diese von Freimaurerlogen propagiert werde und dass damit eine Absage an ein Leben nach dem Tod verbunden sei.

Wollte Maria Stromberger ein Zeichen setzen? Wollte sie daran erinnern, was man Jüdinnen und Juden in Auschwitz angetan hatte? Die Feuerbestattungen ist schließlich im Judentum bis heute nicht gestattet, das Verbrennen der Leichen in den Vernichtungslagern war eine zusätzliche Peinigung vor allem strenggläubiger Jüdinnen und Juden. Hat sich Maria also nicht nur im Leben, sondern auch nach ihrem Tod mit den Opfern der Nazis solidarisieren wollen?

Auch Edward Pyś hat Überlegungen in diese Richtung angestellt: „Warum wollte sie, als praktizierende Katholikin, dass ihr Leib verbrannt werde? In der katholischen Kirche ist das doch schließlich nicht die Praxis. Ob auf ihrer Entscheidung alte Nachklänge der Erlebnisse in Auschwitz lasteten? Ich werde es nie erfahren!"[489]

Beerdigt wurde Maria Stromberger im benachbarten Lindau. Es muss eine trostlose Beisetzung gewesen sein: „Ich war am Samstag in Aeschach b. Lindau und suchte nach der Urne. Der Friedhofswärter führte mich in die Urnenhalle, wo wir die Urne mit ihrer Nummer fanden. Ich habe einen Platz kaufen u. ihren Namen, Geburts- u. Sterbe-Datum eingravieren lassen, damit man sie jederzeit finden kann"[490], berichtet Karoline Greber. Es handelt sich bei diesem Friedhof nicht um den denkmalgeschützten „Alten

Friedhof", sondern um den Hauptfriedhof in der Ludwig-Kick-Straße 49.[491] Bis zu ihrem Tod ließ Lina Greber das Grab ihrer Schwester in Lindau durch eine Gärtnerei pflegen – ebenso wie jenes ihres Bruders Franz in Wien. Das Grab von Maria Stromberger in Lindau wurde zwanzig Jahre nach ihrem Tod aufgelassen. Lange erinnerte dann nur noch ein Bild im Buch von Erich Fein an sie.[492]

Für ihre Schwester Karoline war Marias Tod ein schwerer Schlag: „Fühle mich jetzt so hilflos, da sie nicht mehr um mich herum ist. Sie war so besorgt um mich, da ich so schlecht sehe", schrieb sie an Hermann Langbein. Karoline und ihre Tochter Hedwig hatten ein sehr enges Verhältnis zu Maria – nicht nur weil sie zusammenwohnten.[493]

Bezeichnend für das vom Glück nicht begünstigte harte Leben von Maria Stromberger ist auch die Tatsache, dass sie in den letzten eineinhalb Jahren ihres Lebens Anspruch auf eine Invalidenrente gehabt hätte, diese aber nie erhalten hatte. Einen entsprechenden Antrag hatte sie schon 1956 eingereicht. Doch die Mühlen der Bürokratie arbeiteten langsam. Erst über ein Jahr nach ihrem Tod sollte von der zuständigen „Pensionsversicherungsanstalt der Arbeiter" eine Verständigung kommen, dass ihr Leistungsanspruch ab Jänner 1956 aus österreichischen und deutschen Versicherungszeiten anerkannt werde. 1.000 Schilling hatte Maria Stromberger immerhin noch selbst als Vorschuss bekommen. Die für damalige Verhältnisse beträchtliche Nachzahlung von 7017,10 Schilling für die Jahre 1956 und 1957 ging an Karoline Greber.[494]

Stromberger und das Gedenken

Nach dem Tod Maria Strombergers erreichten ihre Schwester Karoline Greber viele Briefe von Auschwitz-Häftlingen. Alle wollten ihr Beileid ausdrücken und zeigten sich erschüttert. Als Erster meldete sich Hermann Langbein. Er schrieb im Namen des Internationalen Auschwitz-Komitees (IAK, „Comité International d'Auschwitz") am 15. Juni 1957, dass er „mit Bestürzung erfahren" habe, „dass Ihre und uns so teure Schwester – unsere ‚Schwester Maria' – am 18. Mai gestorben ist."

Bei der letzten Sitzung des IAK sei ihrer gedacht worden, und man habe ihr auch eine Karte geschickt: „Was uns Schwester Maria bedeutet hat, kann man schwer in Worten ausdrücken. Ohne sie wären sicherlich manche von uns nicht mehr am Leben. Und wie viel Hoffnung hat sie durch ihr tapferes

Handeln in den schlimmen Jahren des Konzentrationslagers Auschwitz bei Häftlingen verschiedener Nationalität geweckt. Wenn man an das Gute und Edle in Auschwitz denkt, dann werden wir immer an unsere Schwester Maria denken, die dort dem Lande Österreich mehr Ansehen verschafft hat als gar mancher, der dazu berufen gewesen wäre."[495]

Sechs Wochen später schrieb Langbein noch einmal: „Seien Sie versichert, dass wir immer das Andenken an ihre heldenhafte Schwester lebend erhalten werden." [496]

Tief betroffen meldete sich natürlich auch Edward Pyś. Er betonte, dass die Nachricht „besonders für mich sehr schmerzhaft" gewesen sei: „Den Tod von Schwester Maria empfinde ich, als ob meine Mutter gestorben wäre. Sie war eine Mutter für uns alle, aber besonders für mich, in den finsteren Tagen, die wir im Konzentrationslager verbrachten. Sie war ein Engel in der Hölle von Auschwitz. Sie hat uns bewiesen, dass nicht alle Leute, die deutsch reden, Mörder sind. Sie hat unser Vertrauen und unsere Liebe erworben."[497]

Und auch von der polnischen Widerstandsbewegung erreichte ein offizielles Schreiben die Heldendankstraße 15 in Bregenz. Am 6. Juli 1957 schrieben der Sekretär Henryk Matysiak und der Generalsekretär Kazimierz Rusinek: „Mit ehrlicher Trauer haben wir durch Kam.[erad] Langbein vom Tod der Schwester Maria erfahren. Wir übermitteln Ihnen im Namen des Verbandes sowie aller polnischen ehemaligen Auschwitz-Häftlinge unser tief gefühltes Beileid. Wir möchten Sie versichern, dass das Andenken an Schwester Maria für immer in unseren Herzen bleibt, als eine Frau, die in der schwersten Zeit der Nazi-Okkupation im Sinne des edelsten Internationalismus kämpfte und den gequälten Auschwitz-Häftlingen ohne Rücksicht auf ihre Nationalität und [ihren] Glauben, Hilfe leistete."[498]

Auch Karl Lill meldete sich aus dem Bezirk Neubrandenburg in der DDR. „Welch ein mütterliches, tapferes, edles Herz stand still! Es ist mir gegenwärtig, als wäre es gestern gewesen. Als die polnischen Jungens im SS-Revier in Auschwitz Maria umstanden, liebevoll, wie wohlgeratene Söhne in lächelnder Verehrung ihre Mutter anblicken mögen! Wie viel hat Maria für sie alle getan, an Hilfereichung, Zuspruch, Besorgung von Briefen, Vermittlung wichtiger Nachrichten und Verbindungen, wie oft hat sie die eigene Freiheit darangewagt und das eigene Leben, um unserer Freiheit, unserem Leben zu nützen. Welch ein Herz hat in dieser Brust geschlagen! Ein Schwesternherz? So stark, so tapfer, so voll der beglückenden Wärme! Ach, Schwester Lina, wie werden Sie diesen Verlust überwinden, da er uns niederdrückt, die wir Schwe-

Nachrufe für Schwester Maria

Der Tod unseres ersten und einzigen Ehrenmitgliedes, Frau Maria Stromberger, den wir in unserer letzten Nummer bekanntgeben mußten, hat überall, wo man „Schwester Maria" kannte, Bestürzung und große Trauer

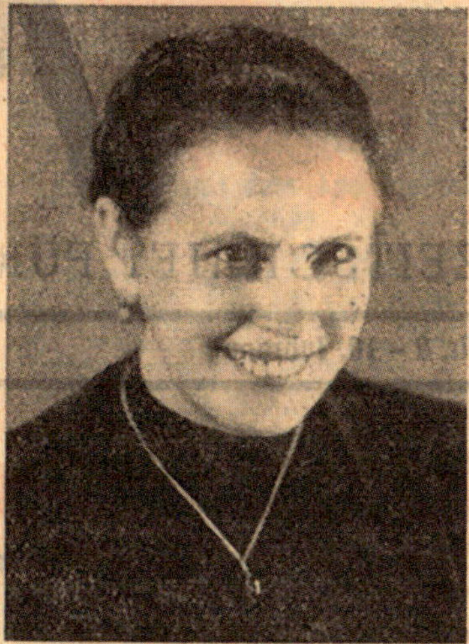

hervorgerufen. Zahlreiche Zeitungen widmeten ihr Nachrufe.

So schreibt zum Beispiel „Die Furche" in ihrer Nummer vom 13. Juli:

„Schwester Maria ist zeit ihres Lebens keiner Partei nahegestanden. Sie war überzeugte Katholikin. Als solche hatte sie in Auschwitz erkannt, daß man gegenüber Krieg und Totalität nicht neutral sein kann und darf. Und so ging sie ihren Weg, den sie gehen mußte."

Die „Volksstimme" vom 14. Juli schrieb unter anderem:

„Wir glauben, daß noch viel geschehen müßte, um unserer und künftigen Generationen zu zeigen, was Auschwitz und die anderen Stätten von Qual und Leiden an menschlichen Taten und Heldentum, wie das von Schwester Maria, hervorgebracht haben."

Auch zahlreiche polnische Zeitungen widmeten dieser großen Österreicherin Gedenkartikel.

Der Schwester Maria Strombergers, die in Bregenz lebt, gingen zahlreiche Beileidschreiben zu. Wir veröffentlichen ihre Antwort darauf:

„Verzeihen Sie, wenn ich erst heute dazukomme, allen KZ-Kameraden — dem ganzen Auschwitz-Komitee — für die große Teilnahme anläßlich des Todes meiner geliebten Schwester vom Herzen zu danken. Es war ein sehr harter Schlag für mich, er hat mich fast zu Boden geworfen."

Nr. 7/8

Schwester Maria gestorben

Vor einigen Wochen erreichte uns eine Nachricht, die wir zuerst gar nicht glauben wollten: Kameradin Maria Stromberger, das erste und einzige Ehrenmitglied unseres Verbandes und des Präsidiums unseres Verbandes — die „Schwester Maria" von Auschwitz —, ist gestorben.

Schon oft haben wir in diesen Spalten zu schildern versucht, welch unvergängliche Verdienste sich diese wahrhaft große Österreicherin im Konzentrationslager Auschwitz

In der katholischen „Furche", der kommunistischen „Volksstimme" und dem „Neuen Mahnruf" erschienen nach dem Tod von Maria Stromberger Nachrufe über den „Engel von Auschwitz".

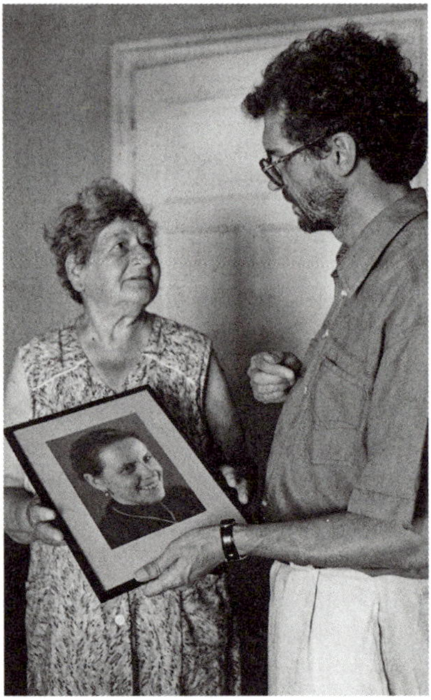

Die Nichte Maria Strombergers, Hedwig Greber, mit einem Bild ihrer Tante im Sommer 1995 im Haus in der Bregenzer Heldendankstraße 15.

Am Sanatorium Mehrerau in Bregenz wurde 1995 eine Gedenktafel für Maria Stromberger enthüllt, 2016 eine im Innenhof des Klosters Wernberg in Kärnten (folgende Seite).

res überwanden! Gewiss ist, dass sich unsere Teilnahme Ihnen zuwendet, mögen wir uns gleich noch nie gesehen haben, noch je im Leben sehen."[499]

Karoline Greber war – wie sie selbst schreibt – nicht in der Lage, alle Briefe zu beantworten. Aber dem „lieben Herrn Edek" schrieb sie und bedankte sich, weil Maria ihr viel von ihm erzählt hatte. Darin berichtet sie auch darüber, dass Maria „seit Auschwitz sehr schwer herzleidend" war und sich das in den Monaten vor ihrem Tod verschlimmert hätte.[500]

Öffentlich zur Kenntnis genommen wurde Maria Strombergers Tod auf der einen Seite von der kommunistischen „Volksstimme" und „Der neue Mahnruf" sowie auf der anderen von der katholischen „Furche". Letzteres ist bemerkenswert. Der nicht unterzeichnete Artikel ist der erste nach 1945, der in einer nicht KPÖ-nahen Zeitung oder Zeitschrift die Leistungen Strombergers würdigt: „Niemand in ihrer näheren Umgebung wußte, daß

kar sem doprinesla je bila Človeška dolžnost in kapljica v morje
Was ich tat war Menschenpflicht und ein Tropfen ins Meer
Maria Stromberger 1898-1957
Zum Gedenken an den Engel von Auschwitz

mit der hochgewachsenen, grauhaarigen, sehr zurückgezogen lebenden Frau ein großer Mensch, eine Bekennerin Österreichs von uns ging."[501]

Und auch die Jahrzehnte nach ihrem Tod gaben der eher pessimistischen Haltung Strombergers nach 1945 recht. In Vorarlberg konnte sie nicht in Vergessenheit geraten, weil sie zu Lebzeiten nie als öffentliche Person zur Kenntnis genommen worden war. Und auch in den Jahrzehnten nach ihrem Tod war das lange Zeit nicht anders.

Sehr prominent war das Andenken an sie allerdings im Österreich-Pavillon in der Gedenkstätte Auschwitz. Er wurde in der Tradition der damaligen Museumsdidaktik und dem gedenkpolitischen Mainstream im Jahre 1978 eröffnet. Die Ausstellung war bis 2013 zu sehen und folgte typischen Mustern. Der Fokus lag nicht auf den Opfern, sondern galt dem Widerstand, vor allem natürlich jenem, den Österreicher und Österreicherinnen im Lager geleistet hatten. Und es wurden genderspezifische Rollenmuster deutlich: Männliche Häftlinge wurden als Akteure der Kampfgruppe Auschwitz dargestellt, bei weiblichen wie Schwester Maria Stromberger oder der Ärztin Ella Lingens standen geleistete Hilfe und Fürsorge im Mittelpunkt. Das wurde der Bedeutung Strombergers natürlich nicht gerecht. Immerhin aber stand eine Frau wie Maria Stromberger ganz zentral im Fokus einer österreichischen Dauerausstellung im Ausland, während sie in Vorarlberg überhaupt nicht und im übrigen Österreich kaum Erwähnung fand.[502]

Auch die zukünftige Ausstellung ist im Erdgeschoß von Block 17 im ehemaligen Stammlager Auschwitz untergebracht. Maria Stromberger soll dabei – aber in veränderter Interpretation – wieder prominent vorkommen: „Als herausragende Einzelperson wäre noch die Krankenschwester Maria Stromberger zu erwähnen, die als Zivilistin der SS-Lagerverwaltung zuzurechnen war, sich aber dem Widerstand anschloss und diesen unter anderem durch Kurierdienste wesentlich unterstützte."[503] Der Verfasser dieses Buches hat dazu Dauerleihgaben aus dem Nachlass von Maria Stromberger zur Verfügung gestellt.

Ab 1983 versuchte die damals neu gegründete Johann-August-Malin-Gesellschaft, ein historischer Verein, in Artikeln und Vorträgen der Öffentlichkeit die Bedeutung dieser Frau bewusst zu machen. Erstmals in Vorarlberg erwähnt wurde sie im 1985 erschienenen Buch „Von Herren und Menschen".[504]

Doch das stieß auf Widerstand. Nach einem großen Bericht in der „Neuen Vorarlberger Tageszeitung" über einen Vortrag, den der Verfasser dieses Buches in Götzis gehalten hatte, wurden die Verdienste Strombergers öffentlich in Zweifel gezogen. Elfriede Blaickner, eine ehemaligen ÖVP-Landtagsabgeordnete, hielt ansonsten große Stücke auf ihr Zusammenwirken mit der ÖVP-Kameradschaft der politisch Verfolgten. In einem Leserbrief reagierte sie allerdings aufgebracht auf den Artikel. Das jahrzehntelange Totschweigen im Land wurde nun von ihr als Argument dafür verwendet, dass die Bedeutung dieser Frau nicht so groß gewesen sein könne. Sie sei ja völlig unbekannt: „[Die] Jahre des Grauens [hat sie jedenfalls] überlebt und starb nicht an deren Folgen.“[505]

Das hat allerdings eher zu einer Intensivierung der Beschäftigung mit der Person der gebürtigen Kärntnerin in Vorarlberg geführt. Noch im selben Jahr erschien in der historischen Zeitschrift „Montfort“ eine erste biografische Studie zu ihr unter dem Titel „Der Engel von Auschwitz“.[506] Die Malin-Gesellschaft erreichte es dann auf Initiative des Historikers Meinrad Pichler, dass ein kleiner Weg beim heutigen Landeskrankenhaus nach ihr benannt wurde.

In den folgenden Jahren wurde das Interesse an dieser außergewöhnlichen Frau stärker. Der Politologe und ORF-Redakteur Markus Barnay verfolgte jahrelang hartnäckig ein Filmprojekt über Stromberger, das schließlich am 25. Mai 1995 mit der Erstausstrahlung im ORF erfolgreich zum Abschluss gebracht werden konnte.

Langsam begannen sich mehr Menschen für diese außerordentliche Frau zu interessieren. Das Maximilian-Kolbe-Werk ging mehrfach in Publikationen und Veranstaltungen auf sie ein. Auch in österreichischen Medien – etwa in den „Vorarlberger Nachrichten“ oder dem „Standard“ – erschienen umfangreiche Artikel.[507]

Schließlich wurden auch das Kloster Mehrerau – wo sich zeitweilig ihr Arbeitsplatz befand – und die katholische Kirche auf die tiefreligiöse Frau aufmerksam. An der Frontseite des Klosters wurde im Mai 1995 in einer würdevollen Feier und im Beisein von Vertretungen des Landes Vorarlberg und der Stadt Bregenz eine Gedenktafel enthüllt. Andreas Eder verfasste im Jahr 2007 eine Abhandlung über sie.[508] In den USA und in Deutschland richteten Historikerinnen das Augenmerk auf die ehemalige Krankenschwester: Susan Benedict und Petra Betzien widmeten ihr einen Artikel beziehungsweise einen längeren Abschnitt in einem Buch.[509]

Am 6. September 2016 war im ORF eine von Anita Lackenberger gestaltete weitere Dokumentation zu Stromberger zu sehen: „Maria Stromberger – Kann man nach Auschwitz noch glauben?“ Und nur knapp zwei Wochen später wurde auch in Kärnten an die Landsfrau erinnert: Am 18. Mai 2016 wurde im Innenhof des Klosters Wernberg mit einer Gedenktafel der gebürtigen Metnitzerin gedacht.

Vor allem aber hielten die Häftlinge im ehemaligen SS-Revier zeitlebens die Erinnerung an sie wach. Das beweisen unzählige Briefe und Dokumente. Den engsten Kontakt hatte sie im Lager und nach 1945 mit „Edek" Pyś und Hermann Langbein.

Edward „Edek" Pyś überlebte „seine Schwester Maria" um 54 Jahre. Er starb am 27. Februar 2011 im Alter von 88 Jahren. Ohne Stromberger hätte er das zwanzigste Lebensjahr und Auschwitz nicht überlebt. Einige seiner Mithäftlinge waren damals noch am Leben und gaben eine Todesanzeige für ihn auf. Statt ihrer Namen stand darin „eine Gruppe von Gefangenen in Auschwitz-Birkenau Nummern 118, 121, 6804, 9898".[510]

Hermann Langbein setzte Maria Stromberger in seinen Büchern „Die Stärkeren" und „Menschen in Auschwitz" ein erstes literarisches Denkmal und legte den Grundstein für die folgende Forschung. Langbein starb kurz vor seinem 84. Geburtstag am 24. Oktober 1995.

Ihnen verdanken wir, dass wir heute diese bedeutende Frau überhaupt kennen. Wer könnte daher besser ausdrücken, welche Bedeutung sie gehabt hat, als die ehemaligen Häftlinge in Auschwitz? Stellvertretend für all jene, die sich nach 1945 in Interviews und Artikeln über diesen großen Menschen geäußert haben, sei der tschechische Auschwitz-Häftling Artur Radvanský zitiert: „Sie war ein fantastischer Mensch", sagt er: „Ich glaube, dass man sehr wenige Leute im Leben trifft, die so ein warmes Herz haben, die sich mehr als Menschen zeigen."

Er verweist auf ihre tiefe Gläubigkeit, aus der sie Kraft bezogen hat: „Man hat sie bezeichnet als Stern in der Hölle, tatsächlich ein Engel von Auschwitz. Sie hat geweint, sie hat Tränen in den Augen gehabt, als ich ihr von meiner Familie erzählt habe. Und wenn mir bange war, wenn es mir schlecht ging, dann bin ich zu Schwester Maria gegangen. Und sie hat immer ein gutes Wort gefunden. Eine Mutter könnte es nicht besser machen. Aber nicht nur für mich, zu jedem war sie so, der sich als ordentlicher Mensch gezeigt hat."[511]

Leider hat sie in Österreich zu Lebzeiten kaum etwas von der Liebe, die sie in Auschwitz „verstreut" hat, zurückbekommen.

Z głębokim żalem i smutkiem
przyjęliśmy wiadomość,
że 27 lutego 2011 roku zmarł w wieku 88 lat
nasz Przyjaciel i Towarzysz niedoli, i długoletni więzień nr 379
Hitlerowskiego Obozu Zagłady Auschwitz

Edward Pyś

grono więźniów KL Auschwitz-Birkenau

nr nr 118, 121, 6804, 9898

Der Zusammenhalt der ehemaligen Häftlinge hielt bis zu ihrem Tod: Todesanzeige für Edward Pyś (ein Bild aus den späten Fünfzigerjahren) von seinen Kameraden aus Auschwitz in der Gazeta Wyborcza, der zweitgrößten polnischen Tageszeitung.

Kurzbiografien der wichtigsten Kontaktpersonen in Auschwitz

Ernst Burger (1915–1944) trat früh sozialdemokratischen Jugendorganisationen bei und wechselte nach dem Februar 1934 zum Kommunistischen Jugendverband im Widerstand gegen den Austrofaschismus. Von August 1937 bis Februar 1938 war er im „Anhaltelager" Wöllersdorf inhaftiert. Nach dem „Anschluss" flüchtete Burger über die Schweiz nach Frankreich. Nach seiner Rückkehr im November 1938 schloss er sich dem Widerstand an, wurde verhaftet und im Dezember 1940 zu einer dreijährigen Zuchthausstrafe verurteilt. Nach der Entlassung wurde er nach Auschwitz deportiert, wo er unter dem Decknamen „Adam" Mitglied in der Führungsriege der Kampfgruppe Auschwitz wurde. Nach einem gescheiterten Fluchtversuch wurde er am 30. Dezember 1944 gemeinsam mit Rudolf Friemel und Ludwig Vesely vor 15.000 Häftlingen auf dem Appellplatz öffentlich gehenkt.

Józef Cyrankiewicz (1911–1989) entstammte einer bürgerlichen Familie und studierte Jus. Schon früh schloss er sich der Polnischen Sozialistischen Partei an und wurde Berufspolitiker. Der spätere Kommunist wurde 1941 von der deutschen Besatzungsmacht verhaftet und war bis Januar 1945 in Auschwitz, dann bis Kriegsende in Mauthausen inhaftiert. In Auschwitz war er Mitglied in der Führungsriege der Kampfgruppe Auschwitz. Nach dem Krieg war Cyrankiewicz von 1947 bis 1952 und von 1954 bis 1970 Ministerpräsident Polens, anschließend bis 1972 Vorsitzender des Staatsrates.

Rudolf Friemel (1907–1944) war schon als Jugendlicher in der Sozialdemokratie aktiv. 1936 erfolgte der Übertritt in die illegale KPÖ. Ab März 1937 kämpfte der Kraftfahrzeugmechaniker als Freiwilliger im Spanischen Bürgerkrieg. Im besetzten Frankreich wurde er von der Gestapo verhaftet und im Jänner 1942 ins Stammlager Auschwitz überstellt. Dort wurde er Mitglied in der Führungsriege der Kampfgruppe Auschwitz. Nach einem gescheiterten Fluchtversuch wurde der gebürtige Wiener am 30. Dezember 1944 gemeinsam mit Ernst Burger und Ludwig Vesely vor 15.000 Häftlingen auf dem Appellplatz öffentlich gehenkt.

Tadeusz Hołuj (1916–1985) wurde nach dem deutschen Überfall auf Polen als Zwangsarbeiter nach Deutschland deportiert, konnte fliehen und schloss sich in Polen dem Widerstand an. Im Juli 1942 wurde er verhaftet und Anfang September in Auschwitz inhaftiert. Unter dem Decknamen „Robert" wurde Hołuj Mitglied in der Führungsriege der Kampfgruppe Auschwitz und war für die Kooperation mit anderen Widerstandsgruppen innerhalb des Lagers zuständig. Nach dem Krieg wurde er Schriftsteller und Chefredakteur der Zeitung „Echo Krakowa".

Hermann Langbein (1912–1995) war Schauspieler und später Historiker. 1933 schloss er sich der KPÖ an und kämpfte als Freiwilliger im Spanischen Bürgerkrieg. Nach der Niederlage der Republikaner flüchtete der gebürtige Wiener nach Frankreich, wo er nach der Besetzung des Landes an die Deutschen ausgeliefert wurde. Über das KZ Dachau kam er im August 1942 nach Auschwitz, wo er unter dem Decknamen „Wiktor" Mitglied in der Führungsriege der Kampfgruppe Auschwitz wurde und engen Kontakt mit Maria Stromberger hatte. Nach dem Krieg machte er sich als Buchautor einen Namen und war eine zentrale Figur bei der Vorbereitung und anschließend als Zeuge im Frankfurter „Auschwitz-Prozess" (1963–1965). In der Jerusalemer Gedenkstätte Yad Vashem wurde Langbein 1967 als „Gerechter unter den Völkern" geehrt.

Edward „Edek" Pyś (1921–2011) wurde als junger Gymnasiast im Frühjahr 1940 von der SS verhaftet und wenige Wochen später am 14. Juni 1940 zusammen mit einigen seiner Freunde mit dem ersten Transport polnischer Häftlinge in Auschwitz eingeliefert; daher seine niedrige Häftlingsnummer 379. Der Funktionshäftling war der engste Mitarbeiter von Maria Stromberger im SS-Krankenrevier in Auschwitz. Stromberger unterstützte seine Widerstandstätigkeit in der Kampfgruppe Auschwitz und rettete ihm mehrfach das Leben. Nach 1945 holte Pyś die Matura nach und konnte studieren. Mit Maria Stromberger hielt er bis zu deren Tod intensiven Kontakt.

Artur Radvanský (1921–2009) wurde im August 1939 in seiner Heimatgemeinde Radvanice in Nordmähren verhaftet. Er überlebte – im Gegensatz zur gesamten übrigen Familie – die NS-Zeit in den Konzentrationslagern Buchenwald, Ravensbrück, Sachsenhausen, Auschwitz, Mauthausen und Ebensee. In Auschwitz arbeitete er im SS-Revier bei Schwester Maria Stromberger. Nach dem Krieg wurde er Chemiker, engagierte sich nach der Pensionierung als Zeitzeuge und wurde Sekretär des Rates der Jüdischen Gemeinden. In seiner Freizeit war er Verwalter des neuen Jüdischen Friedhofs in Prag-Straznice.

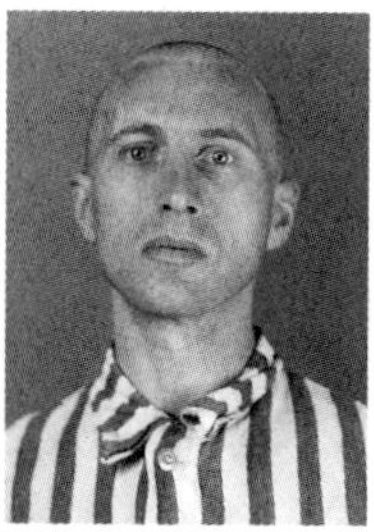

Władysław Zbigniew Raynoch (1910–1944) wurde von seinen Freunden „Zbyszek" genannt. Der Bildhauer kam im Herbst 1942 völlig abgemagert nach Auschwitz, wurde von Maria Stromberger gepflegt und anschließend schnell Mitglied in der Führungsriege der Kampfgruppe Auschwitz. Er war eng mit Edward Pyś und Hermann Langbein befreundet, von denen er auch Porträts anfertigte. Raynoch beging nach einem gescheiterten Fluchtversuch im Oktober 1944 kurz vor dem Verhör durch die Lager-Gestapo Suizid mittels einer vorsorglich beschafften Zyankalikapsel.

Ludwig Vesely (1919–1944) war ab 1932 bei den sozialdemokratischen „Roten Falken“ und wechselte im Sommer 1934 zum Kommunistischen Jugendverband. Im November 1938 von der Gestapo verhaftet und wegen kommunistischer Tätigkeit verurteilt, kam der gebürtige Wiener nach verbüßter Haft und KZ-Inhaftierung in Dachau im Juni 1942 nach Auschwitz. Er wurde Mitglied in der Führungsriege der Kampfgruppe Auschwitz. Nach einem gescheiterten Fluchtversuch am 30. Dezember 1944 wurde er gemeinsam mit Rudolf Friemel und Ernst Burger vor 15.000 Häftlingen auf dem Appellplatz öffentlich gehenkt.

Eduard Wirths (1909–1945) entstammte einer sozialdemokratisch geprägten katholischen Familie. Er wurde Arzt und trat 1933 der NSDAP bei. Nach Kriegsbeginn war er als Mitglied der „Sanitätsersatzkompanie der Waffen-SS“ im Fronteinsatz, wurde aber nach einer Herzerkrankung frontuntauglich geschrieben. Ab April 1942 war er zuerst in Dachau, dann in Neuengamme und schließlich ab 1. September 1942 bis 1945 als Standortarzt in Auschwitz tätig. Dort unterstanden ihm alle Ärzte und natürlich auch die Oberschwester Maria. Nachdem Wirths bei Kriegsende zuerst bei seinem Bruder untergetaucht war, wurde er im Juni 1945 verhaftet und starb einige Tage nach einem Suizidversuch im September 1945.

Dokumentenanhang[512]

Dokument 1
Brief von Maria Stromberger an Edward Pyś

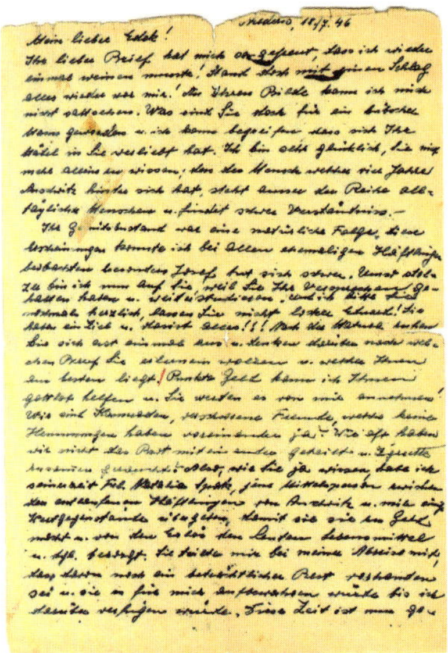

„Brederis vom 18.7.1946

Mein lieber Edek!

Ihr lieber Brief hat mich so gefreut, dass ich wieder einmal weinen musste! Stand doch mit einem Schlag alles wieder vor mir! An ihrem Bilde kann ich mich nicht sattsehen. Was sind Sie doch für ein hübscher Mann geworden und ich kann begreifen, dass sich Ihr Mädel in sie verliebt hat. Ich bin sehr glücklich, Sie nicht mehr allein zu wissen; denn der Mensch, welcher vier Jahre Auschwitz hinter sich hat, steht außer der Reihe alltäglicher Menschen und findet schwer Verständnis.

Ihr Gemütszustand war eine natürliche Folge, diese Erscheinungen konnte ich bei allen ehemaligen Häftlingen beobachten. Besonders Josef tut sich schwer. Umso stolzer bin ich nun auf Sie, weil sie Ihr Versprechen gehalten haben und weiter studieren. Und ich bitte Sie nochmals herzlich, lassen Sie nicht locker, Edward! Sie haben ein Ziel und das ist alles!!!

Sehen Sie, die Tragödie von Milek und Staszek[513] bereitet mir großen Schmerz, denn es ist kaum anzunehmen, dass sie nicht schon geschrieben hätten, wenn sie noch am Leben wären. Sie müssen also doppelt lieb zu mir sein, Edek, und mir keine Bitte abschlagen. Ja??

Was mich anbelangt, so bin ich wieder ganz gesund! Mein Herz streikt nicht mehr und der Arm ist wieder voll beweglich. Gegenwärtig befinde ich mich in einem Internierungslager! Ich stehe in dem Verdacht, während meiner Tätigkeit in Auschwitz, Häftlinge mit ‚Phenol‘ behandelt zu haben.

Lachen Sie nicht, Edek. Es ist Ernst! Ich bin sehr froh, dass man mich nach ein paar Wochen Gefängnis hierhergebracht hat, die Behandlung ist durchaus menschlich und ich kann mich in gewissen Grenzen frei bewegen und bin in Gottes freier Natur. Habe [es] auch arbeitsmäßig sehr gut. Ich darf sogar Kaffee kochen (wenn ich einen habe) und darf rauchen. Josef bemüht sich redlich, mich herauszubekommen und es ist wohl nur mehr eine Frage der Zeit. Meine Hände sind rein, Sie wissen [es] ja Edek, und Sie brauchen nicht traurig sein! – Wissen Sie, ich bin mitten unter Nazis, SS, Gestapo!! Ich als ihr größter Feind! Und muß ihre Redensarten tägl. anhören über die ‚Ungerechtigkeit' und ihre Klagen, was die Menschen jetzt mit ihnen tun. Dann stehen vor meinem geistigen Auge die Erlebnisse von Auschwitz!! Ich sehe die Feuerscheine der Scheiterhaufen! Ich verspüre den Geruch verbrannten Fleisches in der Nase, ich sehe die Elendszüge der einrückenden Kommandos mit den Toten hinterher, ich verspüre die würgende Angst, welche ich jeden Morgen um Euch gehabt habe, ehe ich Euch wieder gesund vor mir sah. Und ich könnte diesen hier ins Gesicht schreien und blind auf sie losgehen. Das Tollste daran ist, dass ich noch still sein muss, sonst boykottieren sie mich noch.

Aber auch diese Zeit wird vorübergehen und ich werde wieder frei sein. Was ich dann beginne, weiß ich nicht! Ich fühle mich so leer und ausgeschöpft und habe keine Freude. Meinen Reichtum an Liebe habe ich, so scheint mir, in Auschwitz verstreut, meinen Zweck habe ich erfüllt, was soll ich noch mehr? Wissen Sie, es ist so schwer, ohne Illusionen weiter leben zu müssen, aber was soll ich tun? Vielleicht gehe ich, wenn die Sache geklärt ist, in die Schweiz. Ich habe Sehnsucht nach Ruhe und Stille. Und wenn Sie dann fertig sind und irgendwo in der weiten Welt eine wunderschöne Brücke gebaut haben, dann kommen Sie und holen mich, Ihr Werk zu besichtigen. Ja??

Ja, etwas muss ich noch mitteilen; Ihre Bilder, welche von Auschwitz stammen, die sie mir damals gaben, um sie ihren lieben Eltern zu übersenden, habe ich noch in der gleichen Verpackung! Sobald ich kann, gehen Sie per Eilpost ab.

Leider kann ich momentan kein Foto von mir beilegen, es kommt aber noch.

Und mit ihrem lieben Mäderl sind sie zärtlich und gut und lassen ihrer tröstlichen Romantik freien Lauf. Richten Sie ihr viele liebe Grüße von mir aus, ich möchte auch von ihr ein Bildchen.

Ihnen mein lieber Edek wünsche ich alles, was Sie sich erträumen und küsse Sie im Geiste viele Male!

Ihre Schwester Maria

Viele Grüße an ihre lieben Eltern.

Meine Adresse: M. St.
Internierungslager Brederis
Post Rankweil
Vorarlberg

Schreiben Sie bald! Aber nur 15 Zeilen!

Verzeihen Sie meine Tintenkleckse, ich habe den Brief unter ‚bekannten' Verhältnissen geschrieben."

Dokument 2
Artikel in der Zeitung „Echo Krakowa" (Krakauer Echo) vom 28. August 1946[514]

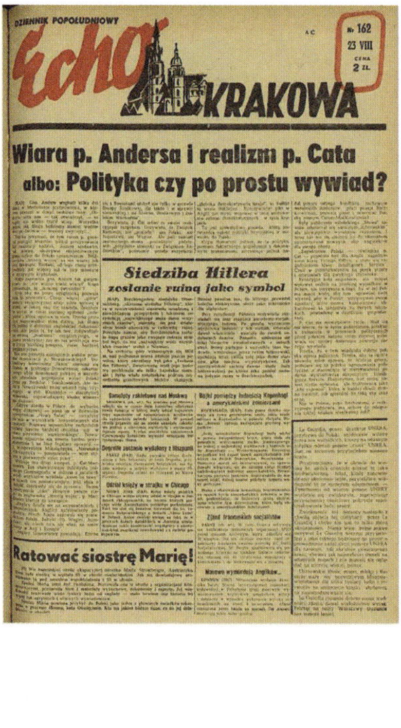
DZIENNIK POPOŁUDNIOWY
Echo KRAKOWA
Nr 162
23 VIII
CENA 2 ZŁ
Wiara p. Andersa i realizm p. Cata
albo: Polityka czy po prostu wywiad?
Siedziba Hitlera
zostanie ruiną jako symbol
Ratować siostrę Marię!

„Rettet Schwester Maria!

Sr. Maria muss freikommen. Sie arbeitete im Lager in einer geheimen Organisation, sie schmuggelte Waffen und Sprengstoff, Dokumente und Kassiber. Ihre Nachrichten retteten tausende Häftlinge vor der Vernichtung. Die Geschichte dieses Krieges kennt wenige Leute, die so opferbereit und schlau gewesen sind. Sr. Maria soll nach Polen kommen, im Prozess gegen Höß, den Henker von Auschwitz, aussagen. Wer hat nähere Angaben über ihre Tätigkeit?"

Dokument 3
Brief von Maria Stromberger an das Präsidium des KZ-Verbandes vom 4. März 1955

„Liebe Kameraden!

Ihr habt mir mit Eurem Schreiben vom 16. Februar 1955 eine große Freude bereitet und mich mit Stolz erfüllt! Es ist eine große Ehre (speziell für meine Person), die ich voll und ganz zu würdigen weiß, nur fürchte ich, daß Ihr meine damalige Tätigkeit bedeutend überschätzt.

Es war für mich in meiner Eigenschaft als Oberschwester nicht allzu schwer, allerlei Dinge zu drehen, und wie ihr wohl wißt, war Auschwitz eine gute Schule, Gefahren zu begegnen, wenn man nicht auf den Kopf gefallen war.

Was ich tat, war Menschenpflicht und leider nur ein Tropfen ins Meer.

Ach, alles ist noch so lebendig, und die Erinnerung an jene Zeit wird wohl nie verblassen.

Wie gern möchte ich wieder mit Euch darüber sprechen, und ich freue mich, wenn ich einmal Wien besuchend mit Euch über alle diese Dinge plaudern kann.

In treuer Kameradschaft grüßt euch Maria Stromberger

Bregenz, 4. März 1955“[515]

Dokument 4
Artikel über die Ehrung Maria Strombergers bei der Generalversammlung des KZ-Verbandes im November 1957 in Bad Goisern[516]

„Schwester Maria, der Engel von Auschwitz – Ehrenpräsidentin des KZ-Verbandes

‚Wir haben heute eine Frau in unserer Mitte, der viele hunderte Kameraden das Leben verdanken. Frau Maria Stromberger, der ‚Engel von Auschwitz‘, ist den weiten Weg von Bregenz zu unserem Kongreß nach Goisern gekommen‘, sagte auf dem Bundeskongreß des KZ-Verbandes in Goisern Dr. Danimann und wies auf eine Frau mit graumeliertem Haar, ernsten, aber gütigen Gesichtszügen, die im Präsidium des Kongresses Platz genommen hatte.

‚Schwester Maria, wie sie von den Häftlingen aller Nationen in Auschwitz genannt wurde, war‘, setzte Dr. Danimann fort, ‚als Krankenschwester der SS zugeteilt. Ihre tiefe Menschlichkeit und moralische Gesinnung ließ es nicht zu, all dem Grauen des KZ-Lagers untätig zuzusehen. Trotz allen ihr drohenden Gefahren wurde sie die Helferin und Retterin unzähliger Gefangener, ihre Hilfe galt Österreichern ebenso wie Polen, sie half als sogenannte Arierin Juden in gleicher Weise, wie sie als überzeugte Katholikin Kommunisten und Sozialisten unterstützte, obwohl sie von ihnen wußte, daß sie eine Widerstandsgruppe im Lager gebildet hatten. Sie wurde von der SS wiederholt bedroht, zeitweise sogar interniert. Aber nie wurde sie schwankend. Auf Schwester Maria konnten wir uns verlassen.'

‚Der Ruf der Schwester Maria geht weit über Österreich hinaus', sagte Dr. Danimann. ‚Kürzlich erst in Polen war die erste Frage eines ehemaligen polnischen Auschwitz-Häftlings, wie es Schwester Maria gehe. Ich stelle den Antrag, daß der vierte Bundeskongreß Maria Stromberger zum Ehrenmitglied unseres Präsidiums wählt.'

Tränen standen in den Augen der Delegierten des Kongresses, als sie sich einmütig erhoben, um ihre Zustimmung zu diesem Antrag zu geben.

‚Ich habe nur meine menschliche Pflicht getan', sagte Maria Stromberger.“[517]

Dokument 5
Brief von Karoline Greber an Hermann Langbein vom August 1957

„Bregenz im August 1957

Sehr geehrter Herr Langbein!

Innigen Dank für Ihr wertes Schreiben und den Inhalt der beiden Bilder, besonders für das ‚vergrößerte' meiner geliebten Schwester, das ich aufziehen werde.

Fühle mich jetzt so hilflos, da sie nicht mehr um herum ist. Sie war so besorgt um mich, da ich so schlecht sehe. Darum schreibe ich auch schwer.

Nun hilft alles zusammen nichts mehr. Rede es mir immer vor, aber es läßt sich nicht wegwischen.

Werde Ihnen einen kurzen Bericht geben von ihrem Leben, das wahrlich kein Leichtes war.

Sie ist am 16. März 1898 in Metnitz (bei Friesach) in Kärnten geboren. Schon als Kind von 6 Jahren musste sie eine schwere Krankheit durchmachen. Meine Eltern haben sie schon aufgegeben, aber dann erholte sie sich und entwickelte sich zu einem starken Menschen. Sie musste viel Entbehrungen mitmachen – schon im Ersten Weltkrieg. Mit 14 Jahren machte sie einen Kindergärtnerinnenkurs mit. Dann später lernte sie Landwirtschaft. Dann lernte sie das Hotelwesen bei unserer Cousine Frau Leeb ‚Hotel Steirerhof' – wo sie von Grund auf arbeiten mußte. Dann war sie 10 Jahre bei unserer Schwester als Chefköchin. Dann starben beide, die Schwester und [der] Schwager, hintereinander. Es wurde alles verkauft! Es blieb nicht viel übrig und zu Gunsten der zwei Buben verzichtete sie auf ihren Gehalt 10 Jahre, sozusagen bekam sie, während sie schwer arbeitete, nur immer ein Taschengeld.

War nicht bei der Kranken-Cassa.

Dann pflegte sie unseren Vater, der einen Schlag-Anfall bekam, bis er starb.

Dann konnte sie endlich ihrem so lange gehegten Wunsch nachgehen. Ich schaute, daß sie nach Mehrerau als Lehrschwester kam. Von dort mußte sie in die Schwesternschule nach Heilbronn, wo sie noch mit über 30 Jahren alles mit Erfolg mitmachte.

Sie war mit Leib und Seele Krankenschwester. Sie machte noch ein halbes Jahr bei den Irren mit in Göppingen. Kam dann in das Krankenhaus nach Klagenfurt, wo sie es sehr streng hatte.

Ich weiß, der Professor ließ sie ungern fort. Sie kam dann noch an einige Stationen.

Ich weiß nicht, wie sie hießen. Ich glaube, in Kattowitz war sie auch. Und von dort kam sie nach Auschwitz. Ich wollte sie nicht dorthin gehen lassen, aber sie gab mir zur Antwort: Ich will sehen, wie es wirklich ist, und vielleicht kann ich auch etwas Gutes tun. Glaube mir.

Und so kam es. Sie hatte Courage. Sie tat manches unter eigener Lebens-Gefahr. Aus Ihren Erzählungen wußte ich es. Es gingen mir die Haare zu Berg (wie man so sagt), wenn sie mir von dort erzählte.

Sie kam wohl schwer herzleidend zurück und konnte die Krankenpflege nicht mehr machen. Später machte sie noch [einen] Massagekurs mit in Wien, aber es ging auch das nicht mehr. So ging sie dann noch in die Fabrik Benger, wo sie als Nachseherin angestellt wurde, zuerst den ganzen Tag, dann nur mehr halbtägig. Und zuletzt war sie noch in Krankenstand, suchte um ihre Rente an, wo sie auch nachgezahlt hat, damit sie sie früher erhalten hätte. Da Ihr Herzleiden sich von Tag zu Tag verschlechterte, aber leider hat sie es nicht mehr erlebt. Hätte es ihr so von Herzen gegönnt, obwohl sie nicht viel hätte bekommen, aber es wäre etwas Sicheres gewesen. Es kommt halt alles anders als man denkt!

So, Herr Langbein, suchen Sie sich etwas heraus, was Sie von meiner Schwester wissen wollten. Ich habe alles geschrieben, was ich selbst über sie weiß!

Mit den besten Grüßen an Sie und das internationale Auschwitz-Comitee

Lina Greber

Nachsatz: Bitte zu entschuldigen. Ich komme oft daneben, da ich sehr schlecht sehe."

Dokument 6
Brief von Maria Stromberger an die Verlobte von Edward Pyś vom 3. November 1946

„Liebes Frl. Eva!

Mit großer Freude und Dankbarkeit las ich Ihre lieben Worte! Gottlob bin ich nun wieder frei und kann Ihnen persönlich alles Gute zu Ihrer Verlobung wünschen. Sie haben eine gute Wahl getroffen! Obwohl noch jung, ist Edek durch Auschwitz gereift worden und hat Erkenntnisse gesammelt wie ein Fünfzigjähriger! Und er ist es wert, dass Sie ihn lieben! Ich habe Edek in einer furchtbaren Zeit kennengelernt und liebe ihn sehr! Es macht mir große Freude, ihn glücklich zu sehen. Gar oft war er in Auschwitz traurig und wollte nicht mehr daran glauben, dass er lebend herauskommt. Ich habe ihm aber immer prophezeit, er werde noch einmal sehr froh und glücklich werden!

Liebes Frl. Eva! Zu danken haben Sie mir nicht! Es war meine moralische Verpflichtung als Mensch, für Leidende etwas zu tun, welche durch meine Nation in diese Situation gebracht worden sind. Und ich bin doch Schwester!!! Ach, es war so wenig, was ich tun konnte in jenem Meer von Blut und Tränen! Wer hätte da helfen können. Ich konnte nur weinen, und die Häftlinge haben mich getröstet. Ja, so war es in Wahrheit. Nun ist alles Furchtbare vorbei und das Leben geht weiter!!"

Dokument 7

Widmung in Maria Strombergers eigenhändiger Mitschrift zu Beginn ihrer Ausbildung im Sanatorium Mehrerau im Jahr 1938

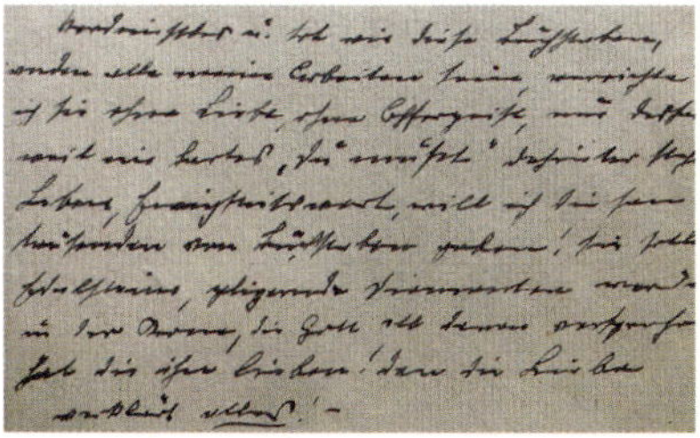

„Verdienstlos u. tot wie diese Buchstaben werden meine Arbeiten sein, verrichte ich sie ohne Liebe, ohne Opfergeist, nur deshalb, weil ein hartes ‚Du mußt' dahintersteht! Leben, Ewigkeitswert will ich diesen tausenden von Buchstaben geben. Sie sollen Edelsteine, glitzernde Diamanten werden in der Krone, die Gott all denen versprochen hat, die ihn lieben. Denn die Liebe verklärt alles."

Dokument 8

Amtliche Übersetzung einer „Bescheinigung" des „Polnischen Verbands gewesener Häftlinge der Hitler-Gefängnisse und der Konzentrationslager" in Warschau vom 29.3.1947

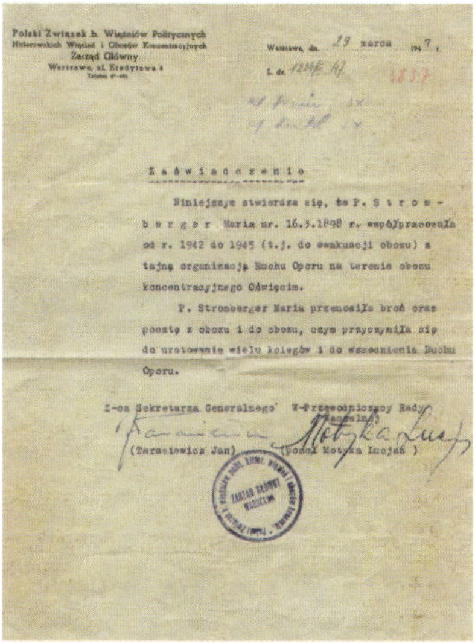

Polski Związek b. Więźniów Politycznych
Hitlerowskich Więzień i Obozów Koncentracyjnych
Zarząd Główny
Warszawa, ul. Kredytowa 4

Warszawa, dn. 29 marca 1947 r.

L. dz. 1224/III 47

Zaświadczenie

Niniejszym stwierdza się, że P. S t r o m b e r g e r Maria ur. 16.3.1898 r. współpracowała od r. 1942 do 1945 (t.j. do ewakuacji obozu) z tajną organizacją Ruchu Oporu na terenie obozu koncentracyjnego Oświęcim.

P. Stromberger Maria przenosiła broń oraz pocztę z obozu i do obozu, czym przyczyniła się do uratowania wielu kolegów i do wzmocnienia Ruchu Oporu.

Z-ca Sekretarza Generalnego W-Przewodniczący Rady Naczelnej

(Taraniewicz Jan) (Poseł Motyka Lucjan)

ZARZĄD GŁÓWNY WARSZAWA

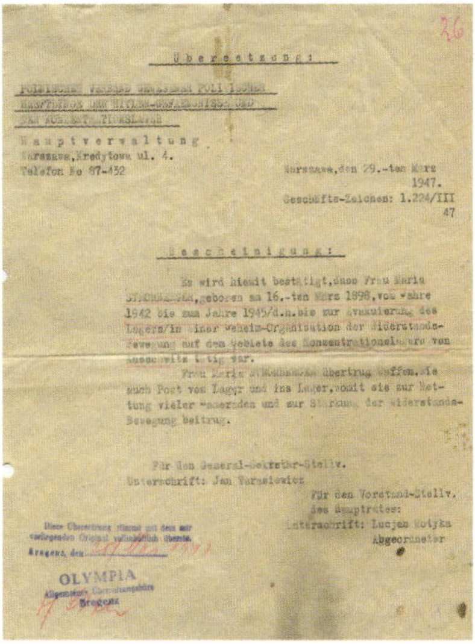

Übersetzung:

POLNISCHER VERBAND GEWESENER POLITISCHER HÄFTLINGE DER HITLER-GEFÄNGNISSE UND DER KONZENTRATIONSLAGER

Hauptverwaltung
Warszawa, Kredytowa ul. 4.
Telefon No 87-432

Warszawa, den 29.-ten März 1947.
Geschäfts-Zeichen: 1.224/III 47

Bescheinigung:

Es wird hiemit bestätigt, dass Frau Maria STROMBERGER, geboren am 16.-ten März 1898, vom Jahre 1942 bis zum Jahre 1945 /d.h. bis zur Evakuierung des Lagers/ in einer Geheim-Organisation der Widerstands-Bewegung auf dem Gebiete des Konzentrationslagers von Auschwitz tätig war.

Frau Maria STROMBERGER übertrug Waffen, wie auch Post vom Lager und ins Lager, womit sie zur Rettung vieler Kameraden und zur Stärkung der Widerstands-Bewegung beitrug.

Für den General-Sekretär-Stellv.
Unterschrift: Jan Taraniewicz

Für den Vorstand-Stellv. des Hauptrates:
Unterschrift: Lucjan Motyka
Abgeordneter

Diese Übersetzung stimmt mit dem mir vorliegenden Original [illegible] überein.
Bregenz, den 29. März 1947

OLYMPIA
Allgemeines [illegible]
Bregenz

„Übersetzung:
Polnischer Verband gewesener Häftlinge der Hitler-Gefängnisse und der Konzentrationslager

Hauptverwaltung,
Warszawa, Kredytowa ul. 4
Telefon No 87-432
Warszawa, den 29.-ten März 1947.
Geschäfts-Zeichen: 1.224/III 47

Bescheinigung:
Es wird hiemit bestätigt, dass Frau Maria Stromberger, geboren am 16.ten März 1898, vom Jahre 1942 bis zum Jahre 1945 / d.h. bis zur Evakuierung des Lagers / in einer Geheim-Organisation der Widerstands-Bewegung auf dem Gebiete des Konzentrationslagers von Ausschwitz [sic] tätig war.

Frau Maria Stromberger übertrug Waffen, wie auch Post vom Lager und ins Lager, womit sie zur Rettung vieler Kameraden und zur Stärkung der Widerstands-Bewegung beitrug.

Für den General-Sekretär-Stellv.
Unterschrift: Jan Tarasiewicz
Für den Vorstand-Stellv. des Hauptrates:
Unterschrift: Lucjan Motyka
Abgeordneter“[518]

Anmerkungen

1 Stromberger-Nachlass, Brief von Edward Pyś an Karoline Greber vom 17.7.1957.
2 Volksstimme vom 14.7.1957.
3 Furche vom 13.7.1957.
4 Fein, Die Steine reden, S. 274.
5 Langbein, Menschen in Auschwitz, S. 518.
6 Ebd., S. 519.
7 DÖW, Zl. 4469, Pyś, Schwester Maria, S. 8.
8 Brief von Edward Pyś vom 15.11.1987 an den Verfasser.
9 Frankl: ... trotz allem Ja zum Leben sagen, S. 137.
10 Menasse, Die Hauptstadt, S. 393 ff.
11 Mitteilung von Ingeborg Auer, Brauchtumsgruppe Metnitz, vom 22.2.2021.
12 Pfarre Metnitz; Geburtsbuch XIII, M17_015-1.
13 Hinweis von Nikodemus Löffelmann, St. Veit an der Glan, vom 14.2.2021. Verschiedentlich werden in der Literatur andere Gebäude als Geburtshaus bezeichnet, etwa „Untermarkt 13“ (Mitteilungen der Landarbeiterkammer, 9.10.2016, S. 22); siehe auch Eder, Maria Stromberger, S. 5.
14 Statistische Zentralkommission (Hrsg.): Spezialortsrepertorium der Österreichischen Länder, S. 34.
15 Homepage der Marktgemeinde Metnitz.
16 Pfarre Metnitz; Geburtsbuch XIII, M17_015-1 und XII, M17_014-1.
17 Heute leben dort nur noch etwa 2.000 Menschen; Statistik Austria; Bevölkerung am 1.1.2020, und Homepage der Stadtgemeinde Straßburg.
18 Stromberger-Nachlass, „Lehr- und Dienstzeugnis“ für Franz Stromberger.
19 Stromberger-Nachlass, diverse Urkunden und Zeugnisse.
20 Pfarre Metnitz; Trauungsbuch V, M17_027-1.
21 Stromberger-Nachlass, Urkunde zum „Landwehr-Abschied“ vom 31.12.1889.
22 Stromberger-Nachlass; Trauungsschein von Barth(l)mä Lapeiner und Helena Spatz.
23 Wertvolle Hinweise dazu stammen von Nikodemus Löffelmann, St. Veit an der Glan; siehe auch Geburts- und Taufbücher sowie Geburts- und Trauungsscheine im Stromberger-Nachlass.
24 Pfarre Glödnitz; Geburtsbuch XI, G07_012-1.
25 Ebd.
26 Stromberger-Nachlass, Geburts- und Taufschein der am 12.4.1825 geborenen Helena Spatz.
27 Pfarre Metnitz; Geburtsbuch XIII, M17_015-1.
28 Pfarre Metnitz; Geburtsbuch XII, M17_014-1.
29 Siehe dazu Mitterauer, Familienformen und Illegitimität in ländlichen Gebieten Österreichs.
30 Mitterauer, Familienformen und Illegitimität in ländlichen Gebieten Österreichs, S. 125.
31 Pammer, Wohlstandsverteilung und Unterentwicklung, S. 179.
32 Adlassnig, Die Dickmann-Secherau – Porträt einer Kärntner Gewerkenfamilie (17.–20. Jahrhundert), S. 136.
33 Pammer, Wohlstandsverteilung und Unterentwicklung, S. 179.
34 Sandgruber, Wirtschaft ohne Grenzen – Österreichs Wirtschaftsgeschichte als Beispiel, S. 118; Pichler, Das Land Vorarlberg 1861 bis 2015, S. 41 f.
35 Pammer, Wohlstandsverteilung und Unterentwicklung, S. 175.
36 Lanzinger, Verwaltete Verwandtschaft, S. 338 ff.
37 Pammer, Wohlstandsverteilung und Unterentwicklung, S. 181.

38 Pfarre Steirisch-Laßnitz, Taufbuch 4 1878–1938, Sign. 18008; Geburtsbücher Pfarre Glödnitz, XI-XIII.
39 Ebd.; der Hinweis auf die Bedeutung „Krammerbehausung“ stammt von Nikodemus Löffelmann, St. Veit an der Glan, vom 2.3.2021.
40 Schriftliche Mitteilung von Nikodemus Löffelmann, St. Veit an der Glan, vom 2.3.2021.
41 Statistik Austria (Hrsg.), Jahrbuch der Gesundheitsstatistik 2012. Säuglingssterblichkeit seit 1871 nach Bundesländern, S. 137.
42 In den älteren Quellen ist abwechselnd „Emersdorf“ und „Emmersdorf“ zu lesen. Letzteres hat sich dann im 20. Jahrhundert zunehmend durchgesetzt, obwohl vor dem Ersten Weltkrieg sogar auf dem Poststempel „Emersdorf“ zu lesen war.
43 Statistische Zentralkommission (Hrsg.): Spezialortsrepertorium der Österreichischen Länder, S. 55.
44 Stromberger-Nachlass; Postkarte (wahrscheinlich aus dem Jahr 1906).
45 Mitteilung von Claudia Rosenwirth-Fendre vom 23.3.2021.
46 Pfarre St. Georgen im Gailtal, Geburts- und Taufbuch tom. XII, S22_011-1, Eintragungen vom 26.9.1908 und vom 14.5.1910.
47 Wiener Landwirtschaftliche Zeitung vom 22.1.1910.
48 Statistische Zentralkommission (Hrsg.): Spezialortsrepertorium der Österreichischen Länder, S. 30; Groß, Walter: Die Gemeinde Kappel am Krappfeld, S. 111 ff.
49 Kärntner Zeitung vom 19.1.1899.
50 Pfarre Kappel am Krappfeld, tom. VIII, K04_025-1, Eintrag vom 21.11.1916 und vom 16.3.1938.
51 Kärntner Zeitung vom 22.6.1937.
52 Mitteilung von Frau Dr. Rosa Cabezas Ronay-Matschnig vom 2.3.2021; in den verschiedenen Quellen kommt abwechselnd „Oberbruckendorf“ oder „Oberbrückendorf“ vor. Hier wird, wie im Heimatbuch der Gemeinde, die Bezeichnung „Oberbrückendorf“ verwendet; siehe Groß, Die Gemeinde Kappel am Krappfeld.
53 Groß, Walter: Die Gemeinde Kappel am Krappfeld, S. 190.
54 Mitteilung von Herrn Reinhold Wagner vom 2.3.2021.
55 Volksfreund vom 14.4.1906.
56 Freie Stimmen vom 25.5.1904.
57 Pfarre Kappel am Krappfeld; Sterbebuch VIII, K04_25-1; Stromberger-Nachlass, Partezettel.
58 Pfarre Hörzendorf, Trauungsbuch, H09_013-1, Eintragung vom 21.11.1904 sowie Sterbebuch tom. VI, H09_019-1; schriftliche Mitteilung von Nikodemus Löffelmann, St. Veit an der Glan, vom 2.3.2021.
59 Pfarre St. Stefan am Krappfeld, Trauungsbuch.
60 Pfarre St. Georgen im Gailtal, Geburts- und Taufbuch tom. XII, S22_011-1, Eintragungen vom 26.9.1908 und vom 14.5.1910.
61 Stromberger-Nachlass, Postkarte von Karl Lapeiner an seine Schwester Karoline aus dem Jahr 1906.
62 Statistische Zentralkommission (Hrsg.): Spezialortsrepertorium der Österreichischen Länder, S. 39.
63 Pfarre St. Marein bei Knittelfeld, Taufbuch 8, 1890–1914; diesen Hinweis verdanke ich Nikodemus Löffelmann, St. Veit an der Glan.
64 Pfarre St. Veit an der Glan; Geburtsbuch 016-1-fol214 und 016-1-fol271; schriftliche Auskunft von Christian Engelbrechtsmüller, Pörtschach.
65 Arbeiterwille vom 5.5.1912 und 4.1.1930.
66 Freie Stimmen vom 19.3.1916.
67 Freie Stimmen vom 10.7.1913.
68 Kärntner Zeitung vom 13.7.1913.
69 Kärntner Zeitung vom 8.10.1936.

70 Stromberger-Nachlass, Brief von Karl Lapeiner an seine Schwestern in Bregenz vom 21.8.1953.
71 Schriftliche Mitteilung von Nikodemus Löffelmann vom 8.2.2021.
72 StA Bregenz; Meldekarte Maria Stromberger.
73 Pfarre St. Veit an der Glan, Index zu den Sterbebüchern, S83_044-1.
74 Stromberger-Nachlass, Postkarte von Karl Lapeiner an seine Schwester Karoline aus dem Jahr 1906; Grazer Tagblatt vom 22.9.1908.
75 StA Bregenz, Meldekarten von Hedwig Greber und Karoline Greber; schriftliche Mitteilung von Archivar Florian Guggenberger vom 28.1.2021.
76 Stromberger-Nachlass, Schreiben der Stadt Bregenz an Karoline Greber vom 5.10.1928.
77 Bescheid der Pensionsstelle der ÖBB vom 2.10.1951.
78 StA Bregenz, Meldekarten von Hedwig Greber und Karl Greber.
79 Pfarre Steirisch-Laßnitz, Taufbuch 4 1878-1938, Sign. 18008.
80 Lavanttaler Bote vom 20.3.1912.
81 Brief von Franz Kogler aus Seattle vom Dezember 1914; abgedruckt in Freie Stimmen vom 13.12.1914.
82 Brief von Franz Stromberger aus Seattle vom Dezember 1914; abgedruckt in Freie Stimmen vom 13.12.1914.
83 Stromberger-Nachlass, Briefverkehr.
84 Stromberger-Nachlass, Brief von Franz Stromberger aus Wien an seine Schwestern in Bregenz vom 29.1.1952.
85 Stromberger-Nachlass, Sterbeurkunde für Franz Stromberger vom 1.8.1952.
86 Stromberger-Nachlass, Brief von Franz Stromberger aus Wien an seine Schwestern in Bregenz vom 29.1.1952.
87 Stromberger-Nachlass, Postkarte von Johann Markowitsch aus Wien an Maria Stromberger in Bregenz vom 20.10.1953.
88 Pfarre St. Leonhard; Trauungsbuch tom. X, S34_032-1, Eintrag vom 12.1.1913.
89 Pfarre St. Leonhard; Geburtsbuch XV, 015-1_fol217, Eintragung vom 10.6.1913.
90 Stromberger-Nachlass, Brief von Henry Linke aus Seattle an die beiden Schwestern in Bregenz vom 2.11.1953.
91 Freie Stimmen vom 13.12.1914.
92 Stromberger-Nachlass, Brief von Adelheid Kogler aus Seattle an ihre Schwestern in Bregenz vom 3.9.1952.
93 Stromberger-Nachlass, Brief von Adelheid Kogler an ihre Schwestern in Bregenz vom 15.5.1952.
94 Stromberger-Nachlass, Brief von Adelheid Kogler aus Seattle an ihre Schwestern in Bregenz vom 16.5.1953.
95 Stromberger-Nachlass, Brief von Henry Link aus Seattle nach Bregenz vom 13.11.1953.
96 StA Graz, Meldezettel Christin(a) Stromberger; Zist-Zyznewski_2351_00001; Zist-Zyznewski_2469_00001 1.
97 Bundesdenkmalamt (Hrsg.), Österreichische Kunsttopographie. Band LIII, S. 336; diesen Hinweis verdanke ich Mag. Peter Schintler, Stadtarchiv Graz.
98 Salzburger Volksblatt vom 17.9.1928.
99 Vorarlberger Volksblatt vom 12.3.1933.
100 Brief von Karoline Greber an Hermann Langbein vom August 1957.
101 Siehe die Berichterstattung im Grazer Tagblatt, der Freien Stimmen und des Arbeiterwillen; „Der Radfahrer" vom 25.1.1938.
102 Brief von Karoline Greber an Hermann Langbein vom August 1957.
103 Stromberger-Nachlass.
104 Statistische Zentralkommission (Hrsg.): Spezialortsrepertorium der Österreichischen Länder, S. 34; den Hinweis verdanke ich Nikodemus Löffelmann, St. Veit an der Glan.
105 Pretis, Die Entwicklung der KindergartenpädagogInnenausbildung in Österreich. S. 15.

106 Ebd., S. 16 f.
107 Ebd., S. 38 ff.
108 Ebd., S. 19.
109 StA Graz; Meldezettel Maria Stromberger; Referat Meldewesen der Stadt Graz, Meldeunterlagen.
110 Engele, Robert: Vom Luxustempel zum Einkaufscenter, Kleine Zeitung vom 1.2.2009.
111 Pfarre Metnitz, Geburtsbuch M17_014-1; diesen Hinweis verdanke ich Herrn Nikodemus Löffelmann, St. Veit an der Glan.
112 StA Graz; Meldezettel Maria Stromberger.
113 Brief von Karoline Greber an Hermann Langbein vom August 1957.
114 Engele, Robert: Vom Luxustempel zum Einkaufscenter, Kleine Zeitung vom 1.2.2009.
115 Ebd.
116 Brief von Adelheid Kogler aus Seattle an ihre Schwestern in Bregenz vom 3.9.1952.
117 StA Graz; Meldezettel Maria Stromberger.
118 Stromberger-Nachlass; „Heimat-Schein" der Gemeinde Glödnitz für Maria Stromberger vom 21.6.1920.
119 Referat Meldewesen der Stadt Graz, Meldeunterlagen; StA Graz; Meldezettel Maria Stromberger.
120 Salzburger Volksblatt vom 17.9.1928.
121 Geburts-, Hochzeits- und Sterbedaten in den jeweiligen Matriken der Pfarre Graz-Dom.
122 StA Graz; Zist-Zyznewski_2728_00001; Grundstammblatt vom 11.3.1936.
123 Brief von Karoline Greber an Hermann Langbein vom August 1957.
124 Bundesdenkmalamt (Hrsg.), Österreichische Kunsttopographie. Band LIII, S. 336.
125 Stromberger-Nachlass, „Vermählungs-Anzeige" von Franz und Gertrude Zotter vom August 1953; Brief von Maria Stromberger vom 28.2.1956 an Edward Pyś.
126 Kärntner Zeitung vom 3.6.1932.
127 Siehe Briefverkehr der Geschwister; Pfarre Kappel am Krappfeld; Sterbebuch VIII, K04_25-1; Referat Meldewesen der Stadt Graz, Meldeunterlagen; StA Graz; Meldezettel Maria Stromberger.
128 Wachter, „Unde venis curatio?", S. 42 ff.
129 Stromberger-Nachlass; handschriftliche Aufzeichnung aus der Ausbildung im Sanatorium Mehrerau aus dem Jahr 1938.
130 Siehe dazu Dreier, Pflege im Nationalsozialismus, S. 16 f.
131 Ebd., S. 21.
132 Siehe dazu Wachter, „Unde venis curatio?", S. 35 f.
133 Brief von Karoline Greber an Hermann Langbein vom August 1957.
134 StA Bregenz, Meldekarte Maria Stromberger.
135 Ebd.
136 StA Göppingen, Einwohnermeldekarteikarte Maria Stromberger; erstellt am 23.11.1938.
137 StA Heilbronn, B011-109, Bürgersteuerliste 1940, Schilpp - Z.
138 Stromberger-Nachlass, am 19.1.1940 ausgefertigtes Mitgliedsbuch des „Reichsbundes der Freien Schwestern und Pflegerinnen".
139 Ebd.
140 Brief von Karoline Greber an Hermann Langbein vom August 1957.
141 Stromberger-Nachlass; etliche Fachbücher.
142 Betzien, Krankenschwestern im System der nationalsozialistischen Konzentrationslager, S. 97.
143 Siehe dazu die entsprechenden Abschnitte bei Betzien, Krankenschwestern im System der nationalsozialistischen Konzentrationslager.
144 Siehe dazu Betzien, Krankenschwestern im System der nationalsozialistischen Konzentrationslager, S. 22 f., S. 90, S. 97 und S. 423.

145 Wahl- und Meldeamt Klagenfurt, Meldezettel Maria Strombreger von 10.10.1940.
146 Kutej, Der „Euthanasie"-Prozess gegen das Personal des Gaukrankenhauses Klagenfurt, S. 22.
147 Ebd.
148 Brief von Karoline Greber an Hermann Langbein vom August 1957.
149 Wahl- und Meldeamt Klagenfurt, Meldezettel Maria Strombreger von 10.10.1940..
150 Pizzinini, Das neue Allgemeine öffentliche BKH Lienz im Verlauf von 75 Jahren, S. 10.
151 DÖW, Zl. 4469, Aussage von Maria Stromberger im Warschauer Prozess gegen Rudolf Höß, S. 50.
152 Stromberger-Nachlass, Mitgliedsbuch des „Reichsbundes der freien Schwestern und Pflegerinnen".
153 DÖW, Zl. 4469, Aussage von Maria Stromberger im Warschauer Prozess gegen Rudolf Höß, S. 50.
154 Czech, Kalendarium der Ereignisse im Konzentrationslager Auschwitz-Birkenau 1939–1945, S. 316 f., S. 1012.
155 Siehe auch den Film „Pechmarie – Das Leben der Maria Mandl" von Christian Strasser und David Neumayr sowie den ORF-Bericht „Wie aus NS-Täterin ein ‚Opfer' wurde", https://ooe.orf.at/v2/news/stories/2838766/, zuletzt eingesehen am 22.2.2021.
156 Langbein, Menschen in Auschwitz, S. 57.
157 Czech, Kalendarium der Ereignisse im Konzentrationslager Auschwitz-Birkenau 1939–1945, S. 1005; siehe dazu auch die vielen Hinweise auf Grabner in Langbein, Menschen in Auschwitz.
158 Loitfellner u. a., Österreichische Auschwitz-Prozesse.
159 Stromberger-Nachlass, Mitgliedsbuch des „Reichsbundes der freien Schwestern und Pflegerinnen".
160 Stromberger-Nachlass, Foto mit Beschriftung auf der Rückseite: „Ausflug im Juni 42 mit Laura, Meusburger und Pfeschberger und noch ein Kärntner".
161 Brief von Karoline Greber an Hermann Langbein vom August 1957.
162 Langbein, Menschen in Auschwitz, S. 518.
163 Stromberger-Nachlass; undatierter Vertrag von Maria Stromberger mit dem „NS-Schwesternbund", der ab dem 1.5.1942 Gültigkeit erlangte.
164 DÖW, Zl. 4469, Aussage von Maria Stromberger im Warschauer Prozess gegen Rudolf Höß, S. 56.
165 Ebd., S. 57.
166 Ebd., S. 50.
167 Ebd., S. 52.
168 Betzien, Krankenschwestern im System der nationalsozialistischen Konzentrationslager, Kapitel 3.3, ab S. 81.
169 Ebd., Kapitel 3.5, ab S. 97.
170 Czech, Kalendarium der Ereignisse im Konzentrationslager Auschwitz-Birkenau 1939–1945, S. 31.
171 Benz u. a., Enzyklopädie des Nationalsozialismus, S. 381 ff.
172 Laqueur, Vorwort, S. 16.
173 Langbein, Menschen in Auschwitz, S. 34-37; „Personal im KZ Auschwitz", Wikipedia-Eintrag https://de.wikipedia.org/wiki/Personal_im_KZ_Auschwitz, zuletzt eingesehen am 8.3.2021.
174 Betzien, Krankenschwestern im System der nationalsozialistischen Konzentrationslager, S. 519.
175 Ebd., S. 526 ff.
176 Kogon, Der SS-Staat, S. 157.
177 Czech, Kalendarium der Ereignisse im Konzentrationslager Auschwitz-Birkenau 1939–1945, S. 1020.

178 Siehe dazu Orth, Das System der nationalsozialistischen Konzentrationslager; Klee, Auschwitz. Täter, Gehilfen, Opfer ...; Langbein, Menschen in Auschwitz.
179 Fritz-Bauer-Institut (Hrsg.): Tonbandmitschnitte des Auschwitz-Prozesses (1963–1965). Zeugenaussage von Władysław Fejkiel, S. 113 ff,
180 Ebd., S. 55.
181 Langbein widmet Wirths in seinem Buch ein ganzes Kapitel; siehe Langbein, Menschen in Auschwitz, S. 411 ff.
182 Er entstammte einer frommen jüdischen Familie und wuchs in Radanivce im Sudetenland auf. Radvanský überlebte den Holocaust als Einziger seiner engeren Verwandtschaft von 28 Personen; Radvanský, Trotzdem habe ich überlebt, S. 9.
183 Fritz-Bauer-Institut (Hrsg.), Tonbandmitschnitte des Auschwitz-Prozesses (1963–1965). Zeugenaussage von Artur Radvanský, S. 3 f.
184 Interview mit dem ehemaligen Auschwitz-Häftling Artur Radvanský, Band 2, ab Minute 29:20.
185 Fritz-Bauer-Institut (Hrsg.): Tonbandmitschnitte des Auschwitz-Prozesses (1963–1965). Zeugenaussage von Artur Radvanský, S. 5.
186 Fritz-Bauer-Institut (Hrsg.), Tonbandmitschnitte des Auschwitz-Prozesses, Zeugenaussage von Karl Lill, S. 8.
187 Beischl, Dr. med. Eduard Wirths und seine Tätigkeit als SS-Standortarzt im KL Auschwitz, S. 218.
188 Langbein, Menschen in Auschwitz, S. 411 ff.
189 Stöger, Medizin im Nationalsozialismus – Die SS-Ärzte und ihre Tätigkeit in nationalsozialistischen Konzentrationslagern, S. 96 f.
190 Kramer, Rezension zu: Völklein, Ulrich: Dr. med. Eduard Wirths: Ein Arzt in Auschwitz.
191 Langbein, Die Stärkeren, S. 102.
192 DÖW, Zl. 5798/54, Aussage von Maria Stromberger im Prozess gegen Rudolf Höß am 13. Verhandlungstag.
193 Ebd.
194 Fritz-Bauer-Institut (Hrsg.): Tonbandmitschnitte des Auschwitz-Prozesses (1963–1965). Zeugenaussage von Władysław Fejkiel, S. 3.
195 Zit. n. Benz u. a., Enzyklopädie des Nationalsozialismus, S. 590 f.
196 Czech, Kalendarium der Ereignisse im Konzentrationslager Auschwitz-Birkenau 1939–1945, S. 209.
197 Langbein, Menschen in Auschwitz, S. 236.
198 Czech, Kalendarium der Ereignisse im Konzentrationslager Auschwitz-Birkenau 1939–1945, S. 209.
199 Fritz-Bauer-Institut (Hrsg.), Tonbandmitschnitte des Auschwitz-Prozesses, Zeugenaussage von Karl Lill, S. 11.
200 Czech, Kalendarium der Ereignisse im Konzentrationslager Auschwitz-Birkenau 1939–1945, S. 330.
201 Fritz-Bauer-Institut (Hrsg.), Tonbandmitschnitte des Auschwitz-Prozesses, Zeugenaussage von Edward Pyś, S. 4.
202 Zit. n. Langbein, Menschen in Auschwitz, S. 518.
203 Albin, Schwester Maria Stromberger, S. 105.
204 Betzien, Krankenschwestern im System der nationalsozialistischen Konzentrationslager, S. 400 DÖW, Zl. 4469, Pyś, Erklärung, S. 51.
205 MKW, Pyś, unveröffentlichtes Manuskript, S. 1.
206 Zit. n. Betzien, Krankenschwestern im System der nationalsozialistischen Konzentrationslager, S. 324.
207 DÖW, Zl. 4469, Pyś, Erklärung, S. 51.
208 Betzien, Krankenschwestern im System der nationalsozialistischen Konzentrationslager, S. 331.

209 Langbein, Menschen in Auschwitz, S. 518.
210 Interview mit dem ehemaligen Auschwitz-Häftling Artur Radvanský, Band 2, ab Minute 13:10.
211 MKW, Pyś, unveröffentlichtes Manuskript, S. 1.
212 Betzien, Krankenschwestern im System der nationalsozialistischen Konzentrationslager, S. 411.
213 Edward Pyś im Interview, ORF-Dokumentation „Der Engel von Auschwitz", ab Minute 18:34.
214 Langbein, Die Stärkeren, S. 106.
215 MKW, Niedojadło, unveröffentlichtes Manuskript, S. 2.
216 DÖW, Zl. 4469, Pyś, Erklärung, S. 47.
217 Radvanský, Trotzdem habe ich überlebt, S. 54 ff.
218 DÖW, Zl. 4469, Pyś, Ergänzende Erklärung, S. 3.
219 Czech, Kalendarium der Ereignisse im Konzentrationslager Auschwitz-Birkenau 1939–1945, S. 1014.
220 Skocek, Mister Austria, S. 65 und S. 77.
221 Betzien, Krankenschwestern im System der nationalsozialistischen Konzentrationslager, S. 399.
222 MKW, Pyś, unveröffentlichtes Manuskript, S. 1 f.
223 Bailer u. a., Projektendbericht Neugestaltung der Österreichischen Gedenkstätte im Staatlichen Museum Auschwitz-Birkenau, S. 30.
224 Fritz-Bauer-Institut (Hrsg.), Tonbandmitschnitte des Auschwitz-Prozesses, Zeugenaussage von Edward Pyś, S. 11.
225 Es handelte sich um den Häftling Jurek Czubak.
226 Fritz-Bauer-Institut (Hrsg.), Tonbandmitschnitte des Auschwitz-Prozesses, 2. Zeugenaussage von Hermann Langbein, S. 2.
227 DÖW, Zl. 4469, Pyś, Erklärung, S. 44.
228 Brief von Edward Pyś an den Verfasser vom 13.10.1987.
229 Fritz-Bauer-Institut (Hrsg.), Tonbandmitschnitte des Auschwitz-Prozesses, 2. Zeugenaussage von Hermann Langbein, S. 3.
230 Fritz-Bauer-Institut (Hrsg.), Tonbandmitschnitte des Auschwitz-Prozesses, Zeugenaussage von Edward Pyś, S. 2.
231 Brief von Edward Pyś vom 1.2.1999 an den Verfasser.
232 DÖW, Zl. 4469, Pyś, Erklärung, S. 46.
233 Langbein, Menschen in Auschwitz, S. 519.
234 MKW, Pyś, unveröffentlichtes Manuskript, S. 3.
235 Ebd., S. 4 f.
236 Kogon, Der SS-Staat, S. 79.
237 MKW, Pyś, unveröffentlichtes Manuskript, S. 4.
238 MKW, Niedojadło, unveröffentlichtes Manuskript, S. 1.
239 MKW, Pyś, unveröffentlichtes Manuskript, S. 4.
240 DÖW, Zl. 5798/56, Aussage von Maria Stromberger im Prozess gegen Rudolf Höß am 13. Verhandlungstag
241 Ebd.
242 Fritz-Bauer-Institut (Hrsg.), Tonbandmitschnitte des Auschwitz-Prozesses, Zeugenaussage von Edward Pyś, S. 8.
243 Interview mit dem ehemaligen Auschwitz-Häftling Artur Radvanský, Band 2, ab Minute 32:10.
244 Fritz-Bauer-Institut (Hrsg.), Tonbandmitschnitte des Auschwitz-Prozesses, Zeugenaussage von Edward Pyś, S. 8.
245 Fritz-Bauer-Institut (Hrsg.), Tonbandmitschnitte des Auschwitz-Prozesses, 2. Zeugenaussage von Hermann Langbein, S. 14.

246 DÖW, Zl. 5798/57 f., Aussage von Maria Stromberger im Prozess gegen Rudolf Höß am 13. Verhandlungstag.
247 MKW, Kłodziński, unveröffentlichtes Manuskript, S. 3.
248 Brief von Edward Pyś an Hermann Langbein vom 7.11.1968.
249 MKW, Pyś, unveröffentlichtes Manuskript, S. 7.
250 Langbein, Die Stärkeren, S. 104 f.
251 MKW, Kłodziński, unveröffentlichtes Manuskript, S. 3.
252 Ebd.
253 Czech, Kalendarium der Ereignisse im Konzentrationslager Auschwitz-Birkenau 1939–1945, S. 331.
254 Die Schilderung der Rettung von Pyś folgt – falls nicht anders vermerkt – weitgehend Langbein, Menschen in Auschwitz, S. 519, und MKW, Pyś, unveröffentlichtes Manuskript, S. 10 ff.
255 Czech, Kalendarium der Ereignisse im Konzentrationslager Auschwitz-Birkenau 1939–1945; überprüft wurden die Wintermonate 1942/43.
256 Ebd., S. 337.
257 Die Schilderung folgt weitgehend Langbein, Menschen in Auschwitz, S. 519, und MKW, Pyś, unveröffentlichtes Manuskript, S. 10 ff.
258 MKW, Pyś, unveröffentlichtes Manuskript, S. 10.
259 Ebd., S. 11.
260 Ebd., S. 12.
261 Langbein, Menschen in Auschwitz, S. 520.
262 MKW, Pyś, unveröffentlichtes Manuskript, S. 8.
263 Siehe Langbein, Die Kampfgruppe Auschwitz, S. 227–238.
264 Wachsmann, Das Lagersystem war ständig im Wandel begriffen, S. 32 f.
265 Radvanský, Trotzdem habe ich überlebt, S. 54.
266 Skocek, Mister Austria, S. 62.
267 Langbein, Die Stärkeren, S. 122.
268 Templin, Europa aus dem Geist des Widerstands, S. 45.
269 Zur Geschichte und Organisation dieser Widerstandsgruppe siehe Langbein, Die Kampfgruppe Auschwitz.
270 Fritz-Bauer-Institut, Tonbandmitschnitte des Auschwitz-Prozesses, 2. Zeugenaussage von Hermann Langbein, S. 57.
271 Siehe Meisel, „Jetzt haben wir Ihnen, Meisel!“, S. 140 f.
272 Czech, Kalendarium der Ereignisse im Konzentrationslager Auschwitz-Birkenau 1939–1945, S. 688.
273 Langbein, Menschen in Auschwitz, S. 318; siehe auch Hackl, Die Hochzeit von Auschwitz.
274 Siehe dazu Engelmann, Der Fotograf von Auschwitz.
275 Czech, Kalendarium der Ereignisse im Konzentrationslager Auschwitz-Birkenau 1939–1945, S. 740 f.
276 Hackl, Die Hochzeit von Auschwitz.
277 MKW, Pyś, unveröffentlichtes Manuskript, S. 12.
278 Ebd., S. 13.
279 MKW, Kłodziński, unveröffentlichtes Manuskript, S. 5.
280 MKW, Pyś, unveröffentlichtes Manuskript, S. 17 f.
281 Laqueur, Vorwort, S. 17 ff.
282 MKW, Kłodziński, unveröffentlichtes Manuskript, S. 5.
283 Czech, Kalendarium der Ereignisse im Konzentrationslager Auschwitz-Birkenau 1939–1945, S. 954.
284 Albin, Schwester Maria Stromberger, S. 107.
285 Langbein, Menschen in Auschwitz, S. 519.
286 Siehe dazu Fein, Die Steine reden, S. 274.

287 Zit. n. Fein, Die Steine reden, S. 274.
288 MKW, Kłodziński, unveröffentlichtes Manuskript, S. 5 f.
289 Ebd., S. 6
290 Czech, Kalendarium der Ereignisse im Konzentrationslager Auschwitz-Birkenau 1939–1945, S. 954.
291 MKW, Kłodziński, unveröffentlichtes Manuskript, S. 6.
292 Brief von Maria Stromberger an Edward Pyś; zit. n. Betzien, Krankenschwestern im System der nationalsozialistischen Konzentrationslager, S. 464.
293 MKW, Kłodziński, unveröffentlichtes Manuskript, S. 6.
294 Radvanský, Trotzdem habe ich überlebt, S. 69.
295 Ebd., S. 62.
296 MKW, Pyś, unveröffentlichtes Manuskript, S. 8.
297 Langbein, Menschen in Auschwitz, S. 520.
298 DÖW, Zl. 5798/56 f, Aussage von Maria Stromberger im Prozess gegen Rudolf Höß am 13. Verhandlungstag.
299 Siehe etwa Gazetta Ludova, Nr. 84, Seite 5; Stromberger-Nachlass.
300 Albin, Schwester Maria Stromberger, S. 111.
301 DÖW, Zl. 5798/57, Aussage von Maria Stromberger im Prozess gegen Rudolf Höß am 13. Verhandlungstag.
302 MKW, Kłodziński, unveröffentlichtes Manuskript, S. 7.
303 MKW, Pyś, unveröffentlichtes Manuskript, S. 6.
304 Daraufhin schloss er sich in Krakau unter falschem Namen der Polnischen Heimatarmee an. Nach dem Krieg war er im Präsidium des Internationalen Auschwitz-Komitees. Siehe: Homepage des Internationalen Auschwitz-Komitees; https://www.auschwitz.info/de/das-komitee/praesidium.html, zuletzt eingesehen am 30.1.2021.
305 Langbein, Menschen in Auschwitz, S. 414.
306 MKW, Kłodziński, unveröffentlichtes Manuskript, S. 3 f.
307 DÖW, Zl. 5798/59 f., Aussage von Maria Stromberger im Prozess gegen Rudolf Höß am 13. Verhandlungstag.
308 Homepage des Mitteldeutschen Rundfunks; MDR-Zeitreise; Stalingrad: Annäherung an einen Mythos, https://www.mdr.de/zeitreise/ns-zeit/stalingrad-kessel-schlacht-wehrmacht-rote-armee100.html, zuletzt eingesehen am 20.1.2021.
309 Skocek, Mister Austria, S. 86.
310 Siehe Boberach (Hrsg.), Meldungen aus dem Reich 1938-1945; Einleitung in Band 1.
311 Wikipedia-Eintrag: „Zeitgenössische Kenntnis vom Holocaust“; https://de.wikipedia.org/wiki/Zeitgen%C3%B6ssische_Kenntnis_vom_Holocaust, zuletzt eingesehen am 31.1.2020.
312 Ebd.
313 Pilecki war Führer der national-konservativen Heimatarmee und entschiedener Gegner des Kommunismus. Er wurde 1948 als angeblicher „westlicher Spion“ hingerichtet.
314 Vrba, Ich kann nicht vergeben, S. 3.
315 Wikipedia-Eintrag: „Zeitgenössische Kenntnis vom Holocaust“; https://de.wikipedia.org/wiki/Zeitgen%C3%B6ssische_Kenntnis_vom_Holocaust, zuletzt eingesehen am 31.1.2020.
316 Zit. n. Conway, Der Holocaust in Ungarn, S. 191.
317 Fritz-Bauer-Institut (Hrsg.), Tonbandmitschnitte des Auschwitz-Prozesses, 2. Zeugenaussage von Hermann Langbein, S. 13–17.
318 Pyś lässt die erste Weihnachtsfeier bereits 1942 stattfinden, Radvanský und Kłodziński im Jahr 1943. In den weiteren Quellen ist das Jahr nicht eindeutig genannt.
319 Langbein, Die Stärkeren, S. 126.
320 Czech, Kalendarium der Ereignisse im Konzentrationslager Auschwitz-Birkenau 1939–1945, S. 365.

321 Radvanský, Trotzdem habe ich überlebt, S. 69; MKW, Kłodziński, unveröffentlichtes Manuskript, S. 6.
322 Langbein, Die Stärkeren, S. 126.
323 Betzien, Krankenschwestern im System der nationalsozialistischen Konzentrationslager, S. 397.
324 Langbein, Die Stärkeren, S. 126.
325 Czech, Kalendarium der Ereignisse im Konzentrationslager Auschwitz-Birkenau 1939–1945, S. 1022 f.
326 Radvanský, Trotzdem habe ich überlebt, S. 69.
327 Interview mit dem ehemaligen Auschwitz-Häftling Artur Radvanský, Band 2, ab Minute 19:35.
328 Radvanský, Trotzdem habe ich überlebt, S. 69.
329 Langbein, Die Stärkeren, S. 126.
330 Radvanský, Trotzdem habe ich überlebt, S. 69; MKW, Kłodziński, unveröffentlichtes Manuskript, S. 6; Interview des Verfassers mit Edward Pyś im Jahr 1995.
331 Brief von Edward Pyś an seine Eltern vom 20.2.1944; wahrscheinlich von ihm selbst ins Deutsche übersetzt und dem Museum Auschwitz übergeben. Kopie im DÖW, Zl. 4469.
332 MKW, Pyś, unveröffentlichtes Manuskript, S. 20 ff.
333 Zit. n. Conway, Der Holocaust in Ungarn, S. 179.
334 DÖW, Zl. 5798/64 f., Aussage von Maria Stromberger im Prozess gegen Rudolf Höß am 13. Verhandlungstag.
335 DÖW, Zl. 5798/65, Aussage von Maria Stromberger im Prozess gegen Rudolf Höß am 13. Verhandlungstag.
336 Langbein, Menschen in Auschwitz, S. 304.
337 MKW, Kłodziński, unveröffentlichtes Manuskript, S. 6.
338 Langbein, Menschen in Auschwitz, S. 520.
339 Fritz-Bauer-Institut (Hrsg.), Tonbandmitschnitte des Auschwitz-Prozesses, 2. Zeugenaussage von Hermann Langbein, S. 22.
340 ÖStA E/1797, Karton 269.
341 Übersicht über die Sterberate in Auschwitz von Jänner 1942 bis März 1944; Beilage in einem Brief von Hermann Langbein an den Verfasser vom 28.4.1989.
342 DÖW, Zl. 5798/64, Aussage von Maria Stromberger im Prozess gegen Rudolf Höß am 13. Verhandlungstag.
343 Langbein, Menschen in Auschwitz, S. 292.
344 MKW, Kłodziński, unveröffentlichtes Manuskript, S. 6.
345 Langbein, Menschen in Auschwitz, S. 292.
346 Conway, Der Holocaust in Ungarn, S. 188.
347 Fritz-Bauer-Institut (Hrsg.), Tonbandmitschnitte des Auschwitz-Prozesses, 2. Zeugenaussage von Hermann Langbein, S. 24.
348 Ebd.
349 Langbein, Menschen in Auschwitz, S. 301.
350 Siehe Murk, Andreas/Schlattmann, Konrad: Maximilian Kolbe. Märtyrer der Nächstenliebe. Würzburg 2011.
351 Fritz-Bauer-Institut (Hrsg.), Tonbandmitschnitte des Auschwitz-Prozesses, 2. Zeugenaussage von Hermann Langbein, S. 18.
352 Brief von Edward Pyś an den Verfasser vom 13.10.1987.
353 Brief von Karoline Greber an Hermann Langbein vom August 1957.
354 MKW, Pyś, unveröffentlichtes Manuskript, S. 22.
355 Ebd., S. 23.
356 Siehe Meisel, „Jetzt haben wir Ihnen, Meisel", S. 144–150; Czech, Kalendarium der Ereignisse im Konzentrationslager Auschwitz-Birkenau 1939–1945, S. 828.
357 Langbein, Menschen in Auschwitz, S. 521.

358 Langbein, Die Stärkeren, S. 244.
359 Czech, Kalendarium der Ereignisse im Konzentrationslager Auschwitz-Birkenau 1939–1945, S. 862.
360 Ebd., S. 1020.
361 Langbein, Die Stärkeren, S. 260 f.
362 Zit. n. Renz, Der Aufstand des Sonderkommandos in Auschwitz-Birkenau am 7. Oktober 1944, S. 10.
363 Ebd., S. 7 f.
364 Czech, Kalendarium der Ereignisse im Konzentrationslager Auschwitz-Birkenau 1939–1945, S. 897 ff.
365 Vgl. Langbein, Menschen in Auschwitz, S. 304 ff.
366 MKW, Kłodziński, unveröffentlichtes Manuskript, S. 7.
367 Siehe Wikipedia-Eintrag „Landwirtschaftsbetriebe des KZ Auschwitz", https://de.wikipedia.org/wiki/Landwirtschaftsbetriebe_des_KZ_Auschwitz#Gartenbaubetrieb_Rajsko, zuletzt eingesehen am 12.3.2021.
368 MKW, Pyś, unveröffentlichtes Manuskript, S. 23.
369 Siehe dazu den Wikipedia-Eintrag https://de.wikipedia.org/wiki/Cap_Arcona_(Schiff,_1927), zuletzt eingesehen am 28.1.2021.
370 Czech, Kalendarium der Ereignisse im Konzentrationslager Auschwitz-Birkenau 1939–1945, S. 912.
371 Ausführliche Schilderungen dieser Flucht finden sich bei Czech (Kalendarium der Ereignisse im Konzentrationslager Auschwitz-Birkenau 1939-1945, S. 917 f.), Pyś (DÖW, Zl. 4469, Schwester Maria, S. 23-28) sowie Langbein (Menschen in Auschwitz, S. 493-521).
372 Czech, Kalendarium der Ereignisse im Konzentrationslager Auschwitz-Birkenau 1939–1945, S. 917.
373 Ebd., S. 954; schriftliche Mitteilung von Edward Pyś an den Verfasser vom 13.10.1987; Artikel „Einer blieb zurück" von Franz Danimann in der Volksstimme vom 28.12.1955.
374 Brief von Edward Pyś an den Verfasser vom 13.10.1987.
375 MKW, Pyś, unveröffentlichtes Manuskript, S. 29 f.
376 Czech, Kalendarium der Ereignisse im Konzentrationslager Auschwitz-Birkenau 1939–1945, S. 917.
377 Ebd., S. 862.
378 Langbein, Menschen in Auschwitz, S. 306 f.
379 Ebd., S. 521.
380 MKW, Kłodziński, unveröffentlichtes Manuskript, S. 6.
381 Świebocki, Die „Kampfgruppe Auschwitz", S. 155.
382 Benedict, Maria Stromberger: A Nurse in the Resistance in Auschwitz.
383 MKW, Kłodziński, unveröffentlichtes Manuskript, S. 8.
384 Czech, Kalendarium der Ereignisse im Konzentrationslager Auschwitz-Birkenau 1939–1945, S. 950 f.
385 Ebd.; gemeint ist die damals 22-jährige Polin Helena Datoń-Szpak, die schon seit zwei Jahren mit Maria Stromberger zusammenarbeitete. Den Zusatznamen Szpak führte sie allerdings erst nach ihrer Heirat im Jahr 1946.
386 Czech, Kalendarium der Ereignisse im Konzentrationslager Auschwitz-Birkenau 1939–1945, S. 954.
387 Interview mit dem ehem. Auschwitz-Häftling Artur Radvanský, Bd. 2, ab Minute 27:10.
388 MKW, Pyś, unveröffentlichtes Manuskript, S. 29.
389 Stromberger-Nachlass; Wehrmachts-Fahrschein Berlin–Prag vom 6.1.1945.
390 Dolantin ist ein stark wirksames Schmerzmittel aus der Gruppe der Opioide und wird bei starken Schmerzen angewendet.
391 DÖW, Zl. 5798/70, Aussage von Maria Stromberger im Prozess gegen Rudolf Höß am 13. Verhandlungstag.

392 Brief von Edward Pyś vom 13.10.1987 an den Verfasser; MKW, Kłodziński, unveröffentlichtes Manuskript, S. 8 f.
393 Langbein, Menschen in Auschwitz, S. 521.
394 Kellerhoff, Auschwitz' letzte Erfindung war der Todesmarsch.
395 Briefe von Edward Pyś vom 15.11.1987 und 1.2.1999 an den Verfasser.
396 Czech, Kalendarium der Ereignisse im Konzentrationslager Auschwitz-Birkenau 1939–1945, S. 990 und 995.
397 MKW, Pyś, unveröffentlichtes Manuskript, S. 29.
398 DÖW, Zl. 5798/70, Aussage von Maria Stromberger im Prozess gegen Rudolf Höß am 13. Verhandlungstag.
399 Stromberger-Nachlass; ärztliche Bescheinigung von Dr. Scharfetter in Bregenz vom 3.4.1945.
400 Pichler, Am Ende eines Irrwegs, S. 23 ff.
401 Siehe dazu Walser, Die letzten Tage des Krieges, S. 217 f. und S. 226.
402 Brief von Maria Stromberger vom 20.2.1946 an Edward Pyś.
403 DÖW, Zl. 4469, Pyś, Ergänzende Erklärung, S. 1.
404 Fritz-Bauer-Institut, Tonbandmitschnitte des Auschwitz-Prozesses, Zeugenaussage von Karl Lill, S. 22.
405 Briefe von Maria Stromberger an Edward Pyś vom 20.2. und 18.7.1946, Kopien im Besitz des Verfassers.
406 Brief von Maria Stromberger vom 24.8.1946 an Edward Pyś.
407 Ebd.
408 MKW, Pyś, unveröffentlichtes Manuskript, S. 32.
409 Stromberger-Nachlass; undatierte „Arbeitskarte" des Arbeitsamtes Bregenz.
410 Kopien aller zitierten Briefe im Besitz des Verfassers.
411 Vorarlberger Nachrichten vom 5.4.1946.
412 Pichler, Das Land Vorarlberg 1861 bis 2015, S. 287.
413 Stromberger-Nachlass; undatierte Hefte.
414 Brief von Maria Stromberger an Edward Pyś vom 18.7.1946.
415 MKW, Pyś, unveröffentlichtes Manuskript, S. 31.
416 Siehe dazu Langbein, Menschen in Auschwitz, S. 59 ff.
417 Echo Krakowa vom 28.8.1946; Übersetzung ins Deutsche durch den ehemaligen Auschwitzhäftling Stanisław Kłodziński.
418 Brief von Maria Stromberger an Edward Pyś vom 25.7.1947; siehe auch Betzien, Krankenschwestern im System der nationalsozialistischen Konzentrationslager, S. 464 und S. 557.
419 Brief von Edek Pys vom 15.11.1987 an den Verfasser.
420 Brief von Maria Stromberger an die Verlobte von Edward Pyś vom 3.11.1946.
421 Interview mit dem ehemaligen Auschwitz-Häftling Artur Radvanský, Band 3, ab Minute 15:10.
422 Brief von Maria Stromberger an Edward Pyś vom 3.11.1946.
423 Siehe zur Biografie von Rudolf Höß und den Prozessen in Nürnberg und Warschau Deselaers, „Und Sie hatten nie Gewissensbisse?".
424 Siehe dazu Renz, Auschwitz vor Gericht.
425 Neue Zeit vom 29.3.1947.
426 Siehe dazu Deselaers, „Und Sie hatten nie Gewissensbisse?"; sowie Bezwińska/Czech, KL Auschwitz in den Augen der SS.
427 Zit. n. Langbein, Menschen in Auschwitz, S. 563.
428 Erich Grönke war als „Berufsverbrecher" ehemaliger Häftling in Auschwitz, wurde aber von Höß protegiert und schließlich freigelassen. Er avancierte zum Direktor einer Lederfabrik in Auschwitz; vgl. Bezwińska/Czech, KL Auschwitz in den Augen der SS, S. 20 und 294.

429 Brief von Maria Stromberger an Edward Pyś vom 3.11.1946.
430 MKW, Kłodziński, unveröffentlichtes Manuskript, S. 9.
431 DÖW, Zl. 4469, Pyś, Ergänzende Erklärung, S. 4.
432 Brief von Edward Pyś an den Verfasser vom 31.8.1987.
433 MKW, Pyś, unveröffentlichtes Manuskript, S. 33.
434 Die Grenzübertritte sind in ihrem Reisepass vermerkt; Stromberger-Nachlass.
435 Stromberger-Nachlass, offizielle Übersetzungen ins Deutsche und Französische vom 28.5.1947; Aussage von Maria Strombergers Aussage im Höß-Prozess nach einem Bericht der Warschauer Zeitung Gazetta Ludova, Nr. 84, S. 5.
436 Stromberger-Nachlass, amtliche Übersetzung einer „Bescheinigung" des „Polnischen Verbands gewesener Häftlinge der Hitler-Gefängnisse und der Konzentrationslager" in Warschau vom 29.3.1947.
437 Schriftliche Auskunft von Mag. Christian Engelbrechtsmüller, Pörtschach, vom 22.2.2021.
438 Brief von Maria Stromberger an Edward Pyś vom 25.7.1947.
439 Brief von Karl Lapeiner an seine Schwestern in Bregenz vom 21.8.1953.
440 Brief von Maria Stromberger an Edward Pyś vom 25.7.1947.
441 Stromberger-Nachlass; Bücher und Broschüren über Massage und Kosmetik.
442 Brief von Maria Stromberger an Edward Pyś vom 25.7.1947.
443 Hanisch, Österreichische Geschichte, S. 426.
444 Siehe dazu Walser, Vorarlbergs Startbedingungen in die Zweite Republik, S. 54 f.
445 Haffner, Ein besessener Vorarlberger, S. 227.
446 Walser, Bombengeschäfte, S. 32–41.
447 Siehe dazu Pichler, Das Land Vorarlberg 1861 bis 2015, S. 292.
448 Siehe dazu die Studie von Reiterer, Die Ehemaligen. Der Nationalsozialismus und die Anfänge der FPÖ.
449 Brief von Maria Stromberger an Edward Pyś vom 28.2.1956.
450 Pichler, Das Land Vorarlberg 1861 bis 2015, S. 287.
451 Bundschuh, Das befreite Land, S. 68.
452 Pelinka, Simon Wiesenthal und die österreichische Innenpolitik, S. 1.
453 Briefverkehr zwischen Hermann Langbein und Maria Stromberger aus den Jahren 1950 bis 1956.
454 Brief von Maria Stromberger aus dem Jahr 1957 an Edward Pyś vom 28.2.1956.
455 Siehe dazu Clauberg. Das Personenlexikon zum Dritten Reich.
456 Siehe Reisepass von Maria Stromberger; Stromberger-Nachlass.
457 Brief von Karoline Greber an Hermann Langbein vom August 1957.
458 Brief von Hermann Langbein an den Verfasser vom 6.12.1987 sowie mehrere zitierte Briefe von Maria Stromberger an Edward Pyś.
459 Brief von Maria Stromberger an Edward Pyś vom 20.2.1946.
460 Brief von Maria Stromberger an Edward Pyś vom 16.4.1950.
461 Siehe dazu Pelinka, Langbein und die KPÖ, S. 36 ff.
462 Brief von Adelheid Kogler aus Seattle an ihre Schwestern in Bregenz vom 26.2.1953.
463 Brief von Maria Stromberger an Edward Pyś vom 5.9.1954.
464 Brief von Franz Stromberger aus Wien an seine Schwestern in Bregenz vom 29.1.1952.
465 Brief von Maria Stromberger an Edward Pyś vom 5.9.1954.
466 Schriftliche Mitteilung von Edward Pyś an den Verfasser vom 18.6.1994.
467 „Gedenken an ersten Häftlings-Transport nach Auschwitz vor 80 Jahren", in: Der Tagesspiegel vom 14.6.2020.
468 Brief von Maria Stromberger an Edward Pyś vom 5.9.1954.
469 Volksstimme vom 1.2.1955.
470 Zit. n. „Die treue Helferin der Kampfgruppe Auschwitz", in: Der neue Mahnruf, 1955, Heft 4 (Kopie übermittelt von Hermann Langbein aus seinem Privatarchiv, III/a/2).

471 Der neue Mahnruf, 1955, Heft 11.
472 Das ist der einzige Hinweis auf eine Internierung Strombergers. Sie konnte allerdings nicht verifiziert werden.
473 Siehe zu dieser Veranstaltung und den Zitaten Der neue Mahnruf, 1955, Heft 11; „Der Abend" vom 8.11.1955; Stromberger-Nachlass, im Besitz des Verfassers. Die Quellenangabe steht handschriftlich auf dem kopierten Artikel; „Der Abend" wurde allerdings am 16. Februar 1934 eingestellt. Als Nachfolger gilt die KP-Zeitung „Telegraph" (1948–1957).
474 Stromberger-Nachlass; Weihnachtskarte von Franz Danimann vom 22.12.1955.
475 Briefwechsel zwischen Hermann Langbein und Maria Stromberger vom November 1955.
476 Kłodziński, unveröffentlichtes Manuskript, S. 10; Volksstimme vom 14.7.1957.
477 Der neue Mahnruf, 1956, Heft 5.
478 Brief von Maria Stromberger an Edward Pyś vom 28.2.1956.
479 Der neue Mahnruf, 1956, Heft 5.
480 Brief von Maria Stromberger an Edward Pyś vom 28.2.1956.
481 Ebd.
482 MKW, Pyś, unveröffentlichtes Manuskript, S. 33.
483 Brief von Maria Stromberger an Edward Pyś vom 18.4.1956.
484 „Polnische, tschechische und ungarische Kameraden in Wien", in: Der neue Mahnruf, 1957/4.
485 Eder, Maria Stromberger, S. 36.
486 Stromberger-Nachlass, Sterbeurkunde Maria Stromberger vom 1.6.1957.
487 Briefe von Karoline Greber an Hermann Langbein vom 29. Juli 1957 und an Edward Pyś vom 20.8.1957; Gespräche des Verfassers mit Bewohnern der Heldendankstraße 15, darunter ihrer Nichte Hedwig Greber im Jahr 1995.
488 Brief von Karoline Greber an Hermann Langbein vom 29. Juli 1957.
489 MKW, Pyś, unveröffentlichtes Manuskript, S. 33.
490 Brief von Karoline Greber an Hermann Langbein vom 26.8.1957.
491 Schriftliche Auskunft von Peter Borel vom „Förderverein Lindauer Kulturerbe Alter Friedhof e.V.", 25.1.2021.
492 Fein, Die Steine reden, S. 275; Stromberger-Nachlass; Zahlungsbelege für die Grabpflege.
493 Stromberger-Nachlass, Brief von Karoline Greber an Hermann Langbein vom 26.8.1957.
494 Stromberger-Nachlass, Schreiben der Pensionsversicherungsanstalt der Arbeiter vom 29.7.1958.
495 Stromberger-Nachlass, Brief von Hermann Langbein im Namen des IAK an Karoline Greber vom 15.6.1957.
496 Stromberger-Nachlass, Brief von Hermann Langbein im Namen des IAK an Karoline Greber vom 29.7.1957.
497 Stromberger-Nachlass, Brief von Edward Pyś an Karoline Greber vom 17.7.1957.
498 Stromberger-Nachlass, Brief der „Association des Combattants pour la Liberté et la Démocratie" in Warschau vom 7.7.1957.
499 Stromberger-Nachlass, Brief von Karl Lill an Karoline Greber, ohne Datum (1957).
500 Stromberger-Nachlass, Brief von Karoline Greber an Edward Pyś vom 20.8.1957.
501 Volksstimme vom 14.7.1957; Furche vom 13.7.1957; Der neue Mahnruf, 9/1957.
502 Siehe Bailer u. a., Projektendbericht Neugestaltung der Österreichischen Gedenkstätte im Staatlichen Museum Auschwitz-Birkenau, S. 20.
503 Ebd., S. 29.
504 Pichler, Humanitäre Hilfe, S. 186 ff.
505 Neue Vorarlberger Tageszeitung vom 25.1.1988.
506 Walser, Der Engel von Auschwitz.
507 Vorarlberger Nachrichten vom 12.5.1995 („Magazin") und 31.3.1998.
508 Eder, Maria Stromberger.

509 Benedict, Maria Stromberger: A Nurse in the Resistance in Auschwitz; Betzien, Krankenschwestern im System der nationalsozialistischen Konzentrationslager.
510 Todesanzeige in der Wyborcza.pl vom 7.3.2011.
511 Interview mit dem ehemaligen Auschwitz-Häftling Artur Radvanský, Band 1, Minute 4:20 und Band 2, ab Minute 4:00.
512 Grammatik und Rechtschreibung in den Briefen wurden vorsichtig adaptiert und offenkundige Verschreibungen korrigiert.
513 Gemeint sind wohl die Brüder Emil und Stanisław Staszek Barański, die vier Jahre mit Edek Pyś in Auschwitz waren, kurz vor Kriegsende nach Hamburg transportiert wurden und bei einem englischen Bombenangriff ums Leben kamen.
514 Echo Krakowa vom 28.8.1946; Übersetzung ins Deutsche durch den ehemaligen Auschwitz-Häftling Stanisław Kłodziński.
515 Zit. n. „Die treue Helferin der Kampfgruppe Auschwitz"; Kopie übermittelt von Hermann Langbein aus seinem Privatarchiv, III/a/2.
516 Der Abend vom 8.11.1955.
517 Siehe zu dieser Veranstaltung und den Zitaten Der neue Mahnruf, 1955, Heft 11; Der Abend vom 8.11.1955; Stromberger-Nachlass. Die Quellenangabe ist handschriftlich auf dem kopierten Artikel; Der Abend wurde allerdings am 16. Februar 1934 eingestellt. Als Nachfolger gilt die KP-Zeitung Telegraph (1948–1957).
518 Stromberger-Nachlass, Amtliche Übersetzung einer „Bescheinigung" des „Polnischen Verbands gewesener Häftlinge der Hitler-Gefängnisse und der Konzentrationslager" in Warschau vom 29.3.1947.

Bildquellenverzeichnis

Einleitung
Seite 17: APMA, Bildarchiv, Gedenkstätte Auschwitz (beide)

Herkunft und Familie
Seite 23: Stromberger-Nachlass (beide Bilder)
Seite 28: Stromberger-Nachlass
Seite 31: Gemeinde Kappel am Krappfeld (oben); Nikodemus Schöffelmann, St. Veit an der Glan
Seite 32: Stromberger-Nachlass; Freie Stimmen vom 15.1.1914 und vom 14.4.1914
Seite 36: Stromberger-Nachlass
Seite 38: Lavanttaler Bote vom 20.3.1912
Seite 41: Stromberger-Nachlass (alle drei Bilder)
Seite 44: Vorarlberger Volksblatt vom 13.3.1934

Maria Strombergers Werdegang
Seite 47: Stromberger-Nachlass (oben links); Andreas Eder, Bregenz (oben rechts); Nikodemus Schöffelmann, St. Veit an der Glan (unten)
Seite 48: Stromberger-Nachlass (alle drei Bilder)
Seite 51: Graz Museum, Postkartensammlung
Seite 53: Graz Museum, Postkartensammlung
Seite 55: Stromberger-Nachlass

Endlich Krankenschwester!
Seite 57: Kloster Mehrerau, Bregenz (oben); Stromberger-Nachlass (zwei Bilder)
Seite 59: StA Göppingen, Bildarchiv
Seite 61: Stromberger-Nachlass
Seite 63: Stromberger-Nachlass
Seite 64: Stromberger-Nachlass (drei Bilder)
Seite 67: APMA, Bildarchiv, Gedenkstätte Auschwitz
Seite 69: APMA, Bildarchiv, Gedenkstätte Auschwitz
Seite 71: Stromberger-Nachlass (drei Bilder)

Ab 1942 in der „Hölle von Auschwitz"
Seite 73: APMA, Bildarchiv, Gedenkstätte Auschwitz (oben); Hessisches Staatsarchiv Wiesbaden
Seite 83: APMA, Bildarchiv, Gedenkstätte Auschwitz (links); IAK, Bildarchiv, Berlin
Seite 84: USHMM, Bildarchiv, Washington
Seite 87: APMA, Bildarchiv, Gedenkstätte Auschwitz
Seite 88: KNA Bonn, Bildarchiv
Seite 91: Harald Walser, Altach
Seite 92: APMA, Bildarchiv, Gedenkstätte Auschwitz
Seite 97: APMA, Bildarchiv, Gedenkstätte Auschwitz (oben); KNA Bonn, Bildarchiv
Seite 100: Stromberger-Nachlass
Seite 104: APMA, Bildarchiv, Gedenkstätte Auschwitz
Seite 106: Biblioteka Sejmowa, Archiwum Sejmu, Warschau (oben); APMA, Bildarchiv, Gedenkstätte Auschwitz
Seite 109: Anna Pyś-Czechowicz, Rzeszów
Seite 110: Eleonora Szafran Pietrzykowska, Bielsko-Biało

Seite 112 oder 114: Jüdisches Museum Hohenems, Bildarchiv
Seite 114: APMA, Bildarchiv, Gedenkstätte Auschwitz
Seite 117 oder 116: Stromberger Nachlass

1943 - das lange Warten auf das Ende
Seite 119: USHMM, Bildarchiv, Washington
Seite 121: USHMM, Bildarchiv, Washington
Seite 123: APMA, Bildarchiv, Gedenkstätte Auschwitz
Seite 125: USHMM, Bildarchiv, Washington
Seite 127: Pilecki-Institut, Archiwum Akt Nowych
Seite 129: Archiv goldenbogen, Dresden
Seite 130: USHMM, Bildarchiv, Washington

1944 - die Lage spitzt sich zu
Seite 133: APMA, Bildarchiv, Gedenkstätte Auschwitz
Seite 135: Stromberger-Nachlass
Seite 137: Anna Pyś-Czechowicz, Rzeszów (oben); Albert Lichtblau, Salzburg
Seite 143: APMA, Bildarchiv, Gedenkstätte Auschwitz (links); Maximilian-Kolbe-Werk, Freiburg
Seite 146: DÖW
Seite 151: APMA, Bildarchiv, Gedenkstätte Auschwitz
Seite 152: DÖW, Bildarchiv, Wien
Seite 154: APMA, Bildarchiv, Gedenkstätte Auschwitz
Seite 154: APMA, Bildarchiv, Gedenkstätte Auschwitz
Seite 157: Anna Pyś-Czechowicz, Rzeszów (beide Bilder)
Seite 158: Stromberger-Nachlass (oben), Votava
Seite 159: Stromberger-Nachlass
Seite 161: APMA, Bildarchiv, Gedenkstätte Auschwitz (oben); DÖW (unten)
Seite 162: DÖW

Nach der NS-Herrschaft: Warten auf bessere Zeiten
Seite 165: Stromberger-Nachlass; Harald Walser, Altach
Seite 167: Anna Pyś-Czechowicz, Rzeszów
Seite 171: GA Rankweil, Bildarchiv (oben); Vorarlberger Nachrichten vom 5.4.1946; Salzburger Nachrichten vom 17.4.1946
Seite 173: Anna Pyś-Czechowicz, Rzeszów
Seite 175: Stromberger-Nachlass; Biblioteka Sejmowa, Archiwum Sejmu, Warschau (links unten); APMA, Bildarchiv, Gedenkstätte Auschwitz
Seite 178: Anna Pyś-Czechowicz, Rzeszów
Seite 181: USHMM, Bildarchiv, Washington
Seite 183: Stromberger-Nachlass (oben); Pilecki-Institut Berlin
Seite 185: Anna Pyś-Czechowicz, Rzeszów (beide Bilder)
Seite 188: Gemeindearchiv Pörtschach, Bildarchiv; Stromberger-Nachlass
Seite 193: DÖW
Seite 195: Anna Pyś-Czechowicz, Rzeszów; Stromberger-Nachlass
Seite 198: Anna Pyś-Czechowicz, Rzeszów
Seite 199: Der Neue Mahnruf, Heft 5, 1956
Seite 201: Stromberger-Nachlass
Seite 203: Der neue Mahnruf, 1957, Heft 12 (oben); Fein, Die Steine reden, S. 275
Seite 207: Der neue Mahnruf, 1957, Heft 7/8 und 9
Seite 208: Markus Barnay, Dornbirn; Kloster Mehrerau, Bregenz
Seite 209: Kloster Wernberg, Kärnten
Seite 213: Gazeta Wyborcza; Anna Pyś-Czechowicz, Rzeszów

Biografien (von oben nach unten)
Seite 229: DÖW; Biblioteka Sejmowa, Archiwum Sejmu
Seite 230: DÖW; Biblioteka Sejmowa, Archiwum Sejmu; DÖW
Seite 231: Anna Pyś-Czechowicz, Rzeszów; Archiv goldenbogen, Dresden; APMA, Bildarchiv, Gedenkstätte Auschwitz
Seite 232: APMA, Bildarchiv, Gedenkstätte Auschwitz (beide Bilder)

Literatur- und Quellenverzeichnis

Adlassnig, Martina: Die Dickmann-Secherau – Porträt einer Kärntner Gewerkenfamilie (17.–20. Jahrhundert). Diplomarbeit an der Alpen-Adria-Universität Klagenfurt 2014.

Albin, Kazimierz: Schwester Maria Stromberger. In: Gesellschaft zur Betreuung von Auschwitz (Hrsg.): Memento Auschwitz. Sonderheft. Warschau 1998, S. 105–112.

Bailer, Brigitte/Perz, Bertrand/Uhl, Heidemarie: Projektendbericht Neugestaltung der Österreichischen Gedenkstätte im Staatlichen Museum Auschwitz-Birkenau. Juni 2008 https://www.doew.at/cms/download/errer/endbericht_gedenkstaette_auschwitz2.pdf, zuletzt eingesehen am 28.1.2020.

Beischl, Konrad: Dr. med. Eduard Wirths und seine Tätigkeit als SS-Standortarzt im KL Auschwitz. Würzburg 2005.

Benedict, Susan: Maria Stromberger: A Nurse in the Resistance in Auschwitz. In: Nursing History Review. Februar 2006, S. 190–203.

Benz, Wolfgang/Graml, Hermann/Weiß, Hermann (Hrsg.): Enzyklopädie des Nationalsozialismus. Mit zahlreichen Abbildungen, Karten und Grafiken. Korrigierte Aufl., Stuttgart 1998[3].

Betzien, Petra: Krankenschwestern im System der nationalsozialistischen Konzentrationslager. Selbstverständnis, Berufsethos und Dienst an den Patienten im Häftlingsrevier und SS-Lazarett. Frankfurt am Main 2018.

Bezwińska, Jadwiga/Czech, Danuta: KL Auschwitz in den Augen der SS. Aussagen von Höss, Pery Broad und Johann Paul Kremer. Staatliches Museum Auschwitz-Birkenau 1973.

Boberach, Heinz (Hrsg.): Meldungen aus dem Reich 1938–1945. Die geheimen Lageberichte des Sicherheitsdienstes der SS. 17 Bände. Herrsching 1984.

Bundesdenkmalamt (Hrsg.): Österreichische Kunsttopographie. Band LIII. Die Kunstdenkmäler der Stadt Graz. Die Profanbauten des I. Bezirkes Altstadt. Wien 1997.

Bundschuh, Werner: Das befreite Land - Die „Besatzungszeit". In: Bundschuh, Werner/Pichler, Meinrad/Walser, Harald: Wieder Österreich! Befreiung und Wiederaufbau – Vorarlberg 1945. Bregenz 1995, S. 59–112.

Conway, John S.: Der Holocaust in Ungarn. Neue Kontroversen und Überlegungen. In: Vierteljahreshefte zur Zeitgeschichte, Heft 2, 32. Jahrgang 1984, S. 179–212.

Curio, Claudia: Widerstand und Flucht. In: Benz, Wolfgang/Distel, Barbara (Hrsg.): Der Ort des Terrors. Geschichte der nationalsozialistischen Konzentrationslager. Band 5: Hinzert, Auschwitz, Neuengamme. München 2007.

Czech, Danuta: Kalendarium der Ereignisse im Konzentrationslager Auschwitz-Birkenau 1939–1945. Reinbek bei Hamburg 1989.

Deselaers, Manfred: „Und Sie hatten nie Gewissensbisse?" Die Biografie von Rudolf Höß, Kommandant von Auschwitz, und die Frage nach seiner Verantwortung vor Gott und den Menschen. Leipzig 2001[2].

Długoborski, Wacław/Piper, Franciszek (Hrsg.): Auschwitz 1940–1945. Studien zur Geschichte des Konzentrations- und Vernichtungslagers Auschwitz. 5 Bände. Staatliches Museum Auschwitz-Birkenau, Oświęcim 1999.

Dreier, Sura-Maria: Pflege im Nationalsozialismus. Ausbildung in den Jahren der NS-Zeit. Diplomarbeit an der Medizinischen Universität Graz. Graz 2008.

Eder, Andreas: Maria Stromberger (1898–1957). Eine Biografie von Andreas Eder. Zum Gedenken an den „Engel von Auschwitz". 1938–1945 Widerstand und Verfolgung in Bregenz. Feldkirch o.J. (2007).

Eichmüller, Andreas: „Das Grauen steht auf". Die Menschenversuche des Frauenarztes Carl Clauberg im KZ Auschwitz und ihre Verfolgung durch die schleswig-holsteinische Justiz 1955–1957. In: Demokratische Geschichte: Jahrbuch für Schleswig-Holstein 2014, S. 235–249.

Engele, Robert: Vom Luxustempel zum Einkaufscenter, Kleine Zeitung vom 1.2.2009.
Engelmann, Reiner: Der Fotograf von Auschwitz. Das Leben des Wilhelm Brasse. München 2015.
Fein, Erich: Die Steine reden. Gedenkstätten des österreichischen Freiheitskampfes. Mahnmale für die Opfer des Faschismus. Eine Dokumentation. Wien 1975.
Frankl, Viktor E.: ... trotzdem Ja zum Leben sagen. Ein Psychologe erlebt das Konzentrationslager. München 2018[5].
Fritz-Bauer-Institut (Hrsg.): Tonbandmitschnitte des Auschwitz-Prozesses (1963–1965). 1. Frankfurter Auschwitz-Prozess. „Strafsache gegen Mulka u.a.", 4 Ks 2/63. Frankfurt am Main 2003;
24. Verhandlungstag 6.3.1964; 1. Aussage des Zeugen Hermann Langbein; https://www.auschwitz-prozess.de/zeugenaussagen/Langbein-Hermann_1/, zuletzt eingesehen am 17.2.2021;
50. Verhandlungstag 29.5.1964; Aussage des Zeugen Władysław Fejkiel; https://www.auschwitz-prozess.de/zeugenaussagen/Fejkiel-Wladyslaw/, zuletzt eingesehen am 9.3.2021;
55. Verhandlungstag, 12.6.1964; Aussage des Zeugen Edward Pyś; https://www.auschwitz-prozess.de/zeugenaussagen/Pys-Edward/, zuletzt eingesehen am 10.2.2022;
84. Verhandlungstag 31.8.1964; 2. Aussage des Zeugen Hermann Langbein; https://www.auschwitz-prozess.de/zeugenaussagen/Langbein-Hermann_2/, zuletzt eingesehen am 17.2.2021;
91. Verhandlungstag, 18.9.1964; Aussage des Zeugen Karl Lill; https://www.auschwitz-prozess.de/zeugenaussagen/Lill-Karl/, zuletzt eingesehen am 26.1.2021;
99. Verhandlungstag 9.10.1964; Aussage des Zeugen Artur Radvanský; https://www.auschwitz-prozess.de/zeugenaussagen/Radvansky-Artur/, zuletzt eingesehen am 30.1.2021.
Groß, Walter: Die Gemeinde Kappel am Krappfeld. Ein Heimatbuch. Kappel am Krappfeld 1996.
Hackl, Erich: Die Hochzeit von Auschwitz. Eine Begebenheit. Zürich 2002.
Haffner, Leo: Ein besessener Vorarlberger: Elmar Grabherr und die Ablehnung der Aufklärung. Dornbirn 2009.
Hanisch, Ernst: Österreichische Geschichte. 1890–1990. Der lange Schatten des Staates. Österreichische Gesellschaftsgeschichte im 20. Jahrhundert. Wien 1994.
Kellerhoff, Sven Felix: Auschwitz' letzte Erfindung war der Todesmarsch. Welt vom 18.1.2015; https://www.welt.de/geschichte/zweiter-weltkrieg/article136454762/Auschwitz-letzte-Erfindung-war-der-Todesmarsch.html, zuletzt eingesehen am 4.2.2021.
Klee, Ernst: Das Personenlexikon zum Dritten Reich. Wer war was vor und nach 1945. Frankfurt am Main 2007[2].
Klee, Ernst: Auschwitz. Täter, Gehilfen, Opfer und was aus ihnen wurde. Ein Personenlexikon. Frankfurt am Main 2013.
Kogon, Eugen: Der SS-Staat. Das System der deutschen Konzentrationslager. Gütersloh o. J. (1974).
Kramer, Helgard: Rezension zu: Völklein, Ulrich: Dr. med. Eduard Wirths: Ein Arzt in Auschwitz. Eine Quellenedition. Norderstedt 2005. / Völklein, Ulrich: Der „Märchenprinz". Eduard Wirths. Vom Mitläufer zum Widerstand. Als SS-Arzt im Vernichtungslager Auschwitz. Gießen 2006. https://www.hsozkult.de/publicationreview/id/reb-9390, zuletzt eingesehen am 11.3.2021.
Kutej, Bianca: Der „Euthanasie"-Prozess gegen das Personal des Gaukrankenhauses Klagenfurt. Das Verfahren gegen Dr. Franz Niedermoser. Diplomarbeit an der Universität Wien. Wien 2018.
Langbein, Hermann: Menschen in Auschwitz. Wien 1972[2].
Langbein, Hermann: Die Kampfgruppe Auschwitz. In: Adler/Langbein/Lingens-Reiner (Hg.): Auschwitz: Zeugnisse und Berichte. Köln, Frankfurt 19792, S. 227–238.
Langbein, Hermann: Die Stärkeren. Ein Bericht aus Auschwitz und anderen Konzentrationslagern. Köln 1982[2].
Lanzinger, Margareth: Verwaltete Verwandtschaft. Eheverbote, kirchliche und staatliche Dispenspraxis im 18. und 19. Jahrhundert. Wien, Köln, Weimar 2015.

Laqueur, Walter: Vorwort. In: Czech, Danuta: Kalendarium der Ereignisse im Konzentrationslager Auschwitz-Birkenau 1939–1945. Reinbek bei Hamburg 1989, S. 15–22.
Loitfellner, Sabine u. a.: Österreichische Auschwitz-Prozesse. Entnazifizierung und Ahndung von NS-Verbrechen. https://ausstellung.de.doew.at/b147.html, zuletzt eingesehen am 2.3.2021.
Mączewski, Paweł: Der Mann, der in Auschwitz um sein Leben boxte. In: „Vice" https://www.vice.com/de/contributor/pawel-maczewski, zuletzt eingesehen am 8.3.2021.
Meisel, Josef: „Jetzt haben wir Ihnen, Meisel!" Kampf, Widerstand und Verfolgung des österreichischen Antifaschisten Josef Meisel (1911–1945). (= Biografische Texte zur Kultur- und Zeitgeschichte 2). Wien 1985.
Menasse, Robert: Die Hauptstadt. Berlin 2017.
Mitterauer, Michael: Familienformen und Illegitimität in ländlichen Gebieten Österreichs. In: Archiv für Sozialgeschichte (hrsg. von der Friedrich-Ebert-Stiftung in Verbindung mit dem Institut für Sozialgeschichte Braunschweig-Bonn) XIX. Band 1979, S. 123–188.
Orth, Karin: Das System der nationalsozialistischen Konzentrationslager. Eine politische Organisationsgeschichte. Hamburg 2002.
Paczula, Tadeusz: Die ersten Opfer waren Polen. In: Adler/Langbein/Lingens-Reiner: Auschwitz: Zeugnisse und Berichte. Köln, Frankfurt 1979², S. 13–16.
Pammer, Michael: Wohlstandsverteilung und Unterentwicklung. In: WISO (Wirtschafts- und Sozialpolitische Zeitung) 4/2001, hrsg. vom Institut für Sozial- und Wirtschaftswissenschaften Linz, S. 166–183.
Pelinka, Anton: Langbein und die KPÖ. In: Pelinka, Anton/Weinzierl, Erika (Hrsg.): Hermann Langbein – Zum 80. Geburtstag. Festschrift, Wien 1993.
Pelinka, Anton: Simon Wiesenthal und die österreichische Innenpolitik.
Referat im Rahmen der Tagung „Österreichs Umgang mit der NS-Täterschaft" anlässlich des 90. Geburtstags von Simon Wiesenthal. Wien, 2./3. Dezember 1998
https://www.doew.at/cms/download/5kmjc/pelinka_wiesenthal.pdf, zuletzt eingesehen am 24.2.2021.
Pichler, Meinrad: Am Ende eines Irrwegs. In: Bundschuh, Werner/Pichler, Meinrad/Walser, Harald: Wieder Österreich! Befreiung und Wiederaufbau – Vorarlberg 1945. Bregenz 1995, S. 13–38.
Pichler, Meinrad: Humanitäre Hilfe. In: J.-A.-Malin-Gesellschaft (Hg.): Von Herren und Menschen. Widerstand und Verfolgung in Vorarlberg. Bregenz 1985, S. 186–194.
Pichler, Meinrad: Das Land Vorarlberg 1861 bis 2015 (= Geschichte Vorarlbergs, Band 3). Innsbruck 2017.
Pizzinini, Meinrad: Das neue Allgemeine öffentliche BKH Lienz im Verlauf von 75 Jahren. In: Osttiroler Heimatblätter Nummer 9/2006, S. 9–14.
Pretis, Magdalena: Die Entwicklung der KindergartenpädagogInnenausbildung in Österreich. Eine historisch-systematische Analyse mit spezieller Fokussierung auf Kärnten. Diplomarbeit an der Alpen-Adria-Universität Klagenfurt. Klagenfurt 2015.
Radvanský, Artur: Trotzdem habe ich überlebt. Lebensgeschichte eines Menschenfreundes. Hrsg. von der Aktion Sühnezeichen. Friedensdienste. Dresden 2006.
Renz, Werner: Auschwitz vor Gericht. Der Frankfurter Auschwitz-Prozess (1963-1965). Stand September 2013; https://www.auschwitz-prozess.de/materialien/T_02_Der_Frankfurter_Auschwitz-Prozess/
Renz, Werner: Der Aufstand des Sonderkommandos in Auschwitz-Birkenau. Dossier zum 50. Jahrestag des Aufstandes des jüdischen Sonderkommandos in Auschwitz-Birkenau am 7. Oktober 1944. Hrsg. vom Fritz-Bauer-Institut. Frankfurt 1994.
Reiterer, Margit: Die Ehemaligen. Der Nationalsozialismus und die Anfänge der FPÖ. Wien 2019².
Sandgruber, Roman: Wirtschaft ohne Grenzen - Österreichs Wirtschaftsgeschichte als Beispiel. In: Zeitschrift des Historischen Vereines für Steiermark Jahrgang 95 (2004), S. 111–129.

Skocek, Johann: Mister Austria. Das Leben des Klubsekretärs Norbert Lopper. Fußballer. KZ-Häftling. Weltbürger. Wien 2014.
Statistik Austria (Hrsg.): Jahrbuch der Gesundheitsstatistik 2012. Säuglingssterblichkeit seit 1871 nach Bundesländern. Wien 2013.
Statistische Zentralkommission (Hrsg.): Spezialortsrepertorium der Österreichischen Länder. Bearbeitet auf Grund der Ergebnisse der Volkszählung vom 31. Dezember 1910. Band V Kärnten. Wien 1918.
Stöckle, Thomas: Die nationalsozialistische „Aktion T4“ in Württemberg. In: Pretsch, Hermann J. (Hrsg.): „Euthanasie“. Krankenmorde in Südwestdeutschland. Zwiefalten 1996, S. 15–26.
Stöger, Janine: Medizin im Nationalsozialismus – Die SS-Ärzte und ihre Tätigkeit in nationalsozialistischen Konzentrationslagern. Diplomarbeit an der Universität Wien. Wien 2015.
Świebocki, Henryk: Die „Kampfgruppe Auschwitz“ In: Długoborski, Wacław/Piper, Franciszek (Hrsg.): Auschwitz 1940–1945. Studien zur Geschichte des Konzentrations- und Vernichtungslagers Auschwitz. Oświęcim 1999, III. Band Widerstand, S. 237–293.
Templin, Wolfgang: Europa aus dem Geist des Widerstands. In: Fałkowski, Mateusz (Hrsg.): Der Zweite Weltkrieg und seine ungebrochene Bedeutung. Publikation zur Ausstellung „Der Freiwillige. Witold Pilecki und die Unterwanderung von Auschwitz“. Warszawa und Berlin 2019. S. 42–45.
Vrba, Rudolf: Ich kann nicht vergeben. Meine Flucht aus Auschwitz. Mit einem Vorwort von Beate Klarsfeld. Frankfurt am Main 2010.
Wachter, Elisabeth: „Unde venis curatio?“ Die Entwicklung der Krankenpflegeausbildung in Österreich im 20. Jahrhundert. Masterarbeit an der Medizinischen Universität Graz. Graz 2010.
Wachsmann, Nikolaus: Das Lagersystem war ständig im Wandel begriffen. In: Fałkowski, Mateusz (Hrsg.): Der Zweite Weltkrieg und seine ungebrochene Bedeutung. Publikation zur Ausstellung „Der Freiwillige. Witold Pilecki und die Unterwanderung von Auschwitz“. Warszawa und Berlin 2019, S. 32 f.
Walser, Harald: Die letzten Tage des Krieges. In: J.-A.-Malin-Gesellschaft (Hg.): Von Herren und Menschen. Widerstand und Verfolgung in Vorarlberg (= Studien zur Geschichte und Gesellschaft Vorarlbergs, Band 6). Bregenz 1985, S. 214–233.
Walser, Harald: Der Engel von Auschwitz. Zum Wirken der Krankenschwester Maria Stromberger. In: Montfort. Vierteljahresschrift für Geschichte und Gegenwart Vorarlbergs, Jg. 40, 1988, Heft 1, S. 70–78.
Walser, Harald: Bombengeschäfte. Vorarlbergs Wirtschaft in der NS-Zeit. Bregenz 1989.
Walser, Harald: Vorarlbergs Startbedingungen in die Zweite Republik. In: Bundschuh, Werner/Pichler, Meinrad/Walser, Harald: Wieder Österreich! Befreiung und Wiederaufbau – Vorarlberg 1945. Bregenz 1995, S. 39–58.
Walter, Ilsemarie: Auswirkungen des „Anschlusses“ auf die österreichische Krankenpflege. In: Horn, Sonia/Malina, Peter (Hrsg.): Medizin im Nationalsozialismus. Wien 2002, S. 151–167.
White, Joseph Robert: Target Auschwitz. Historical and Hypothetical German Responses to Allied Attack. In: Holocaust and Genocide Studies 16 (2002), Heft 1, S. 54–76; zit. n. „wollheim memorial“; http://www.wollheim-memorial.de/de/luftangriffe_auf_auschwitz, zuletzt eingesehen am 21.1.2021.

Nicht veröffentlichte Quellen:

Stromberger-Nachlass (im Besitz des Verfassers)
- Kopien des Schriftverkehrs zwischen Edward Pyś und Maria Stromberger von 1946 bis 1957
- Schriftverkehr zwischen Edward Pyś und dem Verfasser in den Jahren von 1987 bis 2000
- Schriftverkehr zwischen Hermann Langbein und dem Verfasser in den Jahren von 1987 bis 1995
- Kopien des Schriftverkehrs zwischen Hermann Langbein, Karoline Greber und Maria Stromberger von 1946 bis 1957
- Briefe von Artur Radvanský an den Verfasser aus dem Jahr 1995
- Briefe der Geschwister an Maria Stromberger
- Kopie eines von Maria Stromberger aus Auschwitz geschmuggelten Briefes von Edward Pyś an dessen Vater Stanislaus vom 20.6.1944
- Mitgliedsbuch des „Reichsbundes freier Schwestern und Pflegerinnen" vom 19.1.1940
- Briefe und Beileidsschreiben nach dem Tod von Maria Stromberger an und von Karoline Greber
- Geburtsurkunden, Totenscheine usw.
- Diverses (Wehrmachts-Fahrschein Berlin–Prag etc.)

DÖW Wien
- Zl. 4469; Aussage von Maria Stromberger im Prozess gegen Rudolf Höß am 25.3.1947 in Warschau. 13. Verhandlungstag, Band 29, S. 50–73. Ins Deutsche übersetzt von Manfred Deselaers
- Zl. 4469; Edward Pyś, Erklärung vor dem Kustos des staatlichen Museums in Auschwitz, Tadeusz Szymanski, vom 12.9.1960
- Zl. 4469; Edward Pyś, Ergänzende Erklärung vor dem Kustos des staatlichen Museums in Auschwitz, Tadeusz Szymanski, vom 7.10.1960Zl. 5798; Pyś, Edward: Erklärung über das Leben in Auschwitz und über die Hilfe der Maria Stromberger
- Zl. 51.484; Kopien von Zeitungsausschnitten betreffend Maria Stromberger

Bildarchiv
- Zl. 5798; Materialien betreffend Maria Stromberger (Zeugeneinvernahme im Prozess gegen Rudolf Höß und anderes)

MKW Freiburg
- Kłodziński, Stanisław, unveröffentlichtes Manuskript „Maria Stromberger"; deutsche Übersetzung
- Niedojadło, Eugeniusz; unveröffentlichtes Manuskript „Maria Stromberger". Bericht für das Auschwitz-Archiv; deutsche Übersetzung
- Pyś, Edward: Schwester Maria. Deutsche Übersetzung. Original auf Polnisch im Archiv des Staatlichen Museums Auschwitz, Inventar-Nummer 156.665

VLB, Videoarchiv
- Interview mit dem ehemaligen Auschwitz-Häftling Artur Radvanský (ursprünglich Tüber-ger) (1921–2009) vom 25.3.1995 in Prag
- Interview mit dem ehemaligen Auschwitz-Häftling Edward Pyś am 6.4.1992 in Altach
- ORF-Dokumentation „Der Engel von Auschwitz", Erstausstrahlung am 25.5.1995

ÖStA
- Zl E/1797 E; Nachlass von Hermann Langbein im Österreichischen Staatsarchiv (E/1797 E)

Archiv des Staatlichen Museums Auschwitz (APMA)
- Wsp/Pyś/441; Pyś, Edward: Siostra Maria (zit. nach der deutschen Übersetzung)

Archive

Archiv der Staatlichen Gedenkstätte Auschwitz-Birkenau
Archiv goldenbogen, Dresden
Biblioteka Sejmowa, Archiwum Sejmu, Warschau
Brauchtumsmuseum Metnitz (Kärnten)
Dokumentationsarchiv des Österreichischen Widerstandes (DÖW), Wien
Gemeindearchiv Rankweil
Hessisches Staatsarchiv, Wiesbaden
Internationales Auschwitz Komitee (IAK), Berlin
Jüdisches Museum Hohenems, Bildarchiv
Katholische Nachrichten Agentur (KNA), Bonn
Maximilian-Kolbe-Werk (MKW), Freiburg im Breisgau
Österreichisches Staatsarchiv (ÖStA), Wien
Pilecki-Institut, Archiwum Akt Nowych, Warschau
Stadtarchiv Bregenz (StA Bregenz)
Stadtarchiv Göppingen
Stadtarchiv Graz (StA Graz)
Stadtarchiv Heilbronn
United States Holocaust Memorial Museum, Washington, D. C. (USHMM)
Vorarlberger Landesarchiv, Bregenz
Vorarlberger Landesbibliothek, Bregenz

Abkürzungen

a.D.	außer Dienst
APMA	Archiwum Państwowego Muzeum Auschwitz-Birkenau
BBC	British Broadcasting Corporation
DÖW	Dokumentationsarchiv des Österreichischen Widerstands
GA	Gemeindearchiv
IAK	Internationales Auschwitz Komitee, Berlin
KNA	Katholische Nachrichtenagentur, Bonn
KPÖ	Kommunistische Partei Österreichs
KZ	Konzentrationslager
MKW	Maximilian-Kolbe-Werk
NSDAP	Nationalsozialistische Deutsche Arbeiterpartei
NSRDS	Nationalsozialistischer Reichsbund Deutscher Schwestern
NSV	Nationalsozialistische Volkswohlfahrt
ÖStA	Österreichisches Staatsarchiv
RAD	Reichsarbeitsdienst
SS	Schutzstaffel
SS-SDG	SS-Sanitätsdienstgrad
StA	Stadtarchiv
Tbc	Tuberkulose
USHMM	United States Holocaust Memorial Museum
VLB	Vorarlberger Landesbibliothek
ZOW	Związek Organizacji Wojskowej (Geheimen Polnische Armee)

Dank

In den letzten Jahren haben mich sehr viele Menschen in unterschiedlichem Ausmaß, aber immer sehr hilfreich bei der schwierigen Suche nach Quellen zu Maria Stromberger unterstützt. Ihnen gebührt mein Dank. In alphabetischer Reihenfolge sind dies:

Franz und Ingeborg Auer, Brauchtumsgruppe Metnitz
Anna Bobczuk, Pilecki-Institut Berlin
Peter Borel, Förderverein Alter Friedhof Lindau
Dr. Werner Bundschuh, Dornbirn
Mag. Andreas Eder, Bregenz
Mag. Christian Engelbrechtsmüller, Pörtschach und Wels
Dr. Robert Engele, Graz
Bundespräsident a.D. Dr. Heinz Fischer
Mag. Michael Gmeinder, Bregenz
Sigurd Goldenbogen, Dresden
Maria Górska, Biblioteka Sejmowa Warschau
Mag.a Martina Grabner, Meldeamt Klagenfurt
Florian Guggenberger, Stadtarchiv Bregenz
Dr. Arnulf Häfele, Hohenems
Walter Hirschmann, Stadtarchiv Heilbronn
MMMag.a Stefanie Kollmann-Obwegeser, Rankweil
Karl Lehmann, Berlin
Prof. Dr. Albert Lichtblau, Salzburg
Nikodemus Löffelmann, St. Veit an der Glan
Mag.a Katharina Mraček-Gabalier MA, Museum Graz
Ing. Peter Napetschnig, Gemeindearchiv Pörtschach
Heinz Nemetschke, Frastanz
Karl Piskaty, Bregenz
Annemarie Politschar, Meldeamt St. Veit an der Glan
Dr. Wojciech Płosa, Archiv der Gedenkstätte Auschwitz
Anna Pyś-Czechowicz, Rzeszów
Dr.in Rosa Cabezas Ronay-Matschnig, Kappel am Krappfeld
Claudia Rosenwirth-Fendre, Nötsch im Gailtal
Mag. Peter Schintler, Stadtarchiv Graz
Mag. Norbert Schnetzer, Gemeindearchiv Rankweil

Dr.in Ursula Schwarz, DÖW Wien
Mag.a Monika Szmigiel-Turlej, Warschau
Reinhold Wagner, Kappel am Krappfeld
Dr.in Pia Wallnig, Österreichisches Staatsarchiv Wien
Maria Wäger, Altach
Lisa Weber, Stadtarchiv Göppingen
Kurt Zenz, Meldeamt Graz
Dr. Johann Zilien, Wiesbaden

Dank gebührt auch jenen Institutionen, welche die Archivierung des Nachlasses ebenso unterstützt haben wie die Forschung zu Maria Stromberger und den Druck dieses Buches:

Johann-August-Malin-Gesellschaft
historischer Verein
für Vorarlberg

LAND KÄRNTEN

Vorarlberg
unser Land

NATIONALFONDS
DER REPUBLIK ÖSTERREICH FÜR OPFER DES NATIONALSOZIALISMUS

BREGENZ

ZukunftsFonds
der Republik Österreich

Personenregister

Ortsregister